景德镇陶瓷文化资源的开发与利用研究，项目编号 202202

陶瓷文化及陶瓷文化产业发展研究

张海龙　著

中国商业出版社

图书在版编目（CIP）数据

陶瓷文化及陶瓷文化产业发展研究 / 张海龙著.
北京：中国商业出版社，2024. 10. -- ISBN 978-7
-5208-3220-5

Ⅰ. G114

中国国家版本馆CIP数据核字第2024SF2141号

责任编辑：陈　皓
策划编辑：常　松

中国商业出版社出版发行

（www.zgsycb.com　100053　北京广安门内报国寺1号）

总编室：010-63180647　编辑室：010-83114579

发行部：010-83120835/8286

新华书店经销

河北万卷印刷有限公司印刷

＊

710毫米×1000毫米　16开　15.5印张　210千字

2024年10月第1版　2024年10月第1次印刷

定价：88.00元

＊　＊　＊　＊

（如有印装质量问题可更换）

前　言

陶瓷文化经历了数千年的发展，形成了独具特色的艺术风格和文化内涵，是中国传统文化中一颗璀璨的明珠。陶瓷不仅在中国的历史和文化中占据重要地位，而且在世界范围内享有盛誉。陶瓷的发明和发展，反映了中国古代人民的智慧和创造力，从实用器皿到艺术品，陶瓷在不同历史时期和社会背景下展现了其独特的魅力。陶瓷的起源可以追溯到新石器时代，当时的人们利用天然的黏土，经过简单的加工和烧制，制作出最早的陶器。这些早期的陶器不仅满足了人们的日常生活需要，还为后来的陶瓷工艺发展奠定了基础。随着社会的发展和技术的进步，陶瓷工艺不断演进，出现了瓷器这一更为精美的陶瓷制品。瓷器以其独特的材质和工艺，被誉为"白色的金子"，成为中国对外贸易的重要商品。陶瓷的分类多种多样，主要包括陶器和瓷器。陶器质地粗糙，多用于日常生活；瓷器质地细腻，主要用于制作高档器皿和艺术品。不同种类的陶瓷在不同的历史时期和地域形成了各具特色的风格和流派。陶瓷的审美意蕴不仅体现在其形态和色彩上，还体现在其纹饰和图案中。这些纹饰和图案不仅具有装饰性，还蕴含着丰富的文化和象征意义。

本书全面探讨了陶瓷文化的起源、发展历程、造型文化、纹饰文化、传承与对外传播以及陶瓷文化产业的发展现状与未来前景，通过系统的研究和分析，揭示了陶瓷文化的丰富内涵和独特魅力，为读者提供了一幅完整的陶瓷文化画卷。

全书共分为八章，第一章主要介绍陶瓷的起源、分类及其独特审美意蕴。第二章通过对秦汉、三国两晋南北朝、隋唐五代、宋代、元代及明清时期陶瓷的详细描述，展示陶瓷在不同时期的技术进步和艺术成就。第三章从陶器和瓷器两方面对陶瓷造型进行解读。陶器和瓷器的造型不仅追求实用功能，还在美学上不断探索，从实用器皿到艺术品的演变过程，反映了人们对美的追求和对生活的热爱。第四章通过对陶器和瓷器纹饰的概观，探讨陶瓷纹饰的演变及其象征意义。第五章探讨陶瓷文化的传承教育与对外传播。第六章简述陶瓷文化产业的发展历史、类别、特征、主要分布及成效。第七章探讨陶瓷文化产业的发展目标、任务、模式、保障体系及具体策略。第八章分析陶瓷文化产业的发展趋势，展望其国际化、品牌化、创新化和绿色化前景。

本书对陶瓷文化进行了全面研究，不仅有丰富的知识和独到的见解，还为陶瓷文化产业的发展提供了宝贵的参考建议。希望本书能够激发读者对陶瓷文化的兴趣和热爱，为传承和弘扬陶瓷文化贡献力量。由于笔者时间仓促，水平有限，本书难免存在不足之处，恳切希望广大读者、专家批评指正。

目　录

第一章　陶瓷概述

第一节　陶瓷的起源

陶瓷是陶器和瓷器的合称，凡是以陶土和瓷土的无机混合物作原料，经过成型、干燥、窑烧等工艺制成的器物，统称陶瓷。[①]中国陶瓷的历史悠久，与中国古代的社会发展和科技进步紧密相连。考古发现，中国最早的陶器出现在新石器时代，这标志着人类从纯粹的采集者逐渐转变为部分定居的生产者。早期的陶器大多色泽暗淡，以红陶和灰陶为主，表面处理简单，有的采用简单的手工刻画来装饰。随着时间的推移，陶器的制造技术和装饰手法逐渐丰富，形式也更加多样化，显示早期的人们对美的追求和社会生活的复杂化。这一阶段的陶器不仅是生产生活的工具，更逐渐承载了一定的文化和精神象征意义。

一、陶器的起源

陶器是泥与火的结晶[②]，其历史悠久，可追溯到远古时代。早在旧石

---

① 陈羿州. 陶瓷艺术欣赏与绘画研究 [M]. 北京：中华工商联合出版社，2022：1.
② 王海珺，姚皎娣. 中国文化符号：陶瓷 [M]. 西安：陕西人民出版社，2021：27.

器时代晚期，人们已经开始利用黏土制作简单的陶器。这些古老的陶片揭示了人类最初如何开始探索并利用"泥土"这一自然资源。黏土，作为一种自然界广泛存在的材料，因其独特的黏性和可塑性，而被古人珍视。原始人类发现，湿润的黏土可以轻易塑形，经过日晒或火烧后，其硬度和坚固度显著增加，且具有防水特性。这种发现直接促成了陶器的发明，并成为人类文明进步的一个重要里程碑。

陶器的具体发明过程无法具体考证，一些学者推测，可能是原始人类在使用涂有黏土的篮子进行火烧操作后，意外地形成了硬化且不透水的容器，从而启发了制作陶器的想法。早期的陶器设计往往模仿自然界中的形状，后来逐渐发展出具有独特功能和美学价值的陶器形式。陶器的出现不仅标志着新石器时代的开始，也极大地改善了人类的生活条件。在日常生活中，陶器的应用迅速扩展到储水、储存食物、烹饪等多个方面。陶器的发明适应人类饮食生活的需要，在农业发明以前，人们的祖先早就发明和使用陶器了。[①] 陶器的使用进一步促进了人类从游牧生活向定居生活的转变。定居生活的稳定性增强，使人类社会结构和文化得以快速发展。

陶器的发展与农业的进步紧密相关。在农业社会中，对于能够长期储存粮食和水资源的需求日益增长，陶器在这一背景下应运而生。古代人类依靠陶器改变了食物的储存和处理方式，从而支持了较大规模的人口集聚和社会化。随着时间的推移，基于原始陶器的烧制技术和经验，先民们进行了长期的技术积累和创新，逐步发展出原始瓷器。瓷器的出现，不仅是技术革新的成果，更是中华民族文化创造力的象征。中国瓷器以其精美的工艺和独特的文化内涵，成为全球的珍贵文化遗产。在中国广袤的土地上，各地发现的古陶遗址虽然各具特色，但在整个社会文明的演进过程中，这些地区逐渐形成了一种文化的统一和交流。从古陶

---

① 熊寥. 中国陶瓷美术史 [M]. 北京：紫禁城出版社，1993：7.

到瓷器的演变，不仅展示了技术的进步，更体现了中华民族在适应自然、改造自然方面的智慧和努力。

二、瓷器的起源

"考陶器之兴，远在人类进于文明之前。在野蛮时代，即能制陶……因外观之与陶不同，遂不名陶，而曰瓷。"[①]瓷器是在陶器的基础上发展而来的。与陶器使用的普通黏土不同，瓷器的胎料是精选的瓷土，其主要特征是低铁含量（通常在 3% 以下），这使瓷器在烧制过程中能够达到更快的固化速度和更高的致密度。瓷器的烧成温度约为 1200℃，远高于陶器的 900℃。此外，瓷器常施以高温釉，使其表面光滑、硬度高、不易吸水，且敲击时能发出金属般的清脆声响。

商朝时期的原始青瓷标志着从陶器向瓷器的过渡。这些早期的青瓷虽然制作技术原始、釉色不稳定，但已经具备瓷器的基本特性。原始青瓷主要采用泥条盘筑法成型，其特点是内外均匀施釉，釉色多变，包括黄绿色和青灰色。尽管原始青瓷的釉面处理不均匀，常见流釉现象，但这些瓷器已展现比传统陶器更高的耐用性和美观性。随着时间的推移，瓷器的生产技术逐步发展，尤其在战国时期，仿青铜礼器的瓷器表现出复杂而精致的设计。这一时期的代表作是战国原始青瓷龙首鼎，其釉色、雕刻纹饰及造型均体现了较高的工艺水平。

原始青瓷的主要生产地分布在中国的南方地区，特别是江南地区，得益于当地丰富的瓷土资源。到东汉晚期，瓷器的烧制技术和艺术表达已非常成熟，瓷器的种类和质量大幅提升。东汉晚期还出现了黑釉瓷器，如在浙江省上虞、宁波的东汉瓷窑遗址中发现了黑釉瓷器样品。这些成就标志着技术上的突破，反映了瓷器在文化和社会生活中的重要地位。

---

① 　赵汝珍. 古玩指南全编 [M]. 北京：北京出版社，1992：50.

第二节　陶器和瓷器的分类

陶瓷作为人类文明的重要组成部分，不仅是日常生活用品，也是文化表达的一种形式。从新石器时代早期人们就开始制作和使用陶器，随着时间的推移和技术的发展，陶瓷工艺经历了从简单到复杂的转变，形成了丰富多彩的陶器和瓷器种类。这些陶瓷不仅在功能上满足了人们的基本需求，更在审美和文化上承载了深刻的意义。

一、陶器的分类

陶器作为文化和历史的承载体，其多样的分类反映了不同地区、时期及文化背景下的制陶技术和艺术审美。以下是对各类陶器详细的探讨（图1-1）。

图 1-1　陶器的分类

（一）彩陶

彩陶，也就是彩色陶器，顾名思义是在橙红色的陶器坯体上描绘彩色图案，使之入窑经高温烧制后呈现黑、红、白等颜色的图案。^①彩陶通常见于新石器时代，仰韶文化、马家窑文化和大汶口文化彩陶最具代表性。^②这类陶器的特点是表面装饰有红、黑、白等色的几何图案或者动植物纹样，这些图案不仅起到美观作用，也具有一定的象征意义，如图腾崇拜或部族标志。彩陶的制作技术相对简单，多采用手工塑形与直接在湿泥表面上涂抹或刻画颜色。彩陶的烧制温度一般不高，因此质地较为疏松，但艺术表现力强。

（二）黑陶

黑陶在商周时期尤为流行，其以黑亮的釉色和光滑的表面质感闻名，有黑如漆、明如镜、薄如纸、硬如瓷的盛誉。黑陶的制作工艺比彩陶更为精细，通常在厌氧环境下烧制，通过控制炉内的氧气含量来让陶土中的铁质还原，从而形成深黑色。黑陶的形式多样，有的外形简洁大方，有的则装饰有精美的线条和图案，表现了那一时期的工艺师对美的追求和对技术的掌握。

（三）白陶

白陶选用较为纯净的白色陶土为原料，常见于古代的仪式或宫廷用途。制作白陶选用的陶土纯度较高，烧制温度也相对较高，使成品更加细腻、硬实。白陶表面通常较为光滑，有时也会在表面施加简单的线条或浅浮雕装饰，以增强视觉效果。白陶的出现，标志着陶器生产技术向更高标准的转变。

（四）印纹硬陶

印纹硬陶是在陶器未干之前，使用各种工具在表面印制或刻画各种纹样。这类陶器的特点是纹理清晰、深浅适中，具有较强的视觉效果。印纹硬陶的质地比普通陶器硬实，因其烧成温度较高，从而具有较好的

---

① 廖伏树. 陶瓷文化研究：以德化陶瓷为例 [M]. 长春：吉林美术出版社，2021：2.
② 刘凤君. 美术考古学导论 [M]. 济南：山东大学出版社，2002：362.

耐水性和坚固性。印纹硬陶不仅在生活中有广泛用途，也在一定程度上体现了制陶者的艺术修养和审美倾向。印纹硬陶的器形大多为日常生活用具，东汉时期瓷器烧制成熟后，印纹硬陶逐渐消失。①

（五）彩绘陶

彩绘陶是在陶器表面绘制各种图案和色彩，烧制前后都可以进行绘制，依照绘制的时机不同，分为釉下彩和釉上彩。彩绘陶艺术性强，能够直观地反映出制陶者的艺术风格和当时的文化特征。彩绘陶的色彩通常来源于天然矿物质，通过精细的配比和烧制技术，展现丰富的视觉效果。

（六）釉陶

釉陶是指在陶器表面施加一层或多层釉料后再进行高温烧制。因釉料化学成分和烧制工艺的不同，可以形成各种色彩和质感，如亮釉、哑釉、透明釉等。釉陶不仅美观，更具有防水防腐的功能，使陶器在实用性上得到显著提升。釉陶的技术和艺术双重属性，使其成为自古至今广泛使用的陶器类别之一。

二、瓷器的分类

瓷器的产生与发展代表了科学技术和工艺艺术的结合，展现了丰富的文化传承和技术创新。不同的釉料配方和烧窑方法能够产生多样的釉色效果，形成了如青瓷、黑瓷、白瓷、青花瓷、青白瓷和彩瓷等多种瓷器类型。每种瓷器都具有独特的制作工艺和文化价值，以下是对这些瓷器分类的详细阐述（图1-2）。

---

① 彭适凡.中国南方古代印纹陶[M].北京：文物出版社，1987：67.

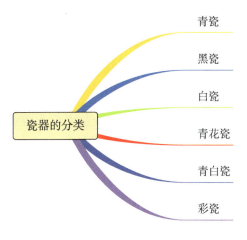

图 1-2　瓷器的分类

（一）青瓷

青瓷是中国古代最早出现的瓷器类型之一，早在西汉时期，青瓷已经出现，东汉至南北朝期间其技术逐渐成熟并广泛流行。唐代的越窑和长沙窑将青瓷烧制技术推向高峰，而到了宋、元时代，钧窑、汝窑、耀州窑和龙泉窑的青瓷更是名贵无比，将中国的青瓷技术发展至顶峰。青瓷之所以呈现独特的青色，是因为其釉料中含有约 2% 的氧化铁，在高温氧化的环境中产生青色效应。铁含量和窑内温度的变化，还可以产生淡青、青黄、青绿、粉青、梅子青、鸭蛋青等多种色调。青瓷以其清新脱俗、清丽雅致的外观广受欢迎，成为中国陶瓷史上长期占据主导地位的瓷器种类。

（二）黑瓷

黑瓷的历史可追溯至东汉晚期，初见于江西上虞窑。到了东晋，德清窑的黑瓷技术日趋成熟，但整体发展较慢，直至北宋时期，黑瓷才迎来快速发展阶段。宋代的瓷窑遗址中，超过三分之一的窑场烧制黑瓷，如山东淄博的磁村窑、福建建阳的建窑等都以能制作深黑如漆的黑瓷而闻名。黑瓷的釉色由釉料中 5%～8% 的铁量经高温熔烧而形成。釉层厚薄也直接影响黑瓷的色感，厚重的釉层使黑色更为庄重。在某些时期，工匠还会在黑釉表面进行艺术加工，从而烧制出具有神秘而浓郁艺术感的装饰效果。

（三）白瓷

白瓷最早在北齐时期河北内丘县的窑场中创造而来。通过长期实验，他们掌握了胎体和釉料中的含铁量低于1%，从而在高温下基本消除了铁的色彩干扰技术，成功烧制出白釉瓷器。白瓷的诞生为后续瓷器的发展开辟了新的道路。自宋代起，白瓷成为主流瓷器，在后续的瓷器发展史中逐渐演变出了青花瓷、青白瓷以及明清时期流行的斗彩、五彩、粉彩、珐琅彩等多彩瓷器，这些都是在白瓷的基础上通过增加色彩和装饰手法发展而来的。白瓷因其质地细腻、色泽纯净而深受人们喜爱，为各种彩瓷的制作提供了理想的基底。

（四）青花瓷

青花瓷是釉下彩瓷的一种，源于唐代，元代中晚期发展至顶峰。制作青花瓷的工艺包括在瓷胎上用含钴的蓝色颜料绘制图案，再覆以透明白釉，在高温还原焰中一次烧成。这种瓷器的特点是图案清晰、色泽鲜明，且耐高温、不易褪色，其制作技术的成熟在很大程度上得益于优质钴料的广泛使用。钴料资源丰富，既有国内产地（如云南、江西），也有从海外进口的渠道。青花瓷的美学特点是简洁明朗、素雅幽深，具有传统水墨画的意境，深受社会各阶层的喜爱。

（五）青白瓷

青白瓷是景德镇制瓷工艺的创新产物，始创于五代末年，到宋代得到大规模生产并延续至元代。青白瓷的釉色介于青色和白色之间，其独特的色泽与温润如玉的质感使之备受欢迎。这种瓷器的胎质薄而轻，釉质清透，装饰简洁而优雅，常呈现出隐约的青色纹饰，被赞誉为"影青"。青白瓷以其独有的文雅风韵在当时社会广为流行，成为一种备受推崇的艺术形式。

（六）彩瓷

彩瓷是指在瓷器表面施加多种颜色装饰的瓷器，可以分为广义和狭义两种。广义的彩瓷包括点彩、釉下彩、釉上彩和斗彩等多种形式。在中国历史上，自东汉晚期以来，人们就开始使用彩瓷，唐代的长沙窑和河南鲁山的花瓷在釉下彩技术上有显著发展。宋代的磁州窑系的窑场则采用了毛笔描绘釉下黑花和斑点的技术，之后在较低温度下进行彩烧，形成了美丽的红、绿斑彩瓷。狭义的彩瓷主要是指明清时期流行的斗彩和釉上彩瓷器，这些瓷器以其丰富的色彩和复杂的图案，展现了极高的艺术成就和技术水平。

第三节　陶瓷的独特审美意蕴

陶瓷作为人类历史上最早的艺术形式之一，不仅是文明的物质载体，更是文化精神和审美追求的重要表达。陶瓷以其独特的材质和技艺，在全球各地文化中占据举足轻重的地位。通过对泥土的塑造与烧制，人们不仅创造出满足日常生活需求的器物，更将个人与时代的审美理念凝固于此，使之成为穿越时空的艺术见证。

一、陶瓷的独特艺术表达

陶瓷的独特艺术表达是通过复杂且精细的技术手段以及对材质的深入理解而实现的（图1-3）。这种艺术形式融合了造型美学、色彩运用、纹饰设计和文化寓意，不仅满足日常需求，还能够传达深远的文化和审美价值。

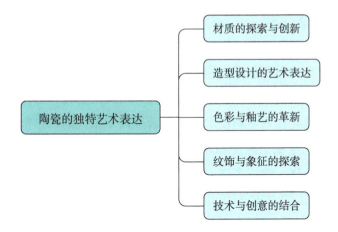

图 1-3　陶瓷的独特艺术表达

（一）材质的探索与创新

陶瓷艺术的第一个层面是对材质的探索。陶瓷由黏土、砂和其他天然矿物质经过合适的加工与高温烧制而成。不同地区的土壤成分差异导致各类陶瓷材质的多样性。例如，使用含铁量较多的黏土烧制出的陶器，经过高温会呈现出富有特色的红色或棕色，这种颜色的深浅与饱和度可以通过调整烧制温度和氧气供应来精确控制。技术的革新使陶瓷艺术家能够通过人工添加矿物质（如长石、石英和高岭土等）来改变陶瓷的质感和外观。这些添加剂不仅改善了陶瓷的物理强度，还能影响其透光性、色泽和光滑度。高岭土的加入，使瓷器更加细腻和透明，为上釉提供了更理想的表面。

（二）造型设计的艺术表达

造型是陶瓷艺术中最直观的表达形式之一。从实用的日常器物如碗盘到纯粹的艺术装饰品如瓷雕，每种形态的设计都蕴含了深刻的文化内涵和艺术追求。造型的设计受到多种因素的影响，包括使用功能、文化象征、审美风格和技术限制。在形态设计中，简约的几何化形状往往强调了结构的整体感和对称美，如圆形、椭圆形和方形等基本几何形状。

这些基本形状提供了平衡与和谐的视觉效果，是大多数传统陶瓷所追求的效果。然而，随着艺术家对材质特性和烧制技术的深入探索，更为复杂和动态的形状开始出现，这些形状往往打破传统的边界，如不规则的曲线和抽象的结构，展现更为现代和表现主义的风格。

（三）色彩与釉艺的革新

色彩在陶瓷艺术中的运用是多层次的。釉料的使用不仅提供保护层，防止水分渗透和化学腐蚀，更重要的是，赋予陶瓷以丰富的视觉效果。釉色可以从单一色彩到复杂的搭配彩色，从透明到不透明，每种选择都反映了制作者的意图和文化背景。釉中的色素选择及其烧制过程中的化学反应决定了最终呈现的色彩效果。例如，铜绿釉在还原气氛的烧制中会呈现出青绿色，在氧化气氛中则可能展现红色或蓝色调，这种变化不仅体现了化学反应的奇妙，也为艺术家提供了表达不同情感和风格的手段。此外，釉色的深浅和透明度的不同组合可以创造出层次分明的视觉深度，为平面的陶瓷表面增添立体感。

（四）纹饰与象征的探索

纹饰是陶瓷艺术表达中极富象征意义的一个方面。它不仅装饰了陶瓷器物，更是文化传承和象征意义的传递者。陶瓷上的纹饰从简单的线条到复杂的图案，从抽象的几何形状到具象的植物、动物乃至人物场景，每一种纹饰的设计都涉及对其文化背景的深入理解和艺术创造力的发挥。

在设计纹饰时，艺术家会考虑到纹饰的文化寓意和视觉影响。例如，植物图案常用来象征生命的成长和生机勃勃，动物形象则可能代表某种力量或神性。在某些文化中，特定的符号，如莲花或龙可能具有特定的宗教或神话意义，它们的使用不仅是为了美观，更是为了传递特定的精神或信息。

（五）技术与创意的结合

在陶瓷艺术的实践中，技术与创意的结合展现了陶瓷工艺的复杂性和艺术的无限可能。从手工拉坯到机械压制，从自然晾干到快速烘烤，每一种技术的选择都直接影响到成品的质量和艺术效果。艺术家必须精通各种技术，以确保他们的创意可以在物理形态中得以实现。现代技术（如数字建模和 3D 打印）也为陶瓷艺术带来了新的表达方式。这些技术允许更为复杂的设计和更精细的纹饰，推动了传统陶瓷工艺与现代技术的融合，使陶瓷艺术更加多元化和创新。

二、陶瓷对文化的传承

中国的陶瓷历史悠久，源远流长，从新石器时代晚期的彩陶到后来的瓷器，每一次技术的突破和风格的转变，都与中国的文化发展紧密相关。早期的陶瓷多为实用主义设计，如仰韶文化中的彩陶，其上多绘有简单的几何图案，这些图案不仅装饰性强，还具有某种图腾意义或祭祀用途，反映了当时社会对宇宙、自然的理解和崇拜。到了汉代，随着釉陶的普及，陶瓷开始展现更多的艺术性和装饰性，如绿釉陶、汉白陶等，这些陶瓷经常用于陵墓中，反映了汉代人对死后世界的观念和美学追求。此时的陶瓷，更多地开始承载象征和纪念的功能，如制作形态各异的陶俑，用于陪葬，表现了汉代社会生活的方方面面，为现代人提供了丰富的历史信息。

进入宋代，陶瓷艺术达到了前所未有的高度，尤其是在形式和艺术表达上，更是与宋代文人的生活美学紧密相连。宋代陶瓷强调"自然主义"，在釉色和造型上追求简洁、朴素而又不失精致，如青瓷、定瓷和哥窑等，其温润如玉的釉色和隽永含蓄的艺术风格，反映了宋代文人对于"天人合一"哲学的追求。宋代陶瓷不仅仅是生活用具，更成为当时的文人表达个人品位、诗意生活的一种方式。茶道的兴起，使茶具的设计和制作成为陶瓷艺术的重要部分，文人通过品茶、赏瓷来进行文化交流，陶瓷器物在这一过程中起到了连接社会关系、传递文化信息的作用。明清时期，随着官窑体系的确立和完善，陶瓷的制作更加注重技术的精湛和装饰的华丽。明清两代的瓷器，尤其是青花瓷的发展，不仅在技术上达到了新的高度，其装饰内容也更加丰富多彩，包括龙凤、山水、花卉等多种题材，这些图案不仅美观大方，也象征皇权的威严和国家的繁荣。明清瓷器在对外交流中也扮演了重要的角色。随着海上丝绸之路的发展，中国瓷器作为重要的出口商品，传播到世界各地，成为中国文化的代表。通过这些精美的瓷器，外国人得以窥见中国高超的工艺技术和独特的文化魅力。

三、实用与艺术的融合

陶瓷作为一种悠久的文化遗产，不仅在于其独特的艺术魅力和精湛的工艺技术，更在于它将实用性与艺术性的完美结合。这种结合不是偶然的，而是源于陶瓷本身的属性和人类对生活美学的不断追求。在陶瓷的发展历程中，实用与艺术的结合已经成为其不可分割的一部分，它们相辅相成，相互促进，共同塑造了陶瓷文化的独特魅力。

陶瓷最初是为了满足人们日常生活中的基本需求而诞生的，如储存食物、盛放水等。早期的陶器以实用为主，形式和装饰相对简单。然而，正是这种对实用性的追求，推动了陶瓷技术的不断发展和完善。随着社会的进步和技术的革新，人们对陶瓷的功能性要求越来越高，这促使陶瓷工艺不断进步，如烧制温度的控制、釉料的使用等技术的突破，都使陶瓷的实用性大大提高。在满足基本生活需求的同时，人们开始追求物品的美观和装饰性，陶瓷也因此成为表达审美观念和艺术创造的载体。从最早的几何图案到后来的彩绘、雕塑等，陶瓷装饰艺术的发展反映了人类审美观念的演变和文化层次的提升。陶瓷不再仅仅是生活中的实用品，它所蕴含的艺术价值和文化意义也成为人们关注的焦点。实用与艺术的结合是陶瓷发展到一定阶段的自然结果。这种结合在不同的历史时期有不同的表现形式，但都体现了人们对生活质量的追求和对美的向往。例如，在宋代，随着茶文化的兴起，茶具的制作成为陶瓷艺术的重要组成部分。宋代的茶具在保证使用功能的基础上，注重器形的简洁与釉色的自然，将实用性与艺术性完美地结合在一起，成为中国陶瓷发展史上的经典。

随着生活水平的提高和审美观念的变化，人们对陶瓷的要求没有仅停留在实用性上，而是开始注重其艺术性和文化价值。设计师和艺术家在创作陶瓷作品时，既考虑其在日常生活中的功能性，又赋予其独特的艺术风格和文化内涵。这种对实用性和艺术性双重追求的创作理念，使现代陶瓷艺术呈现出前所未有的多样性和活力。例如，一些现代陶瓷艺术品，它们可能在形态上打破传统，采用抽象或极简的设计理念，抑或在釉色使用上大胆创新，甚至将多种材料与陶瓷相结合，创造出既实用又具有强烈视觉冲击力的作品。这些作品不仅能够用于日常生活，更能作为艺术品收藏和欣赏，充分展现了实用与艺术相结合的魅力。随着环保和可持续发展理念的普及，一些陶瓷艺术品还体现了对环境的关怀，如使用可回收材料制作的陶瓷器皿，或是在生产过程中采用节能减排技术的陶瓷艺术品。这些做法不仅提升了陶瓷艺术品的实用价值，更赋予了它们深刻的时代意义和社会价值，展现了实用与艺术相结合的深层次魅力。

实用与艺术的结合也为陶瓷艺术的传承和创新提供了无限可能。一方面，通过对传统陶瓷技艺和文化的深入研究，现代陶瓷艺术家可以汲取灵感，创作出既有传统韵味又符合现代审美的作品；另一方面，通过探索新材料、新技术和新的表现手法，可以使陶瓷艺术不断突破传统的界限，向着更加广阔的艺术领域发展。在这一过程中，教育和文化推广起着至关重要的作用。通过开设陶瓷艺术课程、举办陶瓷艺术展览、发布陶瓷艺术作品集等方式，可以让更多人了解陶瓷艺术的丰富内涵和实用价值，引发大众对陶瓷艺术的兴趣和爱好，从而为陶瓷艺术的传承和发展注入新的活力。

四、与现代审美的互动

陶瓷在历史长河中一直是文化表达和技术创新的象征，而在现代社会，这种古老的艺术形式如何与现代审美进行互动，不仅是技术和材料的挑战，也是文化和审美观念的融合。在全球化和技术快速发展的今天，现代审美的主要特征包括简约主义、功能主义以及可持续发展理念。这些审美观念影响了现代陶瓷的设计和生产，使陶瓷艺术不断适应新的消费者需求和市场变化。

简约主义在现代设计中占据核心地位，它倡导"少即多"的设计理念，强调形式与功能的和谐统一。现代陶瓷设计师借鉴这一理念，设计出线条流畅、造型简洁、色彩朴素的陶瓷产品。这种设计不仅追求视觉上的简洁美，更注重实用性和用户体验，使每件作品都能在现代生活空间中找到其位置。功能主义则是现代设计的另一重要原则，主张设计应首先满足使用功能。在这一原则指导下，现代陶瓷艺术更多地考虑用户的实际需求，如易清洁性、耐用性和多功能性。设计师通过材料创新和工艺改进，提升陶瓷产品的功能性，如采用新型釉料提高耐磨性和防水性，设计可堆叠的厨具陶瓷以节省空间等。可持续发展的理念逐渐成为现代审美的一部分，这对陶瓷产业提出了新的挑战和机遇。现代陶瓷生产越来越注重环保和资源的可持续利用，如使用回收陶土、开发低温烧成技术和采用环保釉料。这些创新不仅减少了生产过程中的能源消耗和环境污染，也使陶瓷产品本身更加安全和环保。可持续理念也推动了设计的创新，如开发可生物降解的陶瓷替代品，以及将陶瓷废料重新利用于艺术创作。这种环保与艺术的结合，不仅符合现代消费者的环保意识，也为陶瓷艺术的发展开辟了新的方向。

现代技术的发展为陶瓷艺术的创作和生产提供了新的工具和方法。数字技术的应用，如3D打印和数字成型技术，正在改变陶瓷的设计和制作过程。设计师可以通过计算机软件设计复杂的陶瓷形态，再使用3D打印技术将这些设计化为现实。这不仅大大缩短了从设计到成品的时间，也允许艺术家尝试传统手工技术难以实现的复杂设计。数字技术的应用还体现在陶瓷装饰工艺上，如数字喷墨印刷技术可以在陶瓷表面精确地打印复杂图案，这些图案的色彩和细节都极为丰富，展示了现代技术与传统陶瓷工艺的完美结合。

在经济全球化的背景下，现代陶瓷艺术也呈现出前所未有的文化多元性。设计师从世界各地的文化中汲取灵感，创作出融合多种文化元素的陶瓷作品。这种跨文化的设计不仅丰富了陶瓷的表现手法，也使陶瓷作品能够跨越文化和地域，被不同地区的消费者接受和欣赏。现代陶瓷的审美互动展现了一种持续的创新精神和对传统的重新诠释。通过与现代审美的接轨，陶瓷不仅保持其历史和文化的深度，还增添了与现代生活紧密联系的实用性和环保意识。

第二章　陶瓷的发展历程

第一节　秦汉的陶瓷

在陶瓷的起源与早期探索之后，历史的长河进入了秦汉时期，秦汉陶瓷在中国陶瓷发展史上享有承前启后、继往开来的崇高地位。[①]

一、秦汉时期陶塑艺术的成就

秦汉时期的陶塑艺术不仅是中国陶瓷艺术史上的一个重要篇章，更是中国古代文化和艺术发展中的一座里程碑。在秦代，特别是秦始皇时期，陶塑艺术达到前所未有的规模和艺术水平，其中最著名的便是秦始皇兵马俑。

秦始皇兵马俑的艺术表现精准地采用了写实技巧，无论是对人物还是战马的描绘都体现了高度的细致性和真实性。每一尊兵马俑的面部都被赋予了独特的表情，有的严肃坚定，有的则显得轻松愉快，表现出丰富的情感和性格差异。这些雕塑在描绘不同的社会身份、年龄乃至地域

[①] 上海人民美术出版社. 中国陶瓷大系：秦汉 3[M]. 上海：上海人民美术出版社，2021：18.

特征时也展现出显著的差异。战马大多塑造成体态健壮、精力充沛的形象，强调其英勇不屈的特质。兵马俑的艺术价值不仅在于单个雕塑，更在于它们整体所呈现的雄壮气势。这种表现方式强调了统一和秩序，每个雕塑虽具个性，却又共同构成了一个整体。

这种对形体巨大、数量庞大及气势磅礴的强调，在视觉上构建了一种令人敬畏的崇高美。秦始皇兵马俑不仅反映了秦帝国一统六国的军事实力，也是秦时期审美观念的体现，即偏好宏大和雄伟的美学标准。这一系列雕塑作品不只是历史的见证，还展示了当时秦人对力量和规模的崇拜，以及对高大雄浑美感的追求。秦俑的主要艺术特点是崇尚写实、手法严谨、性格鲜明、形象生动。①

陶俑的制作过程展现了秦代工艺的高度发展。首先，精选的黏土在混合后经过拉坯、手工塑形和模具成型等多种技术手段成型。然后，对其进行详细的雕刻，以表现出细致的面部表情和服装纹理。完成这些后，陶俑还要经过高温烧制，使陶土硬化并保持其形状和细节。烧制完成后，工匠还会在陶俑上施以彩绘，增加其真实性和视觉冲击力。使用的颜料主要是基于矿物质的自然颜色，这些颜料能够在长时间的埋藏后仍部分保持其鲜艳。除了兵马俑，秦代还有其他形式的陶塑艺术，如陶马、陶车等，这些都是为了模拟真实的军事队伍。这些复杂的陶塑群体，显示了古代中国皇帝对永恒生命的追求和对权力的执着。

进入汉代，陶塑的风格和用途发生了变化，体现了社会文化的转型。汉代的陶塑更注重生活化和民俗化，这一时期的陶塑作品在形式和主题上更加多样，如陶俑开始表现更多普通人物和日常生活场景。汉代的陶塑在技术上继承了秦代的传统，但在艺术表达上更加丰富和细腻。例如，汉代的陶仓和陶井等模型，不仅展示了当时的农业技术和水利设施，也

① 中央美术学院美术史系中国美术史教研室．中国美术简史 [M]．北京：高等教育出版社，1990：43.

反映了汉代社会经济的基本面貌。汉代墓葬中的陶猪、陶牛等动物形象，以及表现音乐、舞蹈和其他娱乐活动的陶俑，都生动地描绘了汉代人民丰富的社会生活和文化娱乐。汉代陶塑还表现了更加精细的细节处理和更广泛的社会层面，如陶俑的表情更加丰富和细腻，体现了个体情感的表达。这些陶俑往往穿着各种服装，从士兵到歌舞表演者，从官员到普通百姓，展示了汉代社会的多样性和活力。汉代陶塑在装饰技术上也有所发展，如应用彩绘和釉色技术，使陶塑作品在视觉效果上更为生动和真实。汉代的陶塑艺术不仅限于提供墓葬用品，还广泛用于建筑装饰和日常用品中，如陶制灯具、炉具等，这些都显示了陶塑在民间生活中的普及性和实用性。汉代的陶灯和陶炉等生活用品，不仅功能性强，而且在造型和装饰上也具有很高的艺术价值，反映了汉代工艺美术的全面发展。在文化和宗教的方面，汉代陶塑也反映了丰富的宗教信仰和神话故事。例如，常见的神兽形陶塑，如陶制的麒麟、龙等，不仅是艺术品，也具有辟邪的象征意义。这些陶塑的形象通常与传统的神话和民间故事紧密相关，通过这种方式，陶塑成为传递文化价值和信仰的媒介。

二、汉代铅釉陶的创制

铅釉陶又称为釉陶，是表面施铅釉的陶器。它的制作成功，是汉代陶瓷工艺的杰出成就之一。[1] 铅釉陶技术最初在汉武帝时期的关中地区出现，约从汉宣帝时期开始，这项技术迅速传播并广受欢迎。到了东汉时期，铅釉陶的生产已遍布甘肃西部至山东东部，以及湖南、江西南部的广大区域。这种广泛的地理分布显示了铅釉陶技术的成熟与普及。铅釉陶的基本材料包括河谷沉积土等黏土，主要添加氧化铅作为熔剂，铜和铁作为着色剂。氧化铅约在700℃时开始熔化，铜的添加赋予釉面翠

---

① 蔡峰. 中国手工业经济通史：先秦秦汉卷[M]. 福州：福建人民出版社，2005：550.

绿色，铁则呈现黄褐色或棕黄色。这种低温烧制的技术使铅釉陶的制作相对简单，通过将铅粉、石英粉和少量着色剂混合加水磨细后施于陶胎，在 700～900℃的温度下完成烧制。

釉陶采用普通陶胎，一般以泥质红陶为多，灰陶很少，制作时与普通陶器一样，在拉成的坯体晾干到一定程度后就施釉，一次烧成。釉陶在西汉中期还只有壶类，西汉末期以后种类逐渐增加，其器类有鼎、盒、盘、耳杯、尊。[①]铅釉陶的色彩丰富，包括深绿、浅绿、黄釉色和酱褐色等。棕黄色釉陶可能更早出现，绿色釉陶则在东汉晚期广泛流行。

由于铅釉具有一定毒性，这些陶器不宜用于盛放食物，因此汉代的铅釉陶主要用作丧葬的明器。尽管如此，铅釉陶的广泛使用和艺术成就展示了汉代高度发达的陶瓷技艺。铅釉陶的技术探索和创新对后世，特别是唐三彩陶瓷的发展，提供了重要的技术基础和艺术灵感。

三、秦汉时期制瓷技术的发展

（一）原始瓷的发展

战国末年，社会动荡导致原始瓷的制作技艺一度失传。进入秦朝及西汉早期后，这一技艺得到恢复，但由于技术的局限，当时的瓷器质地并不完全稳定。瓷器的成型温度不一，有些达到较高温度使瓷质较为致密，而有些因温度偏低而显示出质地疏松和较多的气孔，这导致其吸水性增强。在成型技术上，秦汉时期的制瓷师傅放弃了战国时拉坯和线割底部的技术，而普遍采用了分开制作器底部和器身再结合成型的新方法。秦汉时期的原始瓷釉仍然主要是以铁系高温釉为主，以铁为着色剂。这种釉因其高温下的低黏度和良好流动性，透明度较之前有所提高，但也容易出现"泪痕"和聚釉的现象。由于当时的控制技术不够成熟，导致施釉后的颜色常常不一致，或呈现青黄色调，或显黄褐色。施釉技术也

---

① 林甘泉．中国经济通史：秦汉 下 [M]．北京：经济日报出版社，2007：463．

有所变化，从战国的全身施釉改为仅在口、肩及内底部分施釉，釉层比之前更厚，色泽也更加深重，多呈青绿色或黄褐色。

西汉初期的原始瓷器形式主要模仿青铜器，常见的有鼎、盒、壶、钫、瓿等形制，造型端庄大气，主要采用青绿色或黄褐色釉。到了西汉中期，原始瓷的制作精细度有所下降，施釉部位也相应减少。西汉晚期，鼎和盒等器型逐渐淡出，而壶、瓿、罐、钫、奁、洗、盆、勺等日常生活用器的数量急剧增加，同时开始出现用作明器的牛、马、屋等形象。

秦至西汉初年原始瓷的装饰相对简单，多为弦纹或水波纹。西汉中期之后，装饰技法发生了变化，由单纯的划线变为使用粘贴细扁泥条，常见的纹样有水波、卷草、云纹和人字纹等。到了西汉晚期，随着原始瓷生产的兴盛，其装饰也更加丰富多样。东汉中晚期，出现了一种被称为"酱色釉陶"的陶瓷品种，也可视为原始瓷的一种。这种陶瓷胎质含铁量较高，颜色多为暗红、紫或紫褐色，因可在较低温度下烧成，故胎质较为坚硬致密。此类陶瓷多采用全身施釉，釉层厚实且富有光泽，质地坚硬耐用。其出现为后来黑釉瓷的发展奠定了基础。

秦汉原始瓷的主要产地集中在长江下游的浙江和苏南地区。江苏宜兴丁蜀镇，以及浙江的德清、余杭、诸暨、上虞、余姚、慈溪、武义、龙游、永嘉等地均有出土记录。至西汉时期，原始瓷的窑场在浙江等地较为密集，尤以上虞为最。这些窑场不仅数量众多，而且持续时间长，体现了陶瓷技术的连续性和变化。东汉早中期，尽管陶器的制作仍占据一定比例，但原始青瓷的品种和质量都有所提升，逐渐在陶瓷制作中占据了主导地位，最终完成了从原始瓷向青瓷的转型。

（二）东汉瓷器

东汉时期的瓷器在原始瓷基础上逐渐成熟，学术界普遍认为，成熟的瓷器出现在东汉晚期。这时期的瓷器主要使用瓷石或高岭土作为原料，烧造温度普遍在 1200 ～ 1300℃。这使得瓷器的坯体坚硬且吸水率低，表面覆盖了一层较厚且光泽度强的釉层，胎釉结合更为紧密。由于这些瓷器是从原始瓷演化而来，其形式和装饰在很多方面仍与原始瓷相似。

在造型上，东汉晚期常见的瓷器形式包括碗、盏、盘、钵、罐、耳杯、盘口壶、盆、钟、洗、水盂和唾壶以及五联罐等。碗的形态多为半球形或上腹微鼓、下腹内收的样式，均采用平底且微向内凹的设计。盘通常较大，形状与原始瓷类似，常用作耳杯的托盘。罐类则形式多样，其中四系罐尤为常见，特征为直口圆唇，鼓腹平底，肩部凸出，肩腹处设有四或六的横系孔，这些孔洞较小，不适合系绳使用，故常在下壁上设有凹窝以方便携带。壶的形状类似原始瓷的样式，盘口较浅。盆则为直口折唇形，上腹较直，下腹内收，腹部有明显的折线。钟则模仿青铜钟的形状，口径较大，腹部稍扁，设有高圈足，腹部装饰有对称的铺首衔环。从釉色来看，东汉晚期的瓷器可分为青瓷和黑釉瓷两种类型。青瓷的胎质细腻坚实，色调多为灰白，吸水率低，透光度良好，釉层均匀透明，呈现淡雅光泽。而黑釉瓷器的胎土制作不如青瓷细腻，胎骨较为粗糙，气孔多，色彩为灰色或深灰色，釉面则是透明且发亮的绿褐色或黑色。上釉通常不覆盖至底部，无釉的部分胎色呈现紫色，釉层厚薄不均，常有蜡烛泪痕状的流釉斑痕，厚釉部分会在器物的凹处聚集。薄釉区呈黄褐色或绿褐色，厚釉区则是黑褐色或黑色。黑釉瓷器的形式较为简单，主要为罐和瓿等大型容器。在装饰方面，东汉晚期的瓷器装饰风格还未完全脱离原始瓷和印纹硬陶的影响，尚未形成独有的艺术风格。常见的装饰包括弦纹、水波纹、贴印铺首和兽足等。这些装饰通常出现在器物的口部和肩部，盘口壶或罐的腹部也会布满粗弦纹，与原始青瓷的装饰相似。在一些瓿、罐类器物的外壁上，还会拍印麻布纹、窗棂纹、网纹、方格纹或杉叶纹，这些纹样与印纹硬陶类似。

四、秦砖汉瓦

秦汉时期，统治者修建宏伟的宫殿和陵墓，同时城墙和园林的建设也相应增多。此外，很多大地主也纷纷建造豪华的私人住宅和堡垒。因此这一时期的建筑用陶得到了空前的发展，在生产规模、数量、质量以及品种上均超越了以往时代，俗称"秦砖汉瓦"，以示其在建筑用陶领域所达到的高峰。

秦汉时代的砖种类繁多，出现了许多新型砖块，如五棱砖、曲尺形砖、楔形砖及子母砖等，这些都是那个时代的特色。尤其引人注目的是画像空心砖，这种砖主要用于建筑宫殿、官署及墓室，中原地区尤为常见。在秦代都城咸阳和陕西临潼的凤翔等地，考古学家发现了许多带有精美图案的画像砖，这些图案包括米格纹、太阳纹、小方格纹以及描绘游猎和宴客的场景。到了西汉时期，画像砖的生产更加普遍，题材更为广泛，内容也更为丰富。其上所刻画的阙门建筑、人物、车马、乐舞、宴饮、狩猎、杂技、驯兽、斗鸡、击刺以及神话故事等题材，都以简练的构图和生动的形象展示了当时的社会面貌和绘画艺术。

东汉时期，画像砖的流行范围进一步扩大。在四川成都平原的东汉晚期大型墓葬中，出土的画像砖题材极其广泛。除了西汉画像砖的传统内容，东汉的画像砖特别强调了农业生产和手工劳动的场景，如播种、收割、舂米、酿造、制盐、探矿、采桑等生产活动，以及市集、宴乐、游戏、舞蹈、车马出行和家庭生活等社会风俗画面，展现了浓郁的生活气息。

这些画像砖通常作为墓壁装饰，虽然原本色彩丰富，但大多数颜色在出土时已经脱落。除了画像砖，秦汉时期的文字砖也颇具特色，文字可分为模印和刻写两种，使用的书体包括小篆、缪篆、汉隶以及自由刻写的简牍体等，是研究秦汉书体变化的重要资料。秦汉时期的瓦当是那个时代建筑艺术的重要组成部分，具有强烈的时代色彩和鲜明的艺术特点，代表了历代瓦当艺术的最高成就。

秦代的瓦当主要为圆形，少数为半圆形，装饰纹样丰富多样，图像类以鹿、豹、鱼、鸟等动物为主，图案类则以各种变幻的云纹为主。在陕西临潼秦始皇陵园出土的变形夔龙纹瓦当，尺寸巨大，堪称"瓦当之王"，这种特大的形制和独特的气派，与秦帝国的雄伟相匹配。汉代的瓦当多为圆形，纹饰图案以各式云纹为主，呈现出行云流水的动态美感。图像瓦当以"四灵"，即青龙、白虎、朱雀、玄武。汉代的瓦当还展示了玉兔、蟾蜍、飞鸿、翼虎、狻猊、鹿、马、双鱼等图像，展现更为成熟的抽象化和浪漫主义色彩。

第二节 三国两晋南北朝的陶瓷

三国两晋南北朝时期是中国历史上一个政治分裂和民族大融合的时代。这一时期反映在陶瓷文化上，最重要的就是艺术家的创作更为自由，更注重美感和艺术个性，陶瓷产业分布更为广泛。[①]

一、三国两晋南北朝时期陶瓷的主要种类与特点

这一时期的陶瓷制作，无论是在技术上还是在艺术表现上，都达到了一个新的高度，为中国乃至世界陶瓷艺术的进步作出了不可磨灭的贡献。

（一）青瓷的发展

东汉末年原始青瓷的出现，标志着瓷器从原始陶器向更高级形态的跃进。进入三国时代，尤其是在东吴，这一技术得到了显著的推广与发展。制瓷师傅开始大量使用"高岭土"这一优质原料，这种材料的使用显著提高了瓷器的白度和透光性，使瓷器具有更好的物理和化学稳定性。通过精细的筛选和净化处理，高岭土的纯净度得到了保证，使烧成的瓷器胎质均匀、细腻。当时的制瓷工艺也在釉料配比和烧制技术上有了新

---

① 骆文亮. 中国陶瓷文化史 [M]. 北京：中央编译出版社，2012：43.

的突破。釉色的调配更为精准，能够在高温下保持稳定的青绿色调，这种淡雅的色泽不仅美观，还能反映出器物的质感与光泽。釉面光滑透亮，赋予了青瓷一种润如玉石的触感，大大增强了其艺术观赏价值。青瓷的形制在这一时期也表现出丰富的多样性，工匠根据不同的使用需求，设计出各种形状和大小的青瓷器物，日常生活中常见的有碗、盘、壶、杯等。这些器物不仅实用，而且在设计上兼顾了美观，线条流畅，造型简洁而精致。

除了满足日常生活的需要外，青瓷还广泛应用于宗教礼仪和祭祀中。特殊的器形如瓶、尊、炉等，往往具有较高的艺术装饰价值和象征意义，这些器物在制作上更加注重细节和装饰，经常采用浮雕、刻画等技术，表现出更加精美和复杂的图案，以满足宗教和礼仪上的需求。随着社会的稳定和经济的发展，人们对生活品质有了更高的追求，青瓷以其高雅的审美价值满足了社会上层对美的需求。青瓷的流行也促进了社会风俗的变迁，尤其是餐饮文化和茶文化的兴起，人们开始注重饮食器具的美观和卫生，青瓷以其优良的物理特性和美观的外观成为首选。

（二）黑陶与黑瓷

曹魏和西晋时期黑瓷的生产，标志着中国古代陶瓷技术向更复杂、更精细的方向发展。黑瓷的制作技术主要依赖铁质素釉的使用，这种釉料含有较高比例的铁元素，能在还原气氛的高温作用下显现出深黑色。制瓷师通过精细控制窑炉的燃烧环境，尤其是调节氧化与还原气氛，使釉色在烧制过程中转变为深黑色，光泽度高，色泽均匀。这种制瓷技术的成功运用，不仅体现了当时工匠的高超技艺，也显示了科技在传统手工艺中的应用。黑瓷的釉面光滑如镜，不仅美观，而且在物理特性上也具有较好的防水和耐腐蚀性能。

黑瓷的主要产品形式多样，包括酒器、茶器、高级餐具等。这些器物多用于宫廷和贵族之间，不仅作为实用物品，更是身份和地位的象征。黑瓷酒器常见于皇家宴会和重大的礼仪场合，其优雅的造型和深邃的色泽，增添了仪式的庄严与神秘。黑瓷也因其稳重的色彩和良好的保温性能，成为茶文化中的重要组成部分。在茶道仪式中，使用黑瓷茶器可以更好地保持茶水的温度，同时其深色的背景也能突出茶汤的色泽，增加品茶的视觉享受。黑瓷的普及和高度的艺术成就，不仅反映了当时社会对色彩和形式美学的高度重视，更是社会文化和审美观念的体现。在那个时代，黑瓷因其独特的色彩和光泽，常被视为神秘与优雅的代表，是上层社会追求精致生活方式的重要标志。

（三）彩陶的流行

彩陶在三国两晋南北朝时期的流行不仅反映了当时陶瓷艺术的多样化发展，还深刻体现了当时的社会文化特征和人们的生活态度。彩陶以其丰富的色彩和复杂的装饰手法，成为这一时期陶瓷艺术创新的重要标志。彩陶的装饰技术包括刻画、绘画和贴花等多种形式，这些技术的应用大大丰富了陶瓷的表现形式。刻画技术通常用于描绘精细的线条和图案，如经典的凤尾、龙鳞等传统纹样，表达了当时人们对自然和神话的敬畏与崇拜。绘画法则更自由，能够在陶瓷上呈现更为生动的场景，如山水、花鸟、人物故事等，这些画面不仅美观，还承载了丰富的文化象征和故事性。贴花技术则是将已经塑形的陶泥片或其他材料贴附在器物表面上，经过烧制后形成立体的装饰效果。这种技术使器物的装饰更加立体生动，增强了视觉和触觉的双重体验。彩陶在色彩的运用上尤为突出，广泛使用红、黄、绿、黑等颜色，通过这些鲜明对比的色彩，形成强烈的视觉冲击力。这种色彩的运用不仅使彩陶在视觉上具有较高的识别度，也使其成为表达情感和审美的重要媒介。色彩的选择和搭配往往反映了制作时期的流行色彩和文化喜好，也是对当时社会氛围的一种反映。

彩陶的广泛使用不限于日常生活的器皿，还包括大量的陪葬品。常见的陪葬彩陶模型包括房屋、动物、人物等，这些模型不仅反映了古人的日常生活场景，也表达了对来世的期待和美好祈愿。彩陶的流行从某种程度上映射了当时社会文化的多元性和人们的审美偏好。通过这些多彩的器物，不仅能够感受到那个时代人们的生活情趣和艺术追求，也反映了社会经济条件和文化发展的水平。

二、三国两晋南北朝时期技术创新

三国两晋南北朝时期的陶瓷技术创新显示了古代中国在材料科学和制造技术方面的先进思想。釉下彩技术的尝试和窑具的改进，不仅推动了陶瓷制造技术的发展，也促进了陶瓷艺术形式的多样化。

（一）釉下彩技术的尝试

三国两晋南北朝时期的陶瓷产业见证了多项技术的革新，其中釉下彩技术的尝试标志着中国陶瓷装饰艺术进入了一个新的发展阶段。顾名思义，釉下彩就是在瓷器施釉之前进行彩绘，再覆以透明或半透明釉料一并烧成。这种技术的尝试对后来的陶瓷装饰艺术产生了深远的影响。在此时期，技术的初步尝试主要表现在简单的线条和图案的绘制上。使用的色料需要能够承受高温烧制过程中的化学变化而不失色。这一技术的挑战在于色料的稳定性和釉料的透明度，必须精确控制以确保最终产品的艺术效果。通过在高温下烧制，这些绘制在陶器表面的图案被锁在釉下，能够有效地防止图案脱落或磨损，大大增加了器物的使用寿命和美观度。

釉下彩技术的尝试也带来了对色彩表达的深入探索。艺术家和工匠开始尝试使用不同的矿物质作为色料，如铁、钴、铜等，这些材料能在不同的氧化还原气氛中展现丰富的色彩变化。这一时期虽然釉下彩技术未能完全成熟，但其初步的应用已经为宋代成熟的釉下彩技术奠定了基础。

（二）窑具的创新

窑具的改进直接关系到陶瓷产品的质量与生产效率，包括窑炉的设计与内部结构的优化。在这一时期，制陶业开始采用分室式窑炉，这是一种比传统单室窑更为先进的设计。分室式窑炉可以在不同的窑室中设定不同的温度和气氛，能同时烧制需要不同烧制条件的陶瓷产品。这种窑炉的使用大大提高了生产的灵活性和效率。窑具创新还包括对窑炉燃烧技术的改进。通过改善燃烧技术和提升窑炉的密封性，可以更有效地控制窑内的温度和气氛，减少热能的损失，降低生产成本，同时提升产品的均匀性和成功率。对窑炉燃料的选择也趋向多样化，开始尝试不同种类的燃料以适应不同类型的陶瓷烧制需求。窑具的这些创新不仅提高了陶瓷生产的技术水平，也反映了当时社会对于科技进步的重视和对生产效率及艺术品质的双重追求。窑具技术的提升，不仅使陶瓷产品的质量得到了显著的提高，也为陶瓷艺术的进一步发展提供了条件。

三、三国两晋南北朝时期代表性窑场与产区

三国两晋南北朝时期，中国的陶瓷产业得到了显著的地理扩展和技术进步，其中一些地区的窑场由于其创新的制陶技术和独特的艺术风格而成为代表性的窑场。这些窑场不仅对当时的陶瓷生产作出了重要贡献，也对后世的陶瓷艺术产生了深远的影响。

（一）越窑——青瓷的代表

越窑位于今天的浙江省绍兴一带，自东汉末年以来便以其独特的陶瓷艺术而闻名。进入三国时期，越窑的青瓷达到了艺术与技术的巅峰，成为中国古代青瓷技术的重要代表。越窑的青瓷以其精美的工艺和独特的青绿色釉而闻名。这种釉色的独特之处在于其能够通过精细的温度控制和釉料配比，呈现从浅绿到深绿的多变色泽。这种技术的精进不仅展现了越窑匠人的高超技艺，也反映了当时材料科学的发展水平。越窑的青瓷釉质特别光滑，这是通过在高温下将釉料熔化，形成一层厚厚的玻璃状涂层实现的。这种釉料不仅增强了器物的密封性，防止水分渗透，还因其光泽和色泽的美感而深受欢迎。此外，越窑的青瓷釉色的深浅变

化，体现了当时化学配比和烧制技术的精确控制，这在当时的陶瓷制作中是一种创新。

在三国时期，越窑的青瓷器物形式极为多样，包括盘、碗、瓶、壶等多种类型，每种器物都展示了高度的工艺水平和审美意识。这些器物不仅在功能上满足了不同的日常需求，其艺术表现也反映了当时社会的文化品位和审美趋向。越窑的青瓷壶设计往往既适合实用，又具有艺术观赏价值，壶身流畅，线条优美，壶嘴和壶把的设计充分考虑了使用时的便捷性与舒适感。越窑的青瓷盘和碗则常见于宴会和日常生活中，其稳重的底座和恰到好处的容积设计，兼顾了实用性和美观性。

越窑的发展极大地推动了绍兴及其周边地区的经济繁荣。青瓷的生产和销售成为当地重要的收入来源之一。越窑的青瓷以其高质量和美观的设计在市场上广受欢迎，不仅在国内有很高的需求，在国际上也有一定的市场。越窑的青瓷在提升地区文化认同和艺术水平上发挥了重要作用。越窑的技术和艺术成就成为区域文化的一部分，吸引了众多艺术家和工匠前来学习和交流，促进了技术的传播和文化的交流。

（二）定窑——白瓷与黑瓷的发源地

定窑位于今天的河北省保定市，历史上是三国两晋南北朝时期重要的陶瓷生产基地之一。特别是在白瓷和黑瓷的制作上，定窑展现了非凡的技艺和艺术创新，成为这一时期陶瓷制造的典范。定窑的白瓷以其纯净无瑕的白色和细腻的质地而闻名，这种白瓷不仅表面光滑，而且透光性好，显示出制陶技术的高度成熟。白瓷的生产对于陶土的选择和净化工艺有极高的要求，定窑工匠通过改进土料的筛选和净化过程，确保了白瓷的纯净度和均匀性。定窑的黑瓷采用含铁量高的釉料，在还原气氛中烧制，使釉面展现如同黑漆一般的深黑色和强烈的光泽。这种黑瓷以其坚硬的质地和独特的美学效果，深受当时北方贵族和皇家的青睐，常被用作宫廷的餐具或祭祀用具。

定窑在釉料的配制和烧制技术上具有独到之处。工匠通过精心调配釉料的化学成分，控制烧制过程中的温度和气氛，以达到预期的颜色和质感。特别是在釉色控制上，定窑展现了非常精确的技术掌握能力。这一技术的精进不仅使得定窑的产品在当时市场上极具竞争力，也对后来的瓷器制造技术产生了深远的影响。在白瓷的生产中，定窑工匠通过在釉中添加不同比例的铝硅酸盐和氧化锡等成分，控制产品的白度和透明度。这种技术的创新使得定窑白瓷在光线下呈现出独特的光泽和温润的质感。对于黑瓷，定窑的技术则是通过在高温下使用还原气氛来阻止铁元素氧化，从而达到深黑色釉面的效果。这一过程的控制需要极高的技术精度和经验，显示了定窑工匠的高超技艺。

（三）通州窑——彩陶的中心

通州窑位于今天的江苏省南通一带，是南北朝时期彩陶制作的重要中心。在那个时代，通州窑以其精细复杂的装饰和鲜艳的色彩著称，成为中国古代彩陶艺术的一个重要代表。通州窑的彩陶注重装饰性和实用性的完美结合。器物表面常常采用多种颜色的釉料进行装饰，图案多样，涵盖了动物、植物、人物及各种几何图案。这些图案不仅色彩丰富，而且线条流畅，具有很高的艺术观赏价值。彩陶的色彩主要包括红、黄、绿、蓝等，通过复杂的釉色配方和精细的施釉技术，展现生动鲜明的视觉效果。

通州窑的彩陶制作技术包括釉上彩和釉下彩两种主要方式。釉下彩技术尤为突出，它涉及在已成型但未施釉的陶瓷上绘制图案，再覆盖一层透明或半透明的釉料并进行高温烧制。这种技术的优点是图案被釉层保护，不易磨损，颜色持久，能够抵抗长时间的使用磨损和环境侵蚀。釉上彩则是在陶器表面已施釉并烧制完成后，再在其上绘制彩色图案，之后进行低温烧制使颜色固定。虽然釉上彩的色彩较为鲜艳，但耐久性相对较低。因此，对于需要长期使用或保存的器物，釉下彩技术更为常用。通州窑的彩陶不仅是日常生活中的用品，更多地承担了装饰品和陪葬品的角色。这些彩陶通过其图案和色彩的丰富性，反映了当时人们对色彩和图案的审美偏好。在当时的社会文化背景下，彩陶常常用作陪葬品，反映了人们对死后世界的信仰和期望。彩陶上的动植物和神话人物图案，往往寓意着吉祥，显示了人们对来世美好生活的向往。

通州窑的彩陶在南北朝时期及其之后的历史时期中，对中国乃至东亚地区的陶瓷艺术产生了深远的影响。其独特的艺术风格和高超的制作技术，为后世的陶瓷艺术提供了宝贵的经验和灵感。同时，通州窑的技术创新推动了整个陶瓷行业技术的进步，特别是在彩陶的釉色和图案设计上，为后来的青花瓷和多色釉陶瓷的发展奠定了基础。

第三节　隋唐五代陶瓷的发展

隋唐五代时期，随着中国封建社会的进一步发展，陶瓷工艺也迎来了一个重要的发展阶段。在这一时期，陶瓷制作技术相比之前有了显著的创新和进步，全国各地的瓷窑数量增多，分布也更加广泛，形成了以南方的浙江越窑产的青瓷和北方的河北邢窑及河南巩义窑产的白瓷为代表的"南青北白"发展模式。此外，河南巩义窑的唐三彩、湖南长沙窑的釉下彩绘瓷及黑瓷等同样表现出色。

一、隋唐五代时期陶瓷的主要种类及特点

隋唐五代时期中国陶瓷艺术与技术经历了显著的发展，形成了丰富的种类与独特的风格，反映了这一时期社会经济和文化的繁荣。

（一）青瓷

青瓷的制作工艺和审美水平在隋唐时期达到了顶峰。隋朝统一中国后，南北方的文化和技术交流变得更为频繁，这种统一为青瓷工艺的标

准化和完善提供了重要条件。隋代的统一使得各地的优秀制瓷技术得以汇聚和创新，为青瓷的发展注入了新的活力。到了唐代，青瓷的生产主要集中在越窑，其位于今天的浙江省。越窑的青瓷以其精美的釉面和独特的青绿色调著称，成为当时上层社会极为推崇的物品。越窑青瓷的典型特征是其透明光亮的釉面和纯净的颜色，这种青绿色的光泽如同宝石一般，使其成为高贵的象征。青瓷通常使用高质量的白垩土，经过精细筛选和净化处理，确保了胎体的纯净和均匀。此外，釉料的配制尤为关键，需精确控制铜和铁的含量，这些金属氧化物在高温下能产生青瓷特有的颜色。高温烧制是青瓷制作中的另一个重要环节。窑工必须精确控制窑温，通常在 1200～1300℃，这样可以使釉料充分熔化，形成光滑如玉的表面。这种高温技术不仅保证了釉面的质感，也使得青瓷具有极好的物理强度和耐用性。

青瓷的形状多样，从日常生活中的碗盘、杯壶到艺术品和宗教用具等均有生产。每一种形态的青瓷都展现了匠人的高超技巧和审美理念。唐代的青瓷茶具就非常讲究形制与装饰，不仅满足使用功能，更体现了当时茶文化的高雅。青瓷的广泛用途也反映了它在当时社会中的重要地位。在唐代，随着茶道的兴起，青瓷茶具成为社交和文化活动中不可或缺的用品。此外，青瓷因其美观的外观和耐用的特性，常被用作国际贸易的商品，通过丝绸之路传播到中亚甚至更远的地方，影响了全球的陶瓷艺术。

（二）白瓷

隋唐时期的白瓷标志着中国陶瓷制作技术的一个重要转变。白瓷的发展初期主要集中在北方的邢窑，此后逐渐向南方扩散。邢窑的白瓷以其玉质般的纯白色泽和优良的透光性著称，这种独特的质感和视觉效果，使得白瓷成为唐代贵族和文人阶层的重要生活用品与艺术收藏对象。白瓷的制作工艺在唐代得到了显著的改进，尤其是在釉料的配制和烧制技术上。釉料的改良使得白瓷的表面更加光滑细腻，釉色更加均匀一致。

通过控制窑炉的温度和烧制气氛，工匠能够生产出质地坚硬、结构致密的高质量白瓷。这些技术的进步不仅提高了白瓷的使用功能，也极大地丰富了其艺术表现力。

白瓷的装饰手法多样，包括刻、画、镂空等技术，这些装饰手法的出现和运用极大地提升了白瓷的艺术价值。唐代白瓷的装饰风格通常简洁而优雅，反映了当时社会的文化品位和审美趋向。刻画的图案多为传统的吉祥物，如莲花、凤凰、龙等，以及书法和山水画，这些图案不仅美观，也蕴含深厚的文化象征意义。白瓷的装饰技术还包括釉下彩绘，只是这一技术在唐代还未完全成熟。釉下彩绘技术的尝试为后世青花瓷的发展提供了技术基础。白瓷的普及在唐代不仅是技术进步的象征，也反映了当时社会经济的繁荣和文化的开放。白瓷因其高雅的视觉效果和实用性，成为达官贵人及文人墨客的喜爱之物，常用于茶事、宴请及日常生活中，显示出其深远的社会文化影响力。随着白瓷技术的传播，南方地区的景德镇等地开始崭露头角，逐步形成了以景德镇为中心的陶瓷生产区。这一转变不仅促进了南方陶瓷业的发展，也为后来中国陶瓷的全盛时期打下了坚实的基础。

（三）唐三彩

唐三彩通常使用三种或三种以上的釉色，最常见的颜色组合是黄、绿、白、蓝和褐。这些颜色的釉料由含铅的低温釉和金属氧化物混合而成，能在较低的温度下熔化，从而覆盖在陶器上形成鲜艳的色彩。这种色彩的鲜明对比和层次感，使得唐三彩在视觉上具有极强的冲击力和识别度。在造型上，唐三彩以其生动的形态著称。这些陶瓷作品通常呈现人物、动物等，以及各种日用器具和装饰品。这些形象不仅反映了唐代的社会生活和审美趣味，也体现了当时工艺师对动态描绘的高超技巧。人物塑像生动形象，动物塑像动感十足，每一件作品都是对现实生活的高度概括和艺术化处理。

唐三彩的制作技术涉及复杂的釉料配比和精确的烧制温度控制。在制作过程中，工匠首先需在未烧制的陶器上涂覆一层白色或淡色的底釉，再在底釉上施加各种彩色釉料。这些釉料的化学组成和物理特性要求极为严格，以确保在烧制过程中颜色的稳定性和表面的光滑性。烧制过程是制作唐三彩的关键步骤之一，需要在较低的温度下进行（在800～900℃）。这种低温烧制使得釉料能够充分熔化，而不会导致陶器变形或颜色互相融合，从而保持了设计上的细节和色彩的独立性。这一技术的精确控制不仅体现了唐代陶瓷工艺的高度成就，也推动了陶瓷艺术的整体发展。

唐三彩最初主要用于墓葬，用于陪葬或作为祭祀用品。随着时间的推移，唐三彩逐渐被用作宫廷及上层社会的装饰品，甚至作为国家之间的礼品，体现了它在社会文化中的高度地位和价值。唐三彩的广泛流行也促进了国际贸易，特别是通过丝绸之路的扩散，将中国的陶瓷艺术带到了中亚甚至更远的地方，影响了全球的陶瓷制作和艺术风格。

（四）釉下彩瓷

釉下彩瓷的起源可以追溯到更早时期，但在唐朝，随着陶瓷工艺的整体提升和文化需求的多样化，这项技术开始得到更为系统的探索和实验。唐代的陶工在实践中逐渐掌握了一些基本的釉下彩技术要点，尽管这一时期的技术还不完善，但也为宋代及后世的陶瓷艺术创作提供了重要的技术启示。釉下彩技术的一个主要难点在于色料的选择。传统的彩料在高温下极易流失或变色，因此，唐代的工匠开始尝试使用稳定性更高的矿物质作为着色剂，如铁、钴、铜等，这些元素在高温下可以产生稳定的色泽。此外，透明釉的配制也至关重要，它不仅要保证可以在高温下覆盖保护着色层，还要确保整体的美观和实用性。烧制温度的控制是另一大技术挑战。唐代的陶瓷工匠能做到精确控制窑炉的温度和烧制气氛，以确保釉料和彩料的化学反应按预期进行。这一过程中的任何小差错都可能导致成品的失败，因此，这一时期的工匠不断通过实验学习如何更好地控制这些变量。

虽然唐朝的釉下彩技术还未达到完美，但其探索已经展现了唐代文化中对精美艺术品的极高追求。釉下彩瓷器的图案通常涉及当时的文化元素，如诗文、名山大川、花鸟鱼虫等，这些图案不仅装饰了日常生活，也体现了当时人们的审美趣味和文化追求。唐朝的釉下彩技术探索对后世，尤其是宋代的陶瓷艺术产生了深远的影响。到了宋代，釉下彩技术得到了极大的发展和完善，产生了大量质量上乘、艺术价值极高的釉下彩瓷器，如青花瓷等。这些成就不仅推动了中国陶瓷艺术的进步，也影响了全世界的陶瓷制作和艺术发展。

二、隋唐五代时期陶瓷的装饰美

隋唐五代时期中国的陶瓷艺术经历了显著的发展，特别是在装饰技术和美学表达上达到了新的高度。这一时期的陶瓷装饰不仅反映了当时的工艺技术水平，更深刻地体现了当时的文化特征和审美趣味。

隋唐五代的陶瓷装饰艺术突破了先前时期的传统模式，引入了更多创新的元素和技术。釉下彩画技术在这一时期得到了广泛应用。这种技术是在瓷器表面施绘精美的图案，再覆盖一层透明或半透明的釉料后进行高温烧制。釉下彩的优点在于能够保护绘画不受外界物理磨损的影响，保持图案的持久性和色彩的鲜艳度。此项技术的应用标志着陶瓷装饰艺术在材料和技术上的一大进步。陶瓷的形状和结构也成为装饰的重要方面。在隋唐五代，瓷器的形态更加多样化和精致，如盘口、瓶身、碗底等部位常常设计成不规则形状，以适应复杂精美的图案需要。艺术家利用这些形态的变化来增强视觉效果和装饰效果，使得每件作品都独具匠心。在图案设计上，隋唐五代的陶瓷装饰艺术大量采用了具有深厚文化象征意义的主题，如龙、凤、莲花、山水等。这些图案不仅美观，而且富含象征意义。例如，龙和凤的图案常用来象征皇权和祥瑞，反映了当时社会的权力结构和政治信仰。莲花则象征纯洁和超脱，常见于佛教相关的器物。通过这些深具文化内涵的图案，陶瓷艺术传达了更多的精神和哲理寓意。色彩的使用在隋唐五代的陶瓷装饰中也显示了极高的艺术水平。采用不同的釉料和烧制技术，创造出丰富多彩的视觉效果。其中，唐三彩是最具代表性的彩瓷之一，它通常使用黄、绿、白三种颜色，有时还会添加蓝色或棕色。唐三彩的色彩搭配和施釉技巧，使得瓷器既具有艳丽的外观，也展示了复杂的制作工艺，是那个时代技术与美学完美结合的产物。

三、隋唐五代时期制作工艺的进步

隋唐五代时期的中国陶瓷工艺不仅是中国古代文化的一种体现，更是技术与艺术结合的杰出代表。在这一时期，陶瓷制作技术的显著进步，极大地推动了陶瓷艺术的全面发展，影响深远。这些技术的进步不仅体现在生产效率的提升上，更重要的是在质量、装饰与形式上的创新与完善，使得隋唐五代的陶瓷在世界陶瓷历史上占据了重要地位。

陶瓷制作工艺的进步首先体现在材料选择与处理上。隋唐五代的窑工开始选用更加精细的原料，如高质量的白垩土和精选的瓷土，这些都是制作高级瓷器不可或缺的。例如，唐代的白瓷和青瓷，其所用的瓷土纯净度极高，经过筛选、淘洗、脱水等一系列复杂过程后，才能形成均匀细腻的泥料，为后续的成形与烧制打下坚实基础。此外，窑工还掌握了调节瓷土塑性的技巧，如添加适量的石英、长石等辅助材料，以改善泥料的成形性和烧成品的强度。在烧制技术上，隋唐五代的陶瓷工艺也有长足的发展。窑炉的设计和建造更加科学合理，温度控制更为精准。早在唐代，高温瓷器的大规模生产已经开始采用分室式龙窑，这种窑型的设计可以使窑内温度分布更加均匀，也更易于控制烧制气氛，从而有效地提高成品率和瓷器的质量。这一时期的窑工还掌握了通过调节窑内氧化或还原气氛来影响釉色的技术，使得釉色更加丰富多彩，光泽更加明亮。装饰技术的革新是隋唐五代陶瓷进步的另一重要方面。釉下彩绘技术的出现，使得瓷器表面装饰更加多样化和精美。这种技术涉及在未烧成的瓷器上刻画装饰图案，再覆以透明或半透明釉料，通过高温一次烧成。这样，图案被牢固地封存于釉下，颜色不易脱落，保持了图案的细致与鲜明。隋唐时期的青瓷和唐三彩就是利用了这种技术，表现出非常高的艺术价值和技术水平。此时期还见证了模具成型技术的广泛应用，尤其是在制作具有规则形状的瓷器时，如碗、盘、瓶等。模具的使用不仅提高了生产效率，还保证了产品形状的标准化与统一性。隋唐五代的陶瓷工人已能够利用模具进行批量生产，极大地满足了市场的需求。

第四节　宋代陶瓷的繁荣

宋代是中国历史上一个文化繁荣、经济发达的时代，这一时期的政治相对稳定，经济和文化的快速发展为艺术创作提供了丰厚的土壤。宋代的文人士大夫阶层对艺术品位的追求异常高雅，他们提倡回归自然，崇尚简洁、淳朴的生活方式，这种审美观直接影响到了陶瓷的制作。宋代的工艺美术具有典雅、平易的艺术风格。陶瓷、漆器、金工、家具等，都以朴质的造型取胜，很少有烦琐的装饰，使人感到一种清淡的美。陶瓷作为日常生活中不可或缺的元素，其艺术表现和制作技术在宋代达到了前所未有的高峰。各地名窑竞相涌现，技术和艺术的革新层出不穷。特别是以汝、官、哥、钧、定五大名窑最为杰出，它们不仅代表了宋代陶瓷技术的顶峰，更成为研究中国陶瓷艺术史的重要标杆。

一、宋代陶瓷的基本特点

宋代是中国陶瓷史上的一个高峰时期，这一时期的瓷器工艺达到了前所未有的精细程度。宋代陶瓷不仅在工艺和技术上取得了重大突破，而且在造型设计和装饰手法上也展现了独特的艺术魅力。以下将从工艺特点、造型特点和装饰手法三个方面详细探讨宋代陶瓷的基本特点（图2-1）。

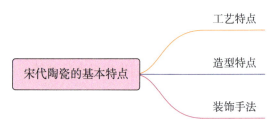

图 2-1　宋代陶瓷的基本特点

（一）工艺特点

宋代是中国陶瓷史上的一个高峰时期，这一时期的瓷器工艺达到了前所未有的精细程度。烧制技术的突破尤其体现在温度控制和釉料配方上。宋代陶工掌握了高温烧造技术，使瓷器的硬度和密度得到大幅提升，瓷质更加细腻，釉面更加光滑。这种技术的进步尤其在青瓷上表现得淋漓尽致，如汝窑的瓷器，其釉色温润如玉，这种效果便是通过在高温下烧制来实现的。

在釉料的使用上，宋代陶瓷工艺师通过对原料的严格筛选和科学配比，创造出多种釉色，如天青色、梅子青色、乳白色等。这些釉色不仅色泽纯净，而且深具层次感，给人以强烈的视觉冲击和艺术享受。特别是在汝窑中应用的天青釉，其色泽如同晴空一般，清澈透明。宋代陶瓷还特别注重釉面效果的自然展现，哥窑的开片技术是其中的代表。开片即釉面呈现出细腻的裂纹，这种裂纹通过控制烧制过程中的冷却速度和釉料的收缩率巧妙实现，使得成品瓷器具有一种仿佛经年累月自然形成的裂纹美感。

（二）造型特点

宋代瓷器的造型特点深刻地体现了当时的文化理念和审美趣味。在这一时期，瓷器的造型设计不仅追求实用性，更强调与自然和谐相处的美学理念，反映出宋代文人对生活的精致感和审美追求。

宋代瓷器的设计强调简约和自然，这与其时代背景密切相关。宋代社会相对稳定，经济发展促使文化艺术得到了极大的繁荣。文人墨客在这一时期占据了文化舞台的中心位置，他们的生活方式和审美观念显著影响了当时的艺术创作。在瓷器造型上，宋代的陶艺家摒弃了唐代以来流行的烦琐装饰，转而追求形式上的简洁与和谐，力求通过简化的造型来体现更高的艺术境界。宋代瓷器的造型大多简单而不失精致，以其线条流畅、比例协调而著称。例如，宋代的碗常见的形式是圆底浅口，这种设计不仅美观，而且特别适合于茶的冲泡与饮用。这种碗的口径适中，便于手持，而底部圆润，给人一种温润的触感，非常符合宋代文人对"返璞归真"美学追求的需求。宋代的盘和碟的边缘通常设计得较为平直，中心稍微凹陷，造型简单却极具层次感。这种设计不仅方便使用，还能很好地展示盛放食物的美观，其简洁的线条也体现了一种独特的美感。宋代的花瓶和瓶类形式多样，但最为人称道的是那些线条优雅、造型别致的花瓶，它们常常具有纤细的腰身和略显张扬的瓶颈，整体造型既展示了瓷器的轻盈感，又不失强劲的力量感。这种瓶形的设计让人联想到古代文人画中那些枝条柔弱却坚韧向上的植物形象，反映出宋代文化中的生命力与坚韧。宋代的酒具和水仙盆等也展现了同样的造型特征。酒壶和酒杯等，多采用简洁的线条，形状圆润，手感良好，非常适合实际使用。水仙盆则常用于盛放水仙花，其底部宽大，边缘略翘，非常适合水仙的生长需求，也体现了宋代文人欣赏水仙清雅的情趣。

宋代瓷器的造型不仅是对实用性的追求，更是一种文化表达。简约而不简单的造型反映了宋代文人对于生活的态度，即崇尚自然，追求内心的平和与宁静。宋代瓷器的这种造型风格，实际上是宋代文化中"中庸之道"的具体体现，强调在平静与简约中寻找生活的真谛。

（三）装饰手法

宋代的陶瓷装饰，以其隐逸之美和精致的工艺著称，反映了宋代文人对自然和生活的深刻理解及其审美趣味。这些装饰不仅是对瓷器表面的点缀，更是文化与艺术深度融合的结果。

宋代瓷器装饰的基本特点是简约而不简单，追求一种"隐逸"之美，这种美学取向在宋代文人的诗、书、画中均有所体现。瓷器装饰的简约性不在于装饰元素少，而在于如何通过最简洁的线条和形式表达最深远的意境和情感。装饰的主题多与自然景观相关，如山水、花卉、云雾等，这些自然元素不仅展现了艺术家对自然的观察和理解，也体现了一种向往自然、归隐田园的生活态度。

刻花是宋代陶瓷中最为常见的装饰技法之一。艺术家通常先在半干的泥坯上，用刀具刻画出细腻的图案，再在上面施以薄薄的一层釉料。在高温烧制后，图案与釉面融为一体，呈现隐约的美感。这种技法的美妙之处在于它的低调和内敛，能够引人深思。刻花图案常见的主题包括简单的植物纹样或是更复杂的山水场景，这些图案简单而富有诗意，给人以清新脱俗的感觉。印花则是另一种在宋代瓷器上广泛使用的装饰手法。通过雕刻木模或泥模，艺术家将所设计的图案压印在软质的瓷泥上。这种技法可以批量复制图案，保持装饰的一致性和精确性。印花的图案通常较为简单，但通过层次的变化和重复的节奏，可以创造出视觉上的丰富性和动感，使得瓷器表面显得生动而有表现力。彩绘在宋代瓷器中虽不如唐代或明清时期那样流行，但在定窑和哥窑的部分作品中，仍可见到其精美的表现。宋代的彩绘通常采用色彩淡雅、图案简洁的风格，这种彩绘强调以简驭繁，通过极少的色彩和线条来达到画面的和谐与统一。这种装饰手法深受文人墨客的喜爱，因为它既展示了制作者的高超技艺，也表达了制作者对自然美的崇高追求。

宋代陶瓷的装饰不仅是视觉艺术的展现，更深层次地反映了宋代社会文化中的重要主题，即对自然的热爱与向往以及对简约生活的追求。

这些装饰技法的应用和发展，不仅提升了宋代陶瓷的艺术层次，也使这些瓷器成为传递宋代文化理念的重要媒介。通过研究宋代瓷器上的装饰手法，能够更深入地理解宋代文人的生活哲学和美学观念，这些理念至今仍对现代设计和艺术产生深远的影响。

二、宋代代表性窑系

宋代陶瓷的繁荣，离不开各大代表性窑系的贡献。这些窑系各具特色，不仅推动了陶瓷技术的发展，还形成了独特的艺术风格。宋代的主要窑系除汝窑、定窑、哥窑、官窑、钧窑五大名窑外，在全国各地还有一些著名的窑场。

（一）五大名窑

1.汝窑

汝窑位居五大名窑之首。汝窑的窑址位于今天的河南省宝丰县大营镇的清凉寺，历史上属于汝州，因此得名。汝窑主要为北宋时期的宫廷烧造瓷器，故又称为"汝官窑"。由于汝窑的烧造历史较短，仅从北宋哲宗到徽宗的大约20年间，因此流传至今的汝窑作品极为珍稀，是宋代名窑中传世品最少的一个。汝窑瓷器的形式简洁，无过多的装饰，全凭釉色和釉面质感取胜。汝窑的瓷器多用于茶具和酒具，深受当时文人墨客的喜爱。汝窑的另一个特点是釉面上常见的纹理，如细密的开片纹。这种纹理让瓷器表面看起来更有层次感和视觉深度，也使得每一件汝窑作品都独一无二，充满了个性。

汝窑的主要产品包括大小不一的盘、洗、碟、瓶、尊等器物。其中盘类多为卷足，也有部分卧足设计。洗类器物分为敞口和直口两种，敞口者圈足外卷，直口者则口底垂直，近底部内收平底。汝窑还有一种特有的椭圆形四足洗。这些瓷器的胎质通常较薄，呈现香灰色，胎质坚硬且细腻，制作精准规整。汝窑瓷器的釉色以天青色为主，釉中带有蓝色光泽，偶尔呈现蛋青、虾青、蓝青等色彩变化。釉层虽薄但极为莹润，釉泡较大且稀疏，清晰明亮如同夜空中的星辰，因而有"汝器釉泡寥如星辰"之美誉。汝窑瓷器的釉质非常坚硬，部分瓷器的釉面还会出现极细小的开片现象。

汝窑作品通常施以满釉，包括器物的内外表面和口缘，足部也不露出胎土。在烧制过程中，由于使用了支钉工具，汝窑器物的底部常留有几处细小的支钉痕迹，这些痕迹通常小如芝麻，分布不甚规则。此外，汝窑的装饰非常简约，大多数器物表面无任何纹饰，仅极少数会有刻花装饰，展现了其高雅与简洁的艺术风格。

2. 定窑

定窑位于今天河北省中部的定州，是宋代著名的陶瓷生产地之一。定窑的白瓷以其优雅的造型、纯净的白色釉面和细腻的质感而闻名于世，成为宋代陶瓷艺术的重要代表。定窑白瓷的釉色纯净、光滑，甚至可以像镜面一样反射光线，给人以清新脱俗的感觉。这种白釉不仅色泽均匀，而且具有一种淡雅的光泽，使得每件瓷器都犹如精雕细琢的艺术品。定窑瓷器的胎质细密坚硬，釉层厚实而润泽，手感极为温润，这些都是宋代高级瓷器的典型特征。定窑的产品种类丰富，涵盖了从日常用品到宫廷礼器的多种形式。在宋代，定窑瓷器不仅被普通百姓用于日常生活，更被用于宫廷中的各种仪式和礼节之中，如进贡、宴请等场合。其产品形式多样，包括碗、盘、壶、瓶、罐等，每一种器形都设计得既实用又美观，兼顾了功能性与艺术性。

虽然定窑以白瓷著称，其装饰手法却呈现出简约而不简单的美学特征。定窑的装饰通常采用刻花、剔花等技术，这些技法简洁而精致，能够在不破坏瓷器整体美感的前提下，增添一些文化气息和艺术价值。例如，一些定窑白瓷上会见到精美的莲花图案或者云纹装饰，这些图案通常都很简洁，线条流畅，显得非常自然。定窑的瓷器不仅是生活用品，更是宋代文化的重要承载体。它们在当时反映了社会的审美趣味，是文人交流的媒介。宋代的文人墨客常常通过赏析定窑瓷器来表达自己的文化修养和艺术品位，定窑瓷器因此在宋代社会中占据了非常重要的地位。

3. 哥窑

"哥窑"这一名字源于其独特的釉面效果，被称为"哥釉"，意指釉面的老化裂纹，这种效果在宋代的陶瓷艺术中极为罕见。哥窑位于今天的河南省郑州市一带，其技艺和美学价值在宋代陶瓷艺术中占据了非常重要的地位。哥窑最引人注目的特征是其深沉的黑釉与独特的开片效果。这种开片，也就是釉面裂纹的形成，是通过特定的烧制技术和釉料配比实现的。哥窑的开片效果自然且精致，裂纹细腻，仿佛密布的蜘蛛网，这种裂纹被称为"金丝铁线"。釉色通常呈现深黑色或深褐色，有时在光线下会展现深绿或深蓝的色泽，增添了几分神秘与深邃的美感。哥窑的釉面不仅是视觉上的艺术，其深沉的色泽和细腻的裂纹在当时被视为对天然美景的高度模仿与再现，这种自然而又不失优雅的美感，使得哥窑瓷器在文人墨客中极受欢迎。

哥窑的产品主要包括茶具和酒具，这两种器物在宋代文化中具有重要地位。哥窑茶具的设计通常简洁而精致，茶碗、茶盘等器物的线条流畅，形态优雅，非常符合宋代文人的审美习惯。酒壶和酒杯等酒具，则常展示出更为复杂和精细的造型，这些酒具不仅用于日常生活，更是宴会中展示主人品位的重要物件。哥窑的茶具和酒具的广泛使用，既反映了宋代社会对茶文化和酒文化的高度重视，也显示了哥窑在满足当时社会文化需求中的独特角色。

4. 官窑

官窑位于河南省宝丰县及陕西省华县一带，是北宋及南宋时期专为宫廷生产瓷器的官方窑场。官窑的产品几乎全供皇室和高级官员使用，因而在制作上精益求精，无论在材料的选择、制作工艺还是最终成品的审美表现上，都力求完美无缺。官窑的制瓷工艺以其极致的精细而著称。从选材到成品，每一环节都有严格的标准和流程。使用的原料，如瓷土，必须选自最优质的来源，确保瓷器胎质的纯净和均匀。在瓷器的烧制过程中，对温度和气氛的控制要求极为严格，以保证瓷器烧制的均匀和成品率。官窑的烧造技术也极为先进。窑工利用高温将瓷土烧至半透明状态，釉面因此呈现出如同玉石般的温润光泽。这种技术不仅使得官窑瓷器的釉面光滑如镜，而且釉色均匀，色泽明亮而不刺眼。

官窑瓷器的形态讲究规整和对称，线条流畅而简洁，显示出宋代宫廷艺术的高雅与严谨。官窑瓷器的常见形式包括碗、瓶、盘、尊等，每一种形式都力求达到形态上的完美平衡。例如，官窑的碗常常是口轻微外撇，底部微显收紧，这样的设计不仅美观，也使得碗体稳固，易于使用。官窑的瓶形则多采用长颈短腹或者平底宽口的设计，既显示出瓷器的轻盈，也方便展示和摆放。这些瓶子往往在宫廷中用于插花或存放珍贵液体。官窑的釉色以青白色为主，这种颜色清新而淡雅，极具天然的美感。釉料中加入适量的铁元素，经过高温烧制后，釉色呈现出淡雅的青白色，有时在灯光下会显露出微妙的蓝绿色泽。这种颜色不仅令人赏心悦目，还体现了官窑追求自然本真的审美观念。官窑的釉面处理也极具匠心，釉质厚重而均匀，经过精心调制的釉料能够在瓷器表面形成一层均匀且有光泽的保护层，使得成品在视觉和触感上都极具吸引力。这种釉面的质感与官窑瓷器的整体设计风格相得益彰，使得每一件官窑的瓷器都是艺术与工艺的完美结合。

5. 钧窑

钧窑位于今天的河南省禹州市，是宋代著名的陶瓷窑场之一。钧窑的历史悠久，以其独特的釉色和釉面效果闻名于世，是中国古代五大名窑中的重要成员。钧窑的艺术特色主要体现在其丰富多变的釉色以及自然流动的釉面上，使得每一件钧窑瓷器都具有无可复制的独特性和高度的艺术价值。

钧窑的釉色变化极为丰富，最著名的是钧红釉，这种釉色鲜亮而深邃，仿佛包含无尽的秘密。钧红釉的特点是色泽艳丽且深厚，经过高温烧制后，表面常常呈现出类似天空般的云彩效果，非常引人注目。除了钧红，钧窑的其他釉色还包括月白、紫、蓝等，这些颜色同样具有流动性强和层次感丰富的特点。釉色之间的过渡自然且富有韵味，常常形成美丽的天然斑纹，每一次出窑的结果都是无法预测的。钧窑瓷器的釉面效果是其另一大特色。釉面在高温的作用下流动自如，形成独一无二的纹理和色彩。这种效果给钧窑瓷器增添了难以言表的艺术魅力，使每一件作品都像是自然界的杰作，具有极高的观赏价值和艺术收藏价值。钧窑的釉面不仅色彩丰富，而且光泽度高，触感滑腻，展示了宋代陶瓷技艺的高超水平。

钧窑主要生产的是小件工艺品，如碗、盘、瓶等。这些瓷器在宋代不仅用于日常生活，更多的是作为艺术品来欣赏和收藏。钧窑的器物形状多样，从简单的日用品到精致的艺术珍品，每一件都是工艺师精心设计和制作的结果。形态上，钧窑瓷器强调的是简洁与自然，旨在通过简单的线条来展现瓷器本身釉色和釉面的美感。

（二）其他著名窑厂

宋代除了汝、官、哥、定、钧五大名窑外，还有许多其他著名的窑场，如耀州窑、磁州窑、吉州窑、景德镇窑、龙泉窑等，它们同样在技术创新和艺术表现上有卓越的成就，对后世陶瓷的发展产生了深远的影响。

1.耀州窑

耀州窑是中国古代著名的窑系之一，其生产历史悠久，从唐代开始至元明，尤其在宋代达到鼎盛。耀州窑主要分布在今天的陕西省铜川市一带，包括耀州、宜君等地区。这些地区拥有丰富的陶土和优良的燃料资源，为陶瓷生产提供了良好的自然条件。耀州窑以其生产的青瓷最为著名，这些青瓷以其独特的青绿色釉面而闻名。耀州窑的青瓷釉色通常较为均匀，具有良好的光泽和透明度。除了青瓷，耀州窑还生产黑釉瓷、白釉瓷及其他釉色的瓷器。耀州窑的瓷器造型多样，从简单实用的日用器皿到精美的装饰品都有生产。常见的器形包括碗、盘、壶、瓶等。装饰手法也多样，包括雕刻、刻花、印花等，这些装饰通常简洁大方，不失雅致。

耀州窑的产品在国内外都有很高的声誉。在宋代，其制品不仅供应国内市场，还远销海外，特别是东南亚地区。耀州窑的青瓷对日本、朝鲜等国的陶瓷艺术也产生了一定的影响，这可以在一些国外收藏的耀州窑青瓷中得到体现。

2. 磁州窑

磁州窑主要分布在今天的河北省邢台市一带，尤其集中在磁县。磁州窑的历史起源较早，从唐代开始发展，到宋代达到巅峰，其生产的瓷器以黑釉和白釉著称，具有独特的地域风格和艺术特色。磁州窑的技术特点主要体现在釉色和装饰技术上。黑釉和白釉是其最具代表性的釉色，其中黑釉深沉光滑，白釉则纯净明亮。此外，磁州窑还采用了多种釉色，如褐釉、青釉等，多样的釉色展现了丰富的视觉效果。磁州窑的艺术风格突出表现在其丰富的装饰手法上。常见的装饰技术包括划花、剔花、印花等，这些手法使瓷器表面呈现出多样化的图案，如花卉、动物、人物故事等，图案风格生动活泼，具有很强的表现力和装饰效果。特别是剔花技术，能够在釉下呈现出细腻的图案，使瓷器既实用又美观。

磁州窑的瓷器在宋代非常受欢迎，不仅在国内广泛流传，在国际上也有一定的影响力。其产品通过丝绸之路等贸易路线传播到中亚、西亚乃至非洲的部分地区，促进了当地的陶瓷生产和文化交流。

3. 吉州窑

吉州窑是宋代中国南方重要的陶瓷生产基地之一，主要位于今天的江西省吉安市及其周边地区。吉州窑从唐代开始发展，至宋代达到了繁荣高峰，其制作的瓷器以黑釉最为著名，并且以其特有的茶叶朱砂釉而闻名。吉州窑的技术特点主要体现在其独特的釉色和高温烧制技术上。吉州窑的黑釉色泽深沉，釉面光滑，反光性强，显示出金属般的光泽。除了黑釉，吉州窑还有一种独特的釉色，即茶叶朱砂釉，这种釉色呈现出朱红色至棕红色，其名称来源于釉色上常见的茶叶渍状斑点，这是因为釉中铁的氧化而产生的自然效果。吉州窑的艺术风格突出表现在其简洁而深沉的美感上。吉州窑的瓷器形式多样，包括碗、盘、壶、瓶等，其中尤以茶具最为著名。吉州窑的茶具简洁优雅，非常适合宋代文人的审美趣味。吉州窑也采用划花、印花等技术进行装饰，但总体上保持了较为朴素和内敛的风格。

吉州窑的瓷器在宋代深受文人士大夫的喜爱，特别是其茶具，与宋代茶文化的兴盛密切相关。吉州窑的茶具在当时不仅在国内广泛流传，也通过海上丝绸之路传到日本等地，对当地的茶文化产生了影响。

4. 景德镇窑

景德镇窑位于江西省景德镇市，是中国历史上著名的陶瓷生产地之一，特别是从宋代开始，它的陶瓷制作技术逐渐达到了非常高的水平。景德镇被誉为"瓷都"，早在宋代，这里就已经开始生产高质量的白瓷，并逐渐发展出多种瓷器风格和技术，对中国乃至世界陶瓷艺术产生了深远的影响。景德镇窑的技术优势在于其高温烧制技术，能够生产出质地坚硬、细腻、纯白的瓷器。这些瓷器采用高质量的瓷土，通过高温烧制使得瓷质更加坚硬和透明，釉面光滑，洁白如玉。景德镇窑还擅长使用青花装饰技术，虽然青花瓷在元代才达到巅峰，但在宋代已有初步发展。宋代的景德镇窑以其简洁而优雅的艺术风格著称。瓷器的形式多样，包括碗、盘、壶、瓶等，线条流畅，造型优雅。尽管大部分产品注重实用与美观的结合，但其简洁的风格深受当时文人墨客的喜爱，反映了宋代文化中的高雅与含蓄。

景德镇窑的瓷器因其卓越的质量和美观的造型，在国内外享有盛誉。它不仅供应国内市场，还远销海外。景德镇的瓷器在全世界的传播，使得其成为中国文化的重要象征之一。景德镇窑的发展对中国陶瓷技术的进步具有里程碑意义。它不仅推动了陶瓷工艺技术的革新，还对后世的瓷器制作产生了深远的影响，尤其是对青花瓷的发展起到了推动作用。

宋代的景德镇窑是研究中国高温瓷器发展不可或缺的重要史料。

5.龙泉窑

龙泉窑是中国历史上著名的瓷窑之一，主要分布在今天浙江省龙泉市及其周边地区。龙泉窑以生产青瓷而著名，特别是在宋代，这些瓷器以其鲜艳的青绿色釉和精美的艺术造型广受赞誉。龙泉窑的繁荣对后世的瓷器制造产生了深远的影响，尤其是在青瓷的发展上。

龙泉窑的技术特点主要体现在其釉色和高温烧制技术上。龙泉青瓷的釉色以鲜明的绿色或蓝绿色为主，釉质光滑，透光性好，常给人以清新脱俗的感觉。龙泉窑的青瓷常采用减氧烧制技术，使得釉色更为鲜亮且持久。龙泉窑的艺术风格突出体现在其优美的器形和精细的装饰上。龙泉窑的瓷器种类繁多，包括碗、盘、壶、瓶等，器形优雅，线条流畅。在装饰方面，龙泉窑善于采用雕刻、刻花等技术，图案多以植物、动物和云纹为主，表现出浓厚的自然美感和生动的艺术效果。

龙泉窑的瓷器在宋代及以后的历史时期中，不仅在国内广为流传，在海外也享有极高的声誉。特别是在东南亚和日本，龙泉青瓷深受欢迎，影响了当地的陶瓷制造技术和审美趋势。龙泉窑的繁荣反映了宋代陶瓷工艺的高度发展和艺术成就。龙泉青瓷的生产体现了中国古代工匠的技术智慧和对美的追求，也是中国传统文化中重视自然和谐美的一个表现。龙泉窑的历史发展也揭示了中国南方陶瓷业在宋代的兴盛景象。

第五节　元代陶瓷的发展

元朝的建立促使中亚和西亚的技术及文化输入，融合了多元文化，为陶瓷艺术的发展注入了新的生命力。丝绸之路的重新繁荣促进了东西方的文化和物质交流，这对陶瓷的样式、装饰和技术都产生了深远的影响。

一、元代陶瓷的主要特点

元代瓷业在技术和美学上都发生了显著的变革，特别是景德镇的崛起，使其成为全国瓷业的重心。在传统青白瓷的基础上，景德镇窑工成功探索出了青花、釉里红、卵白釉和钴蓝釉等新品类的瓷器。这些创新不仅丰富了瓷器的种类，也为明清时期瓷业的进一步发展打下了坚实的基础。在工艺上，景德镇的制瓷师傅实现了多项突破，其中包括将高岭土加入瓷石的"二元配方"技术，这一改进显著提高了瓷器的烧制温度，确保了大型瓷器烧成时的稳定性和完整性。青花和釉里红的成功烧制展示了中国绘画艺术与陶瓷工艺结合的成熟。颜色釉的技术成就则标志着元代结束了仅限于模仿玉石的青白色调的局限，釉色更加丰富多彩。

元代瓷器的装饰工艺取得了丰富的发展，彩绘成为当时的主流装饰方式，色彩更加华丽且图案排列整齐，营造出热烈而吸引眼球的视觉效果，更符合当时人们的审美趋势。刻花、划花、印花等装饰手法虽然仍被使用，但相比彩绘则显得较为次要。各地窑场也根据自身的胎釉特点，采纳了多种既美观又实用的装饰手法，展示了地域间的工艺差异和独特风格。

元代的瓷器造型既有大型器物，显示出厚重而端庄的风格，也有小型器物，展现清秀和雅致的特点。常见的器物类型包括罐、瓶、执壶、碗、高足杯和盘等。罐的形式主要分为两类：一种是直口、溜肩、底部内收、平底的设计；另一种是侈口、直颈、溜肩，有些罐在肩与腹之间装饰有双兽耳，底部则是平底或矮圈足。一些罐配有盖，盖顶常饰以狮纽。梅瓶与玉壶春瓶梅瓶通常具有小口、高肩、底部细长的造型，有的带盖，有的不带。玉壶春瓶则多沿袭宋代的风格，敞口、颈部细长、腹部椭圆形、圈足略呈外撇。另外，一些玉壶春瓶颈部较短而粗，腹部较大，是元末明初的典型产品。执壶多以玉壶春瓶为壶身，流和柄对称贴附在腹部两侧，某些执壶的流与颈之间还连接有"S"形装饰物，有的配有盖。碗与高足杯碗的常见形式有敞口和敛口两种，敞口碗深腹、小圈足、足内无釉，敛口碗口沿内敛。高足杯在元代极为流行，口微撇，底部较丰满，支撑结构上小下大，有的采用竹节形高足。盘的造型多为折沿，分为菱花式口和圈口两种，均设圈足，底部为砂底。还有一种小型薄胎盘，折沿，平底无釉。元代还创新了如僧帽壶等具有少数民族风格的器型，这些器皿主要用于存放奶类等液体，其独特的形式在明清两代仍被继续使用。其他如葫芦瓶、象耳瓶、四系扁壶、戟耳瓶、蒜头瓶、双耳三足炉等也是元代瓷器的典型代表。

二、主要窑场与瓷器类型

中国陶瓷产业在元代达到了新的艺术和技术高度，不同地区的主要窑场各具特色，生产出多样化的瓷器类型。以下是元代主要的几个窑场及其代表性的瓷器类型。

（一）景德镇窑

景德镇窑位于江西省，是元代最重要的瓷器生产中心，主要瓷器类型包括以下几种。

1. 青花瓷

元代青花瓷是中国陶瓷史上的一大创新，其发展不仅标志着技术与艺术上的重大突破，也象征着中外文化交流的深化。青花瓷起源于元代，尤其在景德镇得到了极大的发展，成为中国瓷器中最著名的品种之一。青花瓷是釉下彩的一种，它是用含钴的矿料在瓷器胎体上直接进行描绘后，再罩上一层透明釉，经过高温烧制而成的瓷器。[①]钴料能够在高温下保持稳定的蓝色，使得成品的色泽鲜明、持久。钴料最初从中亚

---

① 王丹丹. 古陶瓷鉴定收藏入门 [M]. 合肥：安徽科学技术出版社，2012：131.

进口，这也反映了当时丝绸之路贸易的繁荣。钴料不仅色彩艳丽，而且色料在瓷器表面渗透性强，可以在釉下形成流畅的线条和图案，这是元青花的一大特点。元代青花瓷的图案多样，内容丰富，包括传统的龙凤、花卉、云纹以及各种象征吉祥的图案，还有更多描绘日常生活场景及传说故事的图案，显示了文化自信和开放性。这些图案不仅展示了高超的绘画技巧，也反映了元代社会文化的多元性和丰富性。元代青花瓷的另一个特点是图案布局的大胆和自由，与宋代瓷器的矜持和精致形成鲜明对比。图案往往覆盖了整个器物，显示出一种奔放的艺术风格。在器形上，元青花瓷也呈现多样化，包括碗、盘、瓶、壶等多种形式，其中以大型器物最为著名，如大罐和大盘，这些都是为了满足宫廷和高级文人的需求。

元代开放的文化政策促进了文化的交流与融合，也为青花瓷的诞生提供了条件。青花瓷的出现是东西方文化交流的产物，其技术和艺术的革新，也反映了元代社会的开放性和包容性。青花瓷的生产与丝绸之路的贸易密切相关，青花瓷不仅在国内受到追捧，也成为重要的出口商品，流传至中东乃至欧洲。

2. 釉里红瓷器

元代的釉里红瓷器是中国瓷器历史上的另一大创新，主要在景德镇窑生产。釉里红，又称"铜红"或"剔红"，是一种以铜为色料在釉下进行装饰的瓷器。这种瓷器以其独特的红色釉面和精致的艺术表现而著称，是元代陶瓷技术与艺术创新的典范。釉里红的制作技术要求极高的精准度和控制力。工匠先在未经烧制的瓷胎上画出设计图案，再使用含铜的色料进行填色。这些色料在烧制过程中会呈现出丰富的红色调，但其难度在于铜红色料在高温下极易氧化变色，因此，整个烧制过程需要严格控制氧气的供应，以确保釉色的纯正和图案的清晰。釉里红瓷器的艺术魅力在于其色泽深邃且充满变化。色调可以从浅粉红到深红甚至紫色不等，具有极高的观赏价值。元代釉里红的图案多以花卉、动物或云带等传统元素为主，这些图案不仅展示了绘画技艺的高超，也体现了元代审美风格的独特性。此外，釉里红瓷器常常呈现出一种神秘而深邃的美感，使其成为收藏家和艺术鉴赏家极为珍视的对象。

3.卵白釉瓷器

元代的卵白釉瓷器以其特有的柔和与高雅的釉色而得名，其色泽类似鸡蛋的内壳，表现出一种简约而纯净的美感。卵白釉瓷器的制作过程包括使用高质量的瓷土，通过精细的筛选和净化来确保瓷胎的细腻和均匀。瓷胎成型后，施以特制的卵白釉料。这种釉料主要是以高岭土、石英与少量的石灰石混合制成，其比例和精确的烧制温度决定了最终的釉色和质感。在烧制过程中，必须严格控制窑内的气氛和温度，以保证釉色均匀、纯净而有光泽。卵白釉瓷器的艺术特点在于其极简的外观和温润的釉色。这种釉色不仅给人以视觉上的舒适，也很好地体现了元代瓷器设计中的"少即多"的美学观念。卵白釉瓷器通常不施任何装饰，其艺术价值和美感完全来自形体的造型和釉面的质感。其器形多样，包括碗、盘、瓶等，每种器物都展示了简洁而流畅的线条。

4.钴蓝釉瓷器

元代的钴蓝釉瓷器是景德镇窑瓷器中的一种特殊类型，以其独特的深蓝色釉面而著名。这种釉色是由含钴的色料所产生，钴蓝釉瓷器在元代的陶瓷艺术中占据了重要的地位，因其鲜明的视觉效果和艺术表现力而备受关注。钴蓝釉瓷器的制作过程包括在瓷胎上施以含钴的蓝色釉料。钴料因其能在高温下保持稳定的蓝色，成为制作此类瓷器的理想材料。瓷器成型后，首先在表面涂覆一层白釉，随后再施加钴蓝釉料。这一过程需要非常精确的控制，因为钴料的浓度和釉料的厚薄将直接影响到成品的色泽和质感。在经过高温烧制后，钴蓝釉料在瓷器表面形成一层均匀且鲜明的蓝色釉面。钴蓝釉瓷器的主要艺术特征是其深邃且光亮的蓝色釉面。这种蓝色深浅均匀，光泽度高，能够显著提升器物的整体美感。元代的钴蓝釉瓷器通常不添加其他颜色的装饰，完全依靠钴蓝的深色调来展现其独特的艺术风格。这种简洁而强烈的视觉效果，使钴蓝釉瓷器在元代各种瓷器中显得格外突出。

（二）龙泉窑

元代浙江龙泉窑在宋代的基础上，其生产规模、烧造工艺以及装饰手法都得到了显著的提升和创新。这一时期的龙泉窑青瓷以其器形的宏大、胎体的厚重和独特的釉色而著名。元代龙泉青瓷的新器形包括高足杯、荷叶盖罐、菱口盘等。这些器物的共同特点是造型大气、线条流畅。其中，高足杯的设计简洁，足部较短且几乎与杯身粗细相同，足跟微微外撇，内部空间深，便于握持。荷叶盖罐则以其粗矮的外形和顶部模拟荷叶的设计而引人注目，罐身上半部圆润，下腹部稍微内收。菱口盘也被称为莲花口盘，盘身设计模仿莲花瓣形状，盘口有八瓣或十六瓣，平沿部分内外均呈莲瓣形态，通常在内底部分有刻花或贴花装饰，如折枝花卉和缠枝花桃实图等。

元代龙泉青瓷的装饰手法多样，包括刻、划、印、贴和堆塑等，尤其是印花技术，其中阳文与阴文两种印花技术皆有应用，阴文印花尤为突出，成为元代龙泉窑瓷器的主要装饰方式。贴花装饰也分为满釉和露胎两种风格。在釉色方面，元代龙泉窑的青瓷釉色更为浓郁，透明度也比宋代的产品高，这一变化为龙泉青瓷增添了更多视觉冲击力。特别在元代晚期，龙泉青瓷的底部常常不施釉，仅在器物底部中心位置旋制出一个乳钉状的凸起，这是元代龙泉青瓷的一个显著特征。这些技术和装饰的发展反映了元代龙泉窑在青瓷制作上的高超技艺和创新精神，使其成为中国陶瓷历史上的重要篇章。

（三）磁州窑

磁州窑位于今天的河北省邯郸市境内，是元代重要的陶瓷生产基地之一。磁州窑以其独特的装饰技术和丰富的器形而闻名，其产品广泛分布于北方地区，并远销南方甚至海外。磁州窑的陶瓷以黑釉和褐釉为主，特别以黑白对比鲜明的划花、剪纸贴花技法而著称。磁州窑的产品主要以粗陶为主，胎质较厚重，釉色主要为黑、褐两种。其最大的艺术特色是釉上的装饰技法，其中划花和剪纸贴花是最具代表性的装饰手法。划花技术是在尚未完全干燥的釉面上用尖锐工具刻画出各种图案，露出下层的白色或灰色胎土，形成鲜明的黑白对比。这种技术虽简单但效果显著，能够清晰地展示图案和文字，是磁州窑产品中常见的装饰手法。剪纸贴花是先将已经剪切好的纸片贴在釉上，再覆以透明或半透明釉料烧制。烧制过程中纸片烧毁，留下图案的痕迹。这种技术能创造出精细的图案和纹样，广泛用于制作花瓶、壶、碗等各类器物。

磁州窑的器物种类丰富，包括碗、盘、壶、瓶等多种日常用品和装饰品。装饰主题多样，从传统的花卉、动物到更复杂的人物故事和吉祥文字或符号都有涵盖，展现了丰富的民间艺术特色。磁州窑的陶瓷不仅仅是生活用品，还反映了当时社会的文化取向和审美趣味。磁州窑的陶瓷产品的普及性和实用性使之成为北方地区最重要的陶瓷类型之一。磁州窑的陶瓷通过丝绸之路等贸易路线传播到中亚甚至更远的地方，影响了其他地区陶瓷艺术的发展。

第六节　明清陶瓷的成就

明代的陶瓷艺术以景德镇为中心，青花瓷在这一时期达到了前所未有的艺术高度，同时，斗彩等技术的问世，丰富了瓷器的艺术表现。进入清代，陶瓷艺术不仅继承了明代的传统，更加入了更多创新元素，如粉彩、珐琅彩等新的装饰手法，使得清代瓷器的艺术表现更加细腻且华丽。清代紫砂壶的兴盛更是将陶瓷工艺推向了一个新的层次。这些作品不仅是茶文化的实用工具，更是艺术和个人表达的媒介。著名的陶艺大师通过不断的创新和实验，赋予了紫砂壶以独特的艺术生命力，使其成为中国陶瓷艺术中的一个重要流派。

一、明清时期瓷器的发展

明清时期，中国瓷器艺术经历了从成熟到高峰的阶段，特别是在材料使用、装饰技术和艺术表达上都有显著的发展和创新。这一时期的瓷器不仅是日常生活用品，更成为展示中国高超工艺和深厚文化的重要载体。

（一）明代瓷器发展

明代瓷器的发展达到了一个前所未有的高度，这一时期不仅是技术创新的黄金时代，也是艺术表现力极致展现的时期。

明代陶瓷艺术家在釉色的使用上进行了大胆的实验，不仅改进了传统色彩，还创造了多种新的颜色和效果。这一时期，釉色的多样化成为明代瓷器的一大特色，不仅丰富了瓷器的视觉效果，也反映了当时社会文化的多样性和丰富性。青花瓷的技术和艺术表现在明代达到了顶峰，艺术家使用进口的钴料，这种钴料在高温烧制过程中能够显现出鲜明的蓝色，与白色瓷胎形成强烈对比，美观而引人注目。明代的青花瓷装饰内容也更为丰富，从元代的简单花卉和动物图案发展到更加复杂的人物故事和山水画面。这些图案不仅是装饰，还承载着丰富的文化象征意义和深层的社会寓意。

斗彩技术的出现是明代中期的一个重要创新。斗彩，顾名思义，是在一件瓷器上使用两种或两种以上的色釉进行装饰。这种技术的应用使得瓷器装饰更为丰富多彩，能够史细致地展示复杂图案和细节，极大地提高了瓷器的艺术价值和观赏性。斗彩瓷器通常在造型上也极为讲究，每一件作品都是陶瓷艺术家精心设计和制作的结晶。

明代的官窑系统得到了前所未有的发展，尤其是在景德镇建立后，这里逐渐成为中国瓷器的制造中心。官窑的产品主要供皇家和高级官员使用，因此，在质量上追求极致，每一件瓷器都力求达到完美的艺术表现。官窑的瓷器在釉色、画工以及形制上都体现了极高的水平，往往也代表了当时瓷器技术的最高成就。

与官窑的高端定位相对应，民窑的发展也非常迅速。民窑更多地服务于普通百姓的日常生活，因此在瓷器的生产上更注重实用性和经济性。尽管如此，民窑的瓷器在装饰和形式上依然多样化，一些民窑也追求在经济条件允许的情况下制作出艺术水平较高的产品。例如，江西的某些民窑就能制作出与官窑相媲美的高质量青花瓷，这些瓷器在市场上非常受欢迎，有时甚至被误认为是官窑产品。

明代的瓷器生产无论是在官窑还是民窑中，都展现了极高的工艺水平和艺术成就。这一时期的瓷器不仅满足了国内的需求，也开始大量出口到海外，成为中国对外文化交流的重要媒介。通过这些精美的瓷器，外国人得以窥见中国高度发达的工艺技术和深厚的文化底蕴，明代瓷器也因此在世界各地赢得了极高的声誉。

（二）清代瓷器的发展

从明末清初开始，瓷器制作技术已经非常成熟，到了清代尤其是康熙、雍正和乾隆三朝，瓷器艺术不仅在技术上达到了一个新的高度，同时在艺术表现和国际交流上也展现前所未有的光彩。

粉彩瓷的出现标志着清代瓷器艺术的一大飞跃，粉彩使用以玻璃质白砂为主要原料的彩料，这种彩料可以在较低的温度下烧成，使得色彩更加细腻和柔和。这种技术首先在康熙时期得到广泛应用，艺术家用它来描绘更加复杂和细腻的人物、花鸟图案。这种瓷器通常具有温婉如玉的质感，色彩层次分明，展现了极高的艺术价值。珐琅彩瓷则是另一种重要的技术革新。珐琅彩起源于欧洲，清代通过与欧洲的文化交流，引进并改良了这种技术。珐琅彩瓷以其鲜艳的色彩和复杂的图案成为清代瓷器中的瑰宝。在康熙、雍正和乾隆三朝，珐琅彩技术得到了极大的发展，其制作工艺非常复杂，涉及多次烧制和多种色彩的搭配，是当时技术与艺术结合的典范。

清代官窑的生产规模和技术水平有了显著提升。官窑的瓷器不仅供应内需，还作为国礼赠送给外国。康熙、雍正和乾隆三朝是清代官窑瓷器制作的黄金时期，这一时期的官窑瓷器在质量和艺术价值上都达到了顶峰。例如，康熙时期的青花瓷以其清晰的青花色彩和精美的画工而著称，雍正和乾隆时期的彩瓷则以其丰富的色彩和精细的金彩装饰而闻名。随着清代对外开放的港口增多，瓷器的制作和艺术风格得到了国际社会的广泛认可和高度赞赏。粉彩瓷和珐琅彩瓷在欧洲尤其受到追捧，许多欧洲国家的皇室和贵族竞相收藏，并在当地设立了仿制中国瓷器的工坊。这不仅显示了清代瓷器的国际影响力，也促进了东西方文化的交流和融合。

清代是中国瓷器发展历史上一个标志性的阶段。通过技术的继承和创新，清代瓷器在艺术和文化上写下了浓重的一笔，其影响至今犹在，不仅为中国，也为世界文化遗产的宝库增添了无价之宝。

二、明清时期紫砂壶的兴盛

紫砂壶在中国茶文化中占据了举足轻重的地位，它的兴盛可以追溯到明代，至清代达到了顶峰。宜兴作为紫砂壶的发源地，见证了这一工艺的诞生与成长，并逐渐发展出独树一帜的艺术风格和制壶技术。

紫砂壶的材质独特，主要采用宜兴当地的紫砂泥，这种泥质具有较强的透气性和保温性，适合用来冲泡茶叶。不同于其他瓷器的釉面装饰，紫砂壶的美感在于其本身泥料的质地与颜色，以及工匠的手工制作过程中对壶体形态的精心雕琢。明代随着茶道的逐渐盛行，人们对饮茶的器具也提出了更高的要求，紫砂壶因其独特的实用性与审美价值开始受到重视。工匠在制壶技术上不断创新，形成了许多著名的壶形，这些壶形不仅功能合理，而且外形美观，反映了当时社会文化中的审美追求。

到了清代，紫砂壶的制作已达到极致的艺术水平。工匠对紫砂壶的内在品质提出了更高的要求，不仅追求紫砂壶的形制美观，更加注重紫砂壶的实用性能。这一时期的紫砂壶，更多地体现了工匠的个性化表达。

紫砂壶身上常常刻有诗文、篆刻等元素，使每一把紫砂壶都独一无二，具有很高的收藏与实用价值，宜兴的紫砂壶制作技艺也因此得以传承和发扬。清代中后期，一些名师如杨彭年等人的出现，不仅提升了制壶技艺，更丰富了紫砂壶的艺术表现力。他们在保持传统制壶技艺的基础上，各自发展出独特的风格，使宜兴紫砂壶的艺术性与实用性达到了一个新的高度。紫砂壶的兴盛也推动了茶文化的发展，在茶艺表演和茶道的实践中，紫砂壶因其保温、透气的独特性能，能够完美地展示茶叶的色、香、味，因而成为茶艺师推崇备至的工具。随着茶艺文化的传播，紫砂壶也被越来越多的茶艺爱好者和收藏家珍爱。

经过几百年的演变，紫砂壶不仅是一种饮茶工具，更成为中国传统文化的重要组成部分。其独特的文化内涵和艺术价值，使得紫砂壶在国内外享有盛名，成为连接过去与未来的文化纽带。紫砂壶的兴盛反映了中国传统工艺的精湛技艺与深厚文化底蕴。从明清两代的历史发展中，可以看到紫砂壶不仅是工艺的传承，更是文化的传播。正是这种技艺与文化的完美结合，使得紫砂壶成为不可多得的艺术珍品，至今仍受到世人的推崇和爱好。

第三章 陶瓷造型文化

第一节 陶器造型解读

陶器作为文化发展的初期见证，其造型不仅展示了古人的日常生活需求，也反映了当时社会的技术水平与文化成就。最初的陶器多为简单且实用的设计，随着陶瓷技术的逐步成熟，如陶轮的广泛应用，陶器的造型逐渐变得更加精细和多样化。这些变化不仅提高了陶器的实用性，更增添了审美价值，使其逐步从单纯的实用物品转变为具有观赏性和象征意义的艺术品。

一、原始陶器的造型分析

新石器时代的陶器造型，是陶器形制的源头，后来陶器造型的演变，可以说是在这种基础上不断发展的。[1]

（一）仰韶文化陶器的器形

1. 半坡类型陶器的造型

半坡彩陶是仰韶文化中最具代表性和关键的彩陶风格之一，它比另

---

[1] 程金城. 中国陶瓷艺术论 [M]. 太原：山西教育出版社，2001：113.

一主要的彩陶风格，即庙底沟类型早约 1000 年。半坡彩陶的起源可以追溯到更早的老官台文化时期的彩陶。老官台文化存在于公元前 5500 年至公元前 5000 年。这一文化阶段的陶器制作技术已有显著进步，最早采用了先绘彩色再进行烧制的工艺。老官台文化中的陶器形态包括宽口深腹的罐、假圈足的碗、圆底的钵和三足钵等，形态多样，涵盖杯、碗、钵、盘、盂、罐、壶、鼎、器盖、支座等类型。尽管这一时期彩陶的数量不多，仰韶文化中的典型彩陶造型首先体现在半坡类型上。

半坡类型陶器采用手工制作，主要通过泥条盘筑的方法形成。其典型的器形包括圆底钵、盆、小口细颈大腹壶、直口尖底瓶和葫芦形的折唇盆。根据半坡遗址出土的陶器群体，学者将半坡陶器划分为早、中、晚三个时期，每个时期的器物类别都有所不同。在陶器发展的过程中，不仅有旧形态的淘汰、改良与更新，还有新形态的出现。尽管存在时间上的变化，半坡类型陶器在不同时期之间保持了明显的统一性。常见的器型有钵、碗、盆、尖底瓶、罐和瓮等。

2. 庙底沟类型陶器的造型

庙底沟类型的彩陶主要通过泥条盘筑法制作，使用慢轮进行口沿的修整。此类型陶器以平底器为主要形态，其次是尖底器，与半坡类型相比，使用圆底器的比例有所下降，而三足器略有增加，也引入了圈足器。部分器物装饰有鸡冠形或直立的耳形。典型的器形包括曲腹的小平底碗、有折唇和敛口的小鼓底腹钵、卷唇曲腹盆以及双唇小口尖底瓶等。小鼓底腹钵的设计是在半坡折唇盆的基础上进一步发展的，底部进行了延展，使得造型更为复杂。

庙底沟类型中碗和盆的形态变化最多，且这些形态规律性较强。碗主要分为曲腹或折腹和圆腹两种类型。碗的变化规律表现为，口沿从敛口变为直口，腹壁从缓曲变为急折，下腹部则从略微内收转变为明显内凹。因此，庙底沟类型中的碗以小平底曲腹为其显著特征，这与半坡的圆底形成了明显的对比。这种设计的变化不仅满足实用功能的需求，平底设计带来的稳固性，也在视觉上增加了稳定感。碗的外形线条更为复杂和曲折，增强了其形式美。底部的收束设计强调了力度感，整体外形通过曲线的变化展示了独特的轮廓，这些线条的长短变化和对比增添了和谐感，体现出制陶者在形式上的精心设计，相较于半坡类型显得更为精细。

（二）马家窑文化陶器的器形

马家窑文化中包含马家窑类型、半山类型和马厂类型三种主要的陶器类别，它们均以彩陶为特色，彼此之间存在继承关系，在形式和装饰上具有一定的共通性，同时各自展现不同风貌。

1. 马家窑类型陶器的造型

马家窑文化属于新石器时代晚期，其彩陶中仍可见到仰韶文化的影响，特别是在较早期作品中更为显著。马家窑类型的彩陶，如卷缘盆和彩陶碗等，与仰韶文化的庙底沟类型存在直接的联系。此类彩陶在形态与装饰上均超越先前，显示其独特的艺术特征。这类彩陶以其大量的精品、精细的制作工艺和复杂的装饰风格代表了彩陶发展的高峰期。常见的器形包括壶、罐、盆、钵、瓶、勺等，也有一些三足鼎或陶炊以及圆底釜，但尖底瓶相对较多，通常为平口或侈口尖瓶；碗、钵、盆等器物的腹部较浅，呈圆弧形状。器物的外形比例协调，线条清晰流畅，大多采用细泥红陶质，质地坚硬，经高温烧制，底色通常为橙黄或米黄，表面光滑处理。特别是小口瓶、细颈大腹壶、大口长腹瓮以及加砂泥质的彩陶盆、钵和带嘴锅等，造型新颖且具有标志性。这些造型展示了明显的审美追求，并为后续纹饰的创作提供了良好的基础。研究者认为，马家窑类型的彩陶，特别是在大型器形，如瓶、壶、瓮的制作上，反映了先进的技术。例如，通过将两个半球形体分别盘筑后合并，并在此基础上添加颈部和底部，显示出技术的成熟和创新。

2. 半山类型陶器的造型

半山类型的彩陶主要包括壶、罐、盆、杯和钵等器物，其中壶的种类最为丰富，这些壶通常具有直口、长颈和广肩的造型特征。在这一类别中，较为流行的是大型的小口高颈壶和侈口短颈的鼓腹双耳瓮，部分陶器的颈部上端装饰有对称的鸡冠状盲耳，这些彩陶的基本风格庄重而稳定。

与马家窑类型的彩陶以其独特的瓶形为代表不同，半山类型的彩陶在壶和罐的设计上尤为突出。壶与瓮是该类型中最主要的器形，以其鼓腹特征而著称。器物的腹部向外膨胀至最大弧度，形成近似球形的造型。主体更趋近于球形，并展现了折肩、鼓腹、收敛底部等特点，通常显得较矮且厚重，在球形的基础上，加长的颈部形成壶，而较短的颈部则形成罐或瓮。这种独特的基本形态在于其与精美的纹饰效果的有机结合。从顶部观看，可以见到以口部为中心展开的圆形图案；从侧面观看，腹部的图案则填充在半圆形中，均展示出完整而美观的花纹。从罐的造型来看，其已经体现了对形式美学原则的初步掌握。在美学上，制作圆形或半圆形的器物，在造型结构的形式美中，比其他形态更容易实现形体的平衡、比例与线条的艺术效果对比。这类彩陶壶以其鼓腹为共同的显著特征，纹饰与器形的和谐融合，每件器物无论是从顶部还是从侧面观察，都能带来独特的整体感受。在半山类型彩陶中，陶瓷的造型也显示出类似壶的特点，尤以其鼓腹为最突出的特征，体型较大，多为侈口直颈，整个造型显得圆润且充满。

3. 马厂类型陶器的造型

马厂类型彩陶是在半山类型的基础上发展而来，虽然两者在造型上存在一定的相似性，但马厂类型彩陶也展现了不同的风格特征。该类型的彩陶可以分为早、中、晚三个发展阶段，每个阶段的风格都有所演变。

马厂类型陶器中比较具有代表性的是早期的高颈双耳罐，这种罐的颈部内收呈凹弯形，肩部略微内收，下方则膨胀成圆形，底部再次收紧，形成一种上下细、中间宽的外形，辅以特色显著的半圆形双耳，整体上展示了由多种弧线组合的和谐与美感，既显圆润又展现修长秀美的线条，造型精致。此外，大双耳罐也是马厂类型中一种有特色的造型，这种罐通常有敞口和长颈，斜肩，腹部设有一对耳，底部平坦，整体形象类似戴帽子的人头形状。还有别致的单把直筒杯，如在甘肃省永登县中堡出土的雷纹网格纹单耳杯，这种杯子敞口，腹部略鼓，一侧有环形耳，另一侧则设有一个泥突作为把手，展现坚实而和谐的外形。总体而言，马厂类型的晚期显示出衰退迹象，制作趋向于更粗糙和简化，尽管如此，马厂类型在整个中国彩陶发展史中仍是一个繁荣的时期。

（三）大汶口文化陶器的器形

大汶口文化的陶器形态多样，包括陶背壶、鬶、杯、大镂空豆、缸形器、鼎、盆、高柄杯和盉形罐等。这些陶器的形状规整且装饰简约。特别是背水壶，它是大汶口文化中的标志性器物。例如，山东省泰安市大汶口遗址出土的彩陶背水壶便是一件典型的代表。这种壶通常有长颈、圆肩、平底和深腹，腹壁一侧平整，并装饰有一对环形鼻和另一侧的小直鼻。

在大汶口文化中，背水壶的形态有明显的变化。早期的背水壶腹深通常大于腹径，底部较大，背部稍有偏斜；到了中期，腹深与腹径相等，底部更加扩大，背部变得明显扁平。这种形态的变化与背水壶的功能变迁密切相关。晚期的背水壶则不再保持矮圆的形态，而是颈部变粗变长，整体变得更加瘦小，最终失去了实用功能，转而专为随葬之用。大汶口文化还创造了动物形陶器，其中最为著名的便是夹砂陶兽形壶。此外，黑陶高柄杯也是这一时期具有地域特色的陶器之一，展示了大汶口文化中的独特艺术风格和技术成就。

（四）龙山文化陶器的器形

龙山文化继承了大汶口文化的诸多特点，并在此基础上发展，陶器造型方面也有很大进步。采用轮制技术，陶器形状更为规整，器壁均匀，形式多样。主要的器形包括碗、盆、罐、瓮、鼎等，特色器形则有高柄杯和圆环状鼎足。龙山文化的代表作是蛋壳黑陶，这种陶器在造型上新颖且独特。典型的蛋壳黑陶是高柄杯，这种杯子类似现代的高脚杯，造型极具特色，由三个部分组成：顶部是一个开口的杯口，中间部分是镂空的杯腹，底部则是支撑的底座。这样的设计不仅造型优雅，而且胎质轻盈，体现了强烈的艺术个性。

总体来看，龙山文化的陶器形态形成了独有的风格，这包括根据实用功能的需求改进器形和创造新的设计。具体的创新包括发明了子母口的器体和配套的器盖，以及根据具体的使用需求和造型美学，添加了耳、鼻、把手、足等部件，使得陶器既实用又美观。黑陶的造型多样，稳重而又不失轻巧，器壁上的多个转折点流畅而自然，展示了一种雄健而阳刚的美感。

（五）大溪文化陶器的器形

大溪文化的陶器以圆底和圈足的形式为主，不常见有袋足。附属构件（如耳、鼻、流等）在此文化中较为罕见。常见的器物类型包括斜沿釜、罐形鼎、扁釜圈足罐、小口高颈罐、细颈壶、内卷沿圆底大盆、敛口平底钵、圈足盘、三足盘、高粗圈足豆、敛口或子母口簋、圈足碗、筒形瓶等。在这些形式中，具有典型代表性的包括筒形彩陶瓶、曲腹杯、圆锥足罐形鼎等。重庆市巫山县大溪遗址出土的"彩陶筒形瓶"便是这一文化的代表性陶器之一。该陶器呈筒形，两端卷沿类似竹节。考古挖掘发现，这种筒形瓶曾被用作房屋的建筑用品。在墓葬中，筒形瓶通常放置在死者的腿骨之间，这可能表明其在丧葬仪式中的特殊意义。大溪文化中最具特色的还包括蛋壳圈足碗和单耳杯，这些器物不仅展示了大溪文化的独特风格，还体现了其精湛的制陶技艺。

（六）晚期彩陶的典型器形

1. 齐家文化彩陶的器形

齐家文化，继马家窑文化之后，在甘肃与青海地区兴起，时间跨度从公元前1800年至公元前1600年。此文化的陶器以壶罐为主，特别是小口鼓腹壶和高领折肩篮纹壶。在罐类中，双耳罐尤其著名，包括双大耳罐和侈口高颈深腹双耳罐。这些双耳罐的耳朵大小和弧度与腹部及颈部的设计相协调，展现强烈的形式美感。据观察，青海地区的齐家文化陶器相比甘肃地区的更显肥胖且高大，可能受到马厂类型陶器的影响。

2. 辛店文化彩陶的器形

辛店文化发源于原始社会晚期的甘肃、青海地区，其年代与中原地区的商周时期相当。辛店文化的彩陶分为两种不同的造型：一种造型厚重，主要为圜底和凹式底，平底较少见；另一种造型较为轻巧，以平底为主，圜底或凹式底少见。典型的器形包括大口双耳罐和高颈双耳罐。辛店文化的彩陶样式比齐家文化更为丰富，器物主体和双耳位置的变化更具多样性。不同出土地的器形也表现出一定的差异。

随着社会的发展，尤其是随着青铜器的出现，陶器的造型和装饰开始继承和演化自青铜器，同时受到社会制度、生活习惯，特别是礼仪的影响。例如，河南省二里头文化早期出土的陶器，主要是日常用具，包括炊具、饮食器、储存器等，但其造型也在逐渐变化。陶鬲从早期的高足深裆到晚期足部逐渐变矮。春秋战国时期，随着制陶工业的商品化，仿铜陶器增多，礼仪用的陶器作为丧葬明器开始普及，逐渐有取代铜器随葬的趋势。陶器的造型随着数量的增加和用途的变化进行了创新，改变了夏商时期相对单调的形态，这一时期的陶器也显示出更强的地域性特征，并由于各国间的政治和文化交流，器物的造型在某种程度上表现出了许多文化的共性。

二、技术进步与形态演化

随着陶轮技术的引入，陶瓷制作的整个过程经历了显著的变革，这不仅提高了制作效率和陶器质量的均一性，还深刻地影响了陶器的社会功能和文化意义。陶轮的使用使得陶器的生产从手工缓慢的制作方式转变为更加快速、规范的批量生产模式，这一变化对不同社会层次的陶器需求和使用产生了广泛的影响。

在陶轮技术出现之前，陶器的制作多依赖手工技巧，这意味着每件陶器都具有独特性，但也限制了生产的规模和速度。陶轮的引入极大地解放了生产力，使得陶器可以快速生产，形状更加规则和统一，这对于社会的各个层面都有重要意义。例如，在农业社会中，对于大量标准化的储存容器的需求得到了有效满足，提高了粮食储存和水资源管理的效率。商贩也能够获得更多的标准化产品，以满足贸易中的长途运输和交换需求。陶轮技术的普及也促使了社会分工的细化和专业化。陶器生产者开始形成专业的群体，他们的技能和知识在社会中更加被重视。这种分工的出现不仅提高了生产效率，也推动了陶瓷制作技艺的进一步发展和创新，为陶瓷艺术的繁荣提供了技术基础。在文化层面，陶轮技术的应用使得陶器在造型和装饰上的选择更为丰富，陶器的美学价值得到了提升。制陶师能够利用陶轮技术制作出更为精细和复杂的形状，如细长的颈部和流畅的曲线，这些都是手工技术难以实现的。因此，陶器不再仅仅是日常生活中的简单用具，它们开始承载更多的审美追求和文化象征，成为展示工艺技术和美学理念的平台。陶轮技术的发展还拉开了社会上层和普通民众之间在文化消费上的差异。社会精英开始追求更为精美和具有个性化装饰的陶器，以此来彰显自己的社会地位和审美品位。这种需求促进了高级陶瓷工艺的发展，如釉色和釉下彩绘技术的创新，这些技术的进步不仅提高了陶器的艺术价值，也使得陶器成为传递文化和社会信息的重要媒介。

三、文化与社会功能

陶器在古代社会是生活中的必需品，也担当着传递文化和社会价值的重要角色。通过对仪式用陶器的造型和装饰的深入分析，可以体现这些陶器在古代社会中所承载的象征意义和用途。陶器的每一次形态变化和装饰选择都反映了其制作时代的宗教信仰、社会结构以及人们的审美观念。

仪式用陶器如祭祀用的酒器、食器以及献器，常常被赋予特殊的形象和纹饰，用于表达对神灵的敬仰或对死者的纪念。这类陶器的装饰往往较为精细且象征意义深厚，不仅是工艺的展示，更是文化传递的媒介。例如，中国古代的龙凤纹酒器，上面常常雕刻着龙或凤凰这样的图案，象征着天赋的权力和神圣的守护，使用这样的器物进行宗教仪式或国家典礼，反映了当时社会对权力和宗教的尊崇。考古学上的一些发现，如甲骨文中的陶器使用记载，也提供了丰富的信息，说明了陶器在古代社会中的用途和文化地位。在古代埃及，人们会在陶器上绘制象形文字，记述重大事件或活动，所以，这些陶器不仅是人们的日常用品，还是历史的见证。

四、审美趋向的显现

汉代以后，陶器的造型和装饰风格经历了显著的变革，这一变化不仅反映了技术的进步，更是社会审美观念和艺术表达追求的体现。在这一时期，陶器不再仅仅局限于满足日常生活的基本需求，更被赋予了深层次的艺术价值和审美功能，彩绘和雕塑技术的广泛应用标志着陶瓷艺术进入了一个全新的发展阶段。

汉代是中国历史上一个重要的文化和政治时期，社会稳定、经济繁荣，文化艺术得到了空前的发展。在这样的大背景下，陶器艺术也呈现出多样化。陶器的形态更加精致和复杂，表现出了精湛的工艺技能和高度的艺术创造力。例如，汉代的陶俑和陶仓，在技术上达到了很高水平，其形象的生动与细致展示了当时工匠对细节的极致追求。彩绘陶器的出现是这一时期技术和审美发展的重要标志。彩绘不仅为陶器增添了视觉上的美感，通过色彩的搭配和图案的设计，还传达了更多的文化和象征意义。汉代彩绘陶器常用的红、绿、黄等颜色，不仅使器物显得更加生动鲜艳，而且这些颜色在当时也具有特定的文化寓意，如红色象征喜庆和权力，绿色代表生机与和平。雕塑技术在陶器上的应用也达到了新的高度。汉代的陶俑，如马俑、车俑、舞俑等，都展现了极高的艺术成就。这些陶俑不仅形态逼真，更具有很强的表现力和情感表达，充分显示了当时社会对生活质感和动态美的追求。陶俑的制作，反映了汉代社会对死后世界的观念、看法以及对现实生活的再现欲望，这些作品不仅是陶瓷工艺的展示，也是对当时社会文化的深刻反映。

汉代及其之后的陶器艺术，明显受到了社会整体审美趋势的影响。随着社会对美学的重视逐渐增强，陶器的造型和装饰开始越来越多地体现出富有层次的审美理念和精细的艺术处理。这一时期的陶器，无论是使用还是观赏，都强调了艺术性与实用性的结合，体现了古代的人们在追求实用的同时，对美的不断探索和提升。通过对汉代及其之后陶器的审美趋向的分析，可以看出，陶器的艺术发展不仅是技术和材料的进步，更是文化价值、社会需求与审美观念综合作用的结果。这一时期的陶器展现了古代社会文化的多维度面貌，同时为后世提供了丰富的历史与文化资料，成为了解当时社会生活的重要途径。

第二节　瓷器造型解读

瓷器的造型发展是在陶器造型基础上演化而来的，它们之间有许多相似或相同的设计。然而，瓷器的使用在融入文明社会之后变得更为广泛，与金、银、铜、玉和漆器相比，瓷器因其经济实惠的价格而能够模仿高贵器皿的效果，且更易于普及，因此其造型更为多样化。与陶器相比，瓷器具有更强的坚固耐用性，表面更加光滑，色彩明亮且釉料牢固，不吸水，清洗简便，清洁卫生，实用的同时具有很强的美观性。这些特性为瓷器的造型多样化提供了广泛的需求基础。瓷器的坯土具有更好的可塑性，能够制作成多种形状以满足各类需求。瓷器的特殊胎质也便于采用各种创新工艺美化其表面，如釉色的变化、新釉色组合的发掘以及刻、划、镂、雕、印、贴、堆塑、彩绘等技术的运用，从而制作出色彩斑斓的瓷器。这些独特的性质赋予了瓷器以陶器无法比拟的功能，随着社会的进步还使得瓷器种类和应用范围日益广泛。在这些丰富的器物中，瓷器的日常实用性与其观赏及收藏价值的重视并行提升，推动了陶瓷器形的多样性和精致化。

瓷器在商代开始萌芽，在汉代达到成熟。萌芽期的瓷器在造型上深受陶器和青铜器的影响。从春秋战国到秦汉时期，瓷器的造型逐渐丰富，典型器物包括碗、盏、盘、盆、钵、杯、樽、簋、罐、壶、熏炉、水井、灶、五联罐、洗、瓮、盂、泡菜坛、钟等。汉代的陶俑在造型上也具有独到之处，体现出浓厚的生活氛围，如西汉时期彩绘的乐舞杂技陶俑群便是这一特色的代表。三国两晋南北朝时期，社会虽动荡不安，但是其是器物造型史上技艺显著提升和转折的重要时期，瓷器工艺得到显著进步，诞生了众多新的造型。

自三国时期起，手工业者获得了一定范围内的自主经营权，陶工因此能更自由地从事生产活动和技术革新，这为陶瓷造型的发展带来了新的动力。此外，佛教的普及也为非实用性的陶瓷创作提供了新机遇。在三国时期，除了继承汉代的造型，还新增了一些实用器物，如灯具、唾壶、双口罐和砚台等。

魏晋时期被视为"人的自觉"的阶段，这对陶器造型可能产生了一定的影响。如西晋时，在常见的传统造型基础上增添了鸡头、羊头、虎头双耳罐，鹰形盘口壶，以及人形、熊形、兔形水壶、辟邪水壶、水盂和盥盆等。瓷器的装饰技术也发展了新手法，器物表面常见堆贴、铺首、辟邪、人物、朱雀和白虎等图案，反映出人们更广泛的需求意识。同时，这一时期出现了众多以动物为样式的瓷器或用于装饰的动物形象，包括虎、熊、狮、羊、狗、鸡、鼠、龟、蛇和鱼等，还有各种人物形象的器物造型。

南北朝是中国多民族文化交流的时期，北方胡人将高足坐凳引入中原，改变了汉族长期以来席地而坐的生活习惯，这一变化也必然影响了实用陶瓷的造型。之前，适应席地而坐的习惯，放在地面的器物通常设计有便于搬动的耳部，相关的纹饰和图案也因此受到限制。当生活方式发生变化，器物的造型也相应变化，带有手把的器物逐渐增多。北朝时期的陶俑与汉代相比发生了变化，在形象上出现了一些固定的人物模式，如文官俑、武士俑、男女侍俑、仪仗俑等，也开始出现外族人物形象。而到了南朝，新的器类（如瓷瓶、盏托、五盅盘、烛盘、四管插器等）陆续出现。南北朝时期还诞生了莲花尊，这是一种受佛教影响而产生的瓷器。尊上装饰有莲花瓣、忍冬、兽头、蟠龙、宝相花和联珠纹等，这些装饰与敦煌和麦积山等石窟造像中的装饰相同。

瓷器的大规模普及是在隋唐时期。隋代为唐代的陶瓷繁荣奠定了基础，这一时期的陶瓷造型变得更加多样化，并展现了过渡期的特征。唐代是中国陶瓷发展的关键阶段，造型上的变革尤为显著。得益于国力的强盛、物质生活的丰富以及对外交流的增加，陶瓷器具的使用变得更加广泛，这推动了造型创新。这一时期，瓷器包括茶具、餐具、酒具、文具、玩具、乐器及其他实用器皿（如瓶、壶、罐等）。除了日常用具，还生产了如镇纸、砚滴、笔洗、笔筒、砚台等文具和鸟、狗、猪、羊、狮、蛙、鸡、鹅、马、牛等动物形状的玩具瓷塑，日用品如托子、粉盒、皮囊壶、注子、枕等，以及马、狗、猴、虎等小型瓷俑。相较于隋代的陶瓷，唐代陶瓷的造型变化显著，主要体现在两个方面。一方面，逐渐向实用化发展。例如，器皿的颈部设计加长，或加装把手，便于使用；壶类的嘴部设计由短变长，以适应液体的倒出；器皿的耳部逐渐淘汰，反映了生活方式的变化。另一方面，仿生器形也发生了变化，从汉代及隋代常见的动物形状，如羊形灯、熊形足、蛙形水盂、兽形虎子等，转向唐代更多的植物形状，如瓜形、花形等，这显示了瓷器与人们生活的密切关系，以及瓷器发展受到时代特征的直接影响。例如，茶具的流行与唐代饮茶文化的兴盛相关，器形和纹饰的变化与唐代瓷器的国际交易有关，唐三彩的出现则与厚葬风气相关。唐三彩的用途主要分为三类：一是日常生活用器；二是各类陶俑；三是用于居室的各种用具，其中多数用于随葬。特别值得注意的是，唐代器物腹部向外凸出，形成鼓圆的趋势，与宋代陶瓷造型趋向修长形成了鲜明对比。这种造型的出现可能是反映了当时社会强盛的心理状态，并与当代人们对丰腴形象的审美偏好相关。

宋代标志着中国瓷器达到了顶峰，整体水平大幅提升。由于适应室内装饰之需以及贵族与文人士大夫的审美偏好，宋瓷的发展不仅限于日用品，陈设用瓷器的生产也迅速增加，以满足宋代文人在物质层面与精神层面的需求。宋瓷的装饰较为简约，重点在于形状的微妙变化及釉色的创新。例如，瓶子这一类实用器物，仅因其形状上的差异，就衍生出玉壶春瓶、梅瓶、扁腹瓶、直颈瓶、瓜棱瓶、多管瓶、橄榄瓶、胆式瓶、葫芦瓶、龙虎瓶、净瓶等多种类型。特别是梅瓶，其美感来源于口与颈部较短而器身挺拔修长的对比。宋代的器物设计普遍体现出优雅、轻盈且潇洒的特点，这也与当时的审美观念相符。

进入元代及以后，特别是明代，随着青花瓷的成功烧制，瓷器造型迎来了新的发展高峰。元代的瓷器特点为胎体厚重，器皿多为大型，这种设计可能与贵族统治者的奢华生活习惯相关。例如，盘子的直径常超过40厘米，罐的腹颈宽度通常可以达到35厘米，而瓶的高度可达60厘米。青花瓷主要作为外销品，销往中东、西亚以及东南业地区，其造型和装饰被许多不同地区的人们喜爱。

明代是中国陶瓷艺术的一个关键发展阶段，由于皇家和宫廷对瓷器需求的增加，陶瓷制造业不惜成本追求更高的精度和工艺水平。这一时期，陶车旋坯技术取代了传统的竹刀旋坯，不仅提高了制瓷技术，也促进了瓷器种类的增多。明代的瓷器外销量庞大，这些因素直接或间接地影响了瓷器的造型设计。在造型方面，大小不一的各种样式都有所发展，不仅模仿和借鉴前代的典型器物，也涌现出许多创新设计。洪武时期的瓷器造型多继承元代的风格，以敦实丰满为特征。到了永乐时期，瓷器造型变得更为多样化，新型器物如花浇等层出不穷，风格从元代的浑厚转向端庄而灵巧，优美细致，线条流畅。宣德时期，瓷器造型表现为沉稳厚重，器形规整，展现稳固的感觉。成化时期，瓷器制作进入新的阶段，尤其是青花瓷达到新的高度，造型更为精细规整，轻巧而优雅，以碗、盘、碟、罐等日用品为主。弘治时期，瓷器以小件为主。到了正德时期，瓷器种类进一步扩展，大型器物也相应增多。嘉靖时期，由于瓷器产量巨大，器形也非常丰富，特别流行方形、菱形器物，仅罐类就有圆形、方形、六方形、八方形、长方形、扁方形等。[①]万历时期，瓷器产量更是达到数百万件，因此，瓷器的造型变得更加复杂，不仅涵盖日常生活和工作所需的各种瓷器，还包括多种大小型号。这一时期，还出现了如壁瓶这样的新型瓷器，可挂在墙上作为花瓶使用，代表了创新的造型设计。明代的瓷器造型极其多样且不断发展变化，持续推陈出新，其整体风格较为古朴。瓷器的造型变化也对瓷质、工艺和纹饰的发展提出了新的要求，为陶瓷艺术的进步创造了新的条件，推动了瓷器造型技术的提升至一个新的高度。

清代瓷器制造业达到了新的辉煌高峰，造型上展示了鲜明的时代特色。康熙年间，社会的稳定和繁荣促使瓷器造型变得丰富多样。这个时期创造了一些特殊的器型，如观音樽、棒槌瓶、金钟杯、笠式碗、凤尾尊、马蹄尊等，常见的日用品如碗、盘、碟、杯、壶、盆等也有所发展，还包括娱乐和陈设用的鱼缸、花盆、香炉和各种瓶罐。康熙时期的瓷器造型独具美感，如康熙官窑碗，形式多样，包括撇口、敞口、直口、墩式、折腰等多种形式。仔细观察可见，这些碗的外壁线条柔和而美观，

---

① 陈德富. 中国古陶瓷鉴定基础 [M]. 成都：四川大学出版社，1993：113.

尖锐而有力，所有延伸和转折处处理得流畅自然，清晰准确，不拖泥带水。康熙珐琅彩牡丹碗外壁的弧线从口到足部流畅，线条优雅，腹部渐进向足部内收，展现了一种严谨而秀丽的风采。雍正时期，用于陈设观赏的器物较为常见，一些突出的器型包括牛头尊、鹿头尊、三羊尊、贯耳瓶、四联瓶、灯笼瓶、如意耳尊等，这些器物的造型优美端庄，线条柔和，显得轻盈而俊美，工艺精致迷人。乾隆时期的瓷器造型既受到了皇帝个人喜好的影响，追求创新和奇特，也受到了西洋文化艺术的影响，因此新的器形和造型层出不穷，整体风格华丽而精巧，端庄而精美。

随着时间的推移，虽然各朝代出现了新的瓷器形式，但多半在细致程度上有所过剩，而在气势上略显不足。

第三节　陶瓷造型从实用到艺术的美学探索

陶瓷造型主要是指陶瓷器具的外部形态和内部结构而言，统称为陶瓷造型，是陶瓷器具存在的基本形式，其中包含功能效用、材料技术和形式美感诸构成要素。陶瓷造型的发展历程验证了从实用性向艺术性转变的趋势，也展现了陶瓷造型美学的丰富内涵。这一变化轨迹不仅是技术进步和工艺精湛的体现，更是文化理念与审美观念演变的直观反映。

一、陶瓷造型从实用到艺术的变化轨迹

陶瓷造型艺术的变迁不仅体现了形式与功能的演化，而且映射了人类审美观念的发展。在陶瓷造型的演变中，可以看到物品本身形态的变化，以及对美学造型观念的不断更新。这一变化过程直观地展示了形态的演进和人类对美的认识和追求的深层次变化。造型的改变直接受到材

料特性、制作技术、工具应用以及整体社会文化水平的影响；美学观念的转变，则深受社会文化、心理需求等非物质因素的驱动。

我国陶瓷造型艺术的基础在新石器时代就已经确立。从那时起，无论是陶器还是瓷器的形态演变，都是在此基础上不断进行创新和发展。早期陶器的造型变化体现了造型艺术的起源，为理解陶瓷艺术的美学价值提供了重要线索。这些形态之所以引人注目，首先因其在形成学上的重要性，即它们激发了关于造型为何会如此演变的广泛讨论；其次，是因为这一时期的基本形制已经确立，之后的陶瓷器物的多样化和精细化都是在这一基础上进行的；最后，从实用到艺术的转变在此期间表现得尤为突出，实用性与美感的结合显得格外自然。

陶瓷造型的发展首先与社会的物质文明和精神文明同步进展。陶瓷器物的初步造型可以追溯到旧石器时代，那时人们开始加工石器和骨器。但真正的陶瓷造型的起源可追溯到陶器的出现，这标志着人类开始按照自己的意愿使用不同的材料和工艺创造出新的形态。初期陶器的造型是人类对外部世界感知和实践的直接结果，这一过程推动了人类对造型的基本观念和需求的形成。陶瓷器物是实用与艺术的结合体，不仅其造型受到材料特性的限制，也需满足实用性的需求。陶瓷发展的路径是有序的，与社会发展水平相匹配，并遵循"有限变形"的原则。这种有限性一方面受到使用目的的界定，围绕实用性的变化而展开；另一方面，则受到器物生产条件的限制，陶瓷的变化需与社会物质文明和精神文明的发展保持一致，包括物质生活水平、科技发展程度、对原材料的利用可能性以及文化与审美观念的演进等方面。

原始陶器的发展反映了文明进步的独特轨迹。在这一过程中，原始人类创造了多种主要的器形，其造型原则最初主要考虑实用性，如易于制作和使用、容量大、方便搬运和使用时的舒适性等。随着生活的丰富和生产力的提高，人类的需求变得更加复杂，陶器的造型也逐渐发展成更为多样和复杂的形态。这反映了从单一到多样、从简单到复杂、从实用向审美转变的趋势。具体而言，单个器物开始出现变化，从原始球形基础上增加了口、流、肩、腹、足等部位，既增加了实用性，也增添了观赏价值。特别值得注意的是，某些陶器的主要功能可能已经转变，不仅仅是满足物质的实用性，还包含了精神层面的用途，如用于原始宗教活动的器物。整体而言，陶瓷造型自然呈现出一种"进化"的趋势：一方面，陶器种类随着历史的推移不断增多，其应用范围逐渐扩大，走向专门化；另一方面，陶器逐步超越了纯粹的实用功能，开始更多地考虑形式美。同时，器形造型变得日益复杂，即使是同一类型的器物，其变体也层出不穷。此外，制作工艺的精细化，展示了由实用器物向艺术品转变的趋势，实用性与审美性的结合目的变得更加明显。

对中国早期主要陶瓷器形进行分类，可以找出各类器物造型的基本规律。大体上，早期陶器的外观轮廓可分为以下几种：一是基本呈半圆形的钵、盆、碗类；二是腹部向膨圆演变的罐和壶类；三是沿高低向度在颈肩部变化的瓶、杯、筒类；四是有足的鬲、鼎类。这些不同种类的器形已普遍体现出将实用功能与美感追求自然结合的趋势。钵、盆、碗类为中国最早的陶器器形，它们的变化趋向主要是增加圈足、制作口沿以及腹部内倾等，不仅增强了实用功能，也使得器物更加美观。例如，大汶口文化中的盆，其口沿的收束和底部的缩小呈现出一种横置椭圆形的外观，这种变化不仅使器物在实用上更加方便，也展现了美观的形态。罐、壶类在早期主要表现为直短颈、小口，而后期则见于颈部和腹部的变化，如侈口和腹部的圆润，这种变化既满足了实用性，也增添了观赏价值，且与纹饰的变化相得益彰，展现复杂的美学观念。瓶、杯、筒类的造型变化主要体现在颈部以下的宽肩设计，随后逐步收紧，形成独特的轮廓线。这种变化可能与人体形态的比例有关，营造出一种和谐与匀称的视觉效果，反映了人们对美的自然追求。尤其是在后期，颈部的设计变得更加细致，肩部更加宽阔，使得整个器物的形态更加优雅，体现了人们对形式美的深入探索和高度重视。鼎、鬲等带足陶器在彩陶文化中比较少见，但它们的存在标志着陶瓷造型艺术向更加复杂和多样化的方向发展。这些器物最初可能仅仅是为了提高实用性而设计，如通过增加足部以提高稳定性。然而，随着时间的推移，足部的设计越来越注重美观，从最初的简单形态演变为精致的装饰元素，反映了人们审美意识的提升和艺术追求的变化。

二、陶瓷艺术的独特造型特征

陶瓷艺术在其长久的历史演变中逐渐形成了鲜明的造型特色，这些特征不仅体现了陶瓷技术与材料的进步，还反映了各种文化背景和时代精神对陶瓷造型美学的深刻影响。

（一）形式语言的辨析

在陶瓷艺术历史的演进中，借由其独有的造型和装饰艺术语言，呈现了对材料和技术的独特应用。造型艺术作为陶瓷表现的根本，体现了其存在的核心形式。在陶瓷的早期阶段，装饰纹样尚未普及，此时的造型本身便成为唯一的艺术表达方式。

陶瓷艺术拥有独立且完整的视觉语言，展示了特有的造型手法和表达形式，这与雕塑、绘画或图案艺术均有所不同。其美学特征在于对形态美的直接感知以及对材料和技术的精确运用。装饰元素的引入进一步增强了陶瓷的视觉效果，提供了一种多维的感知体验，这种体验既不完全是有意识的创作，也不完全是无意识的直觉，而是一种视觉感受在心理层面的综合体现。在静态造型中，人们能体验到形态的扩张与凝聚之美；在造型的变化中，体现了体量与空间韵律的生动呈现，这种表现是生命活力的展现。陶瓷造型的基本特征以器物的形式结构为主，这一结构是基于器物造型演进而形成的。最初的陶器造型通过模仿自然形态而建构，随后依据内在规律自然演化。从模仿自然出发，探索造型方法的起点是"成器"，即创造出符合实用需求的物品。在这一过程中，一些原始陶器既保持了自然原型的特征，也在逐渐形成独特造型特色的过程中经历了一种"蜕变"。

陶瓷造型的形式相对抽象，与绘画和雕塑的纯粹抽象形式不同，它基于具体的器物形态外延，保留了结构特征，以较为抽象的方式表达力量、精神和情感，影响着观赏者的审美体验。这段话强调了陶瓷艺术的单纯性和抽象性，帮助人们更深刻地理解陶瓷艺术的独特品格。

陶瓷艺术的造型特征不仅体现了陶瓷技术和材料的进步，也映射了不同文化背景和时代精神对陶瓷造型美学的深刻影响。随着时间的推移，陶瓷艺术不断吸收和融合不同文化的元素，这些元素丰富了其表达方式，使得陶瓷作品不仅是实用物品，更是艺术创作的重要媒介。

（二）功能效用的体现

在陶瓷造型的设计实践中，功能效用、材料技术与形式美感的融合构成了整体造型的基础结构。不同类型的陶瓷造型在功能性、技术运用和美感表达上各有侧重，这取决于器物的使用目的。例如，日用陶瓷强调实用功能，充分利用工业技术满足基本使用需求，同时注重创造形式美感。相比之下，艺术陶瓷则更加重视形式美感，通过手工艺技术实现设计创意，强调其艺术表现力。制造过程本质上响应使用需求，随着生活方式和标准的演变，陶瓷造型也不断创新，引入新的样式，部分实用造型甚至演化为具有装饰性的造型，瓶形造型尤为显著。

陶瓷器物的功能效用不仅涵盖有形的实用性，更广泛地包括陈设欣赏、兼具使用与欣赏等多种功能，重要的是每件陶瓷器物都应具有明确的设计目的与合理的结构形式。在设计过程中，功能效用的创新和优化至关重要，这要求设计者打破传统框架，从实际生活需求出发，应用科学原理进行创新设计。这种设计思维的转变，不仅强调了造型的合理性和功能的实用性，也是实现形式美感的关键基础。虽然功能效用不能完全替代形式美感，但对于以实用性为主的陶瓷造型来说，它是实现形式美的必要条件。

（三）材料技术的运用

陶瓷的制作技术从最初的手工捏制到轮制、模制等多样化技术，极大地影响了陶瓷造型的形态、结构和细节处理。精通这些技术对设计师而言至关重要，它们是将创意想法转化为具体作品的基础。陶瓷材料的选择极为多样，从各类黏土到多种釉料，每种材料都具有独特的物理化学属性，这些属性不仅决定了作品的最终外观，还影响着其使用功能的实现。陶瓷工艺的每一个步骤，包括泥料选择、成型、干燥和烧制，都需要精确控制，以确保作品的高质量完成。在这一过程中，设计师与工艺师的紧密合作显得尤为关键，他们需要共同应对技术挑战，最大限度地发挥材料潜力，创作出既实用又美观的陶瓷作品。

陶瓷造型的形式表现力源于其内在的结构逻辑与外在的形态美感。在设计过程中，对形态的把握、比例的调整和线条的运用都是构成美感的关键因素。从具象到抽象的造型变化，无论是追求实用的简洁还是艺术的表现，都体现了造型设计的多样性和创造力。造型的功能性强调了结构的合理性，推动造型朝着更简洁、更实用的方向发展。抽象造型的基本形态则更多地引导人们进行联想和思考，主要提供了视觉上的愉悦和心理上的满足。这种由功能引发的造型创新，既是对自然形态的超越，也是对人类生活实践的反思和升华。陶瓷造型艺术的魅力在于它能够综合反映人类对美的探索和对生活的理解。每一件陶瓷作品，都是材料与技术、传统与创新、实用与美观的完美结合，展现了人类文化的深度和广度。从每一块黏土的塑形到每一个陶瓷成品的诞生，陶瓷造型艺术不仅是物质文化的产物，更是人类智慧和审美情感的结晶。

随着科技的进步和审美观念的变化，陶瓷造型设计将继续面临新的挑战和机遇。探索陶瓷材料的新可能性、发明创新的造型方法、融入更多元的文化元素等做法，都将推动陶瓷艺术进入一个全新的发展阶段。设计师和艺术家将更加自由地表达自己的创意和情感，创作出更加个性化、多元化的作品，以回应不断变化的社会需求和审美趋势。未来的陶瓷造型可能会更加强调可持续性和环保理念，利用再生材料和低影响生产过程，以减少对环境的负担。同时，随着数字技术的发展，数字造型和3D打印等技术将为陶瓷造型带来前所未有的可能性，使得复杂的设计变得容易实现，进一步拓宽了陶瓷艺术的边界。在这个过程中，陶瓷艺术不仅是追求形式上的创新和美感，更重要的是表达对生活的观察和思考，对人性的探索和理解。每一件陶瓷作品，都可以成为与观众进行沟通和交流的媒介，传递出设计师和艺术家对于美好生活的向往和对于世界的独特见解。

三、陶瓷造型的美学表达

中国陶瓷艺术的造型之美，深植于中华文化的丰厚土壤之中，不仅展现了高超的技艺，也深刻反映了中华民族的文化精神和审美追求。这种独具特色的造型艺术，以其广博的内涵和细致入微的工艺追求，彰显了一种深邃的内在韵味。陶瓷的形态多变，富有表现力，不仅为视觉带来享受，更是中华民族美学创造力的体现。陶瓷造型过程本身就是一场持续的美学创造活动，从汲取自然和社会现象的灵感、立体化的创意发展，到追求和谐与平衡的美学理念，每一步都是对美的深层探索。

（一）观物取象与立体创意

观物取象是陶瓷艺术创作的重要理念，它强调从自然界和社会现象中汲取灵感，通过艺术家的内心感悟，将外部世界转化为艺术表达。早期的陶瓷作品常常模仿自然中的动植物形态，直接展现自然之美。随着陶瓷艺术的发展，艺术家逐渐进入了"象形取意"阶段。他们不仅仅复制自然形态，还从具象中提炼出抽象的元素，通过捕捉物象的"意味"进行艺术创新，提升作品的内涵和美感。在这一阶段，艺术家在保留基本轮廓的同时，通过变化形态和调整比例，赋予陶瓷作品更深层的意义。到立体创意阶段，陶瓷艺术创作超越了简单的模仿，更多关注原创性和形式的探索。这一阶段的作品强调内在精神的表达，艺术家通过研究材料特性和探索形态与技术的可能性，展现了陶瓷艺术的无限创造力。他们不仅追求形式上的美感，更注重表达独特的思想和情感，使每件作品都具有独特的个性和艺术价值。

（二）圆满与中和的美学追求

陶瓷艺术的发展深受传统哲学和美学的影响，特别追求圆满与中和之美，这反映了陶瓷艺术对和谐与平衡的高度重视。在陶瓷造型中，这种美学理念体现为追求设计的整体和谐与平衡，无论是形态设计还是装饰应用，都力求达到内外统一的美感。陶瓷艺术不仅追求形式上的美观，更加注重精神层面的表达和深度的文化内涵。这种美学体验通常源于对自然和谐与人文精神的深刻把握。在具体的造型实践中，陶瓷作品常展现流畅的线条、恰到好处的比例和充满节奏感的空间布局，这些都是追求完美和谐美的体现。此外，中国陶瓷艺术还深刻地体现了对自然界万物的观察与领悟，艺术家通过对自然现象的细致观察，提炼出具有普遍意义的艺术形式，通过创造性的艺术加工，将这些形式转化为具有高度审美价值的陶瓷作品。这一过程不仅涵盖了对自然美的直观感受，也融合了人的情感与理性思考，使得陶瓷作品超越了单纯的物质层面，成为承载精神与情感的媒介。在追求形式美的同时，中国陶瓷艺术重视作品的实用功能。在传统文化中，美与用并重的观念根深蒂固，这在陶瓷造型上得到了充分的体现。艺术家在追求美的同时，注重作品的实用性和人性化设计，确保作品在满足日常使用需求外，能为用户提供美的享受和精神上的满足。

陶瓷造型的美学意蕴还包括对传统与创新、本土与全球的深刻思考。在经济全球化的背景下，中国陶瓷艺术在吸收和融合外来影响的同时，依然保持自身的文化特性和艺术风格。艺术家在创作过程中，尊重传统技艺和美学理念的同时，勇于探索新的材料、技术和形式语言，使陶瓷艺术在传承与创新中展现强烈的生命力和时代感。这些深层的文化探索和美学实践，使得中国陶瓷不仅是一种工艺品，更是一种文化象征，反映了一个民族的审美倾向和文化自信。未来，随着科技进步和审美观念的更新，中国陶瓷造型设计将持续面临新的挑战和机遇。探索新材料的可能性、发明创新的造型方法，并融入更多元的文化元素，这些都将推动中国陶瓷艺术进入一个全新的发展阶段。设计师和艺术家将更自由地表达自己的创意和情感，创作出更加个性化和多元化的作品，以回应不断变化的社会需求和审美趋势。同时，对可持续性和环保理念的重视，将进一步减少环境污染，体现中国陶瓷艺术的新面貌和新责任。

第四章　陶瓷纹饰文化

第一节　陶器纹饰概观

陶器纹饰不仅是对日常生活用品的美化，更是一种文化的传递和情感的表达。每一笔刻画、每一种色彩的选择都反映了制陶者的审美观念和所处时代的文化氛围。陶器纹饰丰富多样，主要包括以下几种类别。

一、自然纹样

彩陶的自然纹样源于古人对自然的观察和模仿，这些纹样虽然具有明显的象形特征，但主要用于装饰，并经过某种程度的抽象化处理后成为图案。这类纹样以动植物最为常见，景观纹样较少；相比之下，人物通常不用作图案装饰，而是作为独立的纹样，与器物完美融合。尽管有少数例外（如青海的原始舞蹈彩盆），人物纹饰通常被视为较为完整的原始绘画作品。"从观照与纹化的方式而言，象形纹样体系和几何纹样体系不过是同一观照方式和纹化方式的不同表现形式。"[1]虽然自然物象在自然纹饰中的数量不如几何纹多，但从这些自然物象中衍生出的纹样种类非常丰富。

---

① 李砚祖. 纹样新探 [J]. 文艺研究，1992(6)：115-135.

（一）动物纹样

动物纹样在陶瓷纹饰文化中占据了重要地位，表现为两种主要风格：一种是写实的风格，力图精确地再现动物的具体形象；另一种则是艺术性的抽象和变形，这种风格在历史上更为常见。动物纹样不仅是为了装饰美观，还与古人的精神世界紧密相连，可能象征着保护、繁荣或是对自然的崇拜。在彩陶文化中，动物纹饰特别丰富，以鱼、蛙和鸟的纹样最为常见，同时包括鹿、鲵鱼、狗以及各种虫纹等。这些纹样不仅丰富了陶瓷的视觉艺术，也反映了古人对自然界的深刻理解和表达。

1. 鱼纹及其变体

鱼纹在仰韶文化中的半坡类型彩陶上极为典型，主要展现为象生的形态，并伴有多种抽象的变体。"人面鱼纹"或"人面含鱼"是其中著名的图案之一。这一纹样将人的面部特征与鱼的形象巧妙结合，两条象生的鱼分别位于人脸的耳侧或腮部，既构成了人的耳朵或口部，又增添了一种神秘且富有装饰性的风格。这种图案不仅是半坡彩陶中最具吸引力的纹饰之一，也体现了古陶艺人高超的艺术创造力。在半坡彩陶中，鱼纹的表现形式丰富多样，有的呈现为静态的平潜，有的则是动态的翻腾跃动，展现了鱼的生动活泼。这些纹饰从单体到多体鱼纹，不断向抽象化方向演变，从写实到抽象的过程中，不仅体现了陶艺技术的进步，也反映了艺术表现手法的多样性。半坡彩陶中的鱼纹，无论是单体、双体还是三体鱼纹都显示了一定程度的写实性，四体鱼纹中的四个鱼头同样表现出写实的特征，这些纹样不仅是简单的装饰，更深层地反映了古人对自然界的观察和理解，以及对生命力象征的追求。

2. 鸟纹及其变体

鸟纹作为仰韶文化中的一种重要纹样，在庙底沟类型的彩陶上表现得尤为突出。这些鸟纹主要呈现为变形或抽象的纹饰，其变形程度各不相同。在更写实的表现中，通常描绘出鸟的基本形体和羽毛状，多从鸟的正面或侧面角度捕捉其飞翔的动态。正面的展示强调鸟的头部、双翅、双爪和尾部，抽象变形则更为明显；侧面的展示更注重保留鸟的整体轮廓，并在此基础上进行图案化处理。到了晚期，鸟纹逐步演变为更具示意性的几何纹样，并与其他几何形状结合，形成复杂的图案。马家窑文化中的鸟纹也显示出类似的发展趋势，特别是在石岭下类型和马家窑类型的彩陶中，鸟纹表现为从写实到抽象的逐渐转变。除此之外，还出现了一种特殊的"阳鸟花纹"。这是一种结合鸟形和太阳图案的纹饰，主要出现在河南郑州大河村文化的彩陶中，属于仰韶文化的一部分。这种纹样将鸟身极度拉长，腿部细化，经常与太阳图案结合，形成具有特殊文化含义的复合图案，可能象征着太阳崇拜或其他宗教信仰。

3.蛙纹及其变体

蛙纹在仰韶文化中也占有一席之地，特别是在半坡和庙底沟类型的彩陶中，蛙纹开始显现，并在马家窑文化中达到了高潮。最早的蛙纹出现在陕西临潼的姜寨遗址，属于半坡期，这些出土的蛙纹展现了完全写实的风格，并与鱼纹共同出现在同一彩陶盆中。从庙底沟到马家窑时期，蛙纹经历了显著的变化，逐渐从写实转向更加写意和图案化的组合，并逐渐表现出一种蜕变的趋势。在马家窑文化中，蛙纹呈现出高度的个性化和创造性，每一个蛙纹都是独特的，没有重复的模式。这些蛙纹形态生动，多以黑红两彩相配，蛙身以较宽的竖线条绘出，有的是两道黑彩夹一道红彩；蛙的四肢代以波折纹，在足端往往绘出趾，其数四、五不等；蛙头部常绘成象形的圆圈，有的还在圆圈内填充其他图案。马家窑文化中期的蛙纹更加简洁，多用单彩、单线绘出，大部分已不绘头部，从器物造型和构图特点来看，当时是以陶器的头部、颈部充作蛙头了，使图案的布局与陶器形体的结合更加紧密、自然。总体而言，到了马家窑文化时期，蛙纹已经完全从写实转向抽象和变态的图案，写实的蛙纹变得十分罕见。这些纹样的演变不仅反映了陶瓷技艺的发展和艺术家的创造力，也展示了文化传承中的多样性和复杂性。

4.鲵鱼纹或变体鲵鱼纹

鲵鱼纹，亦称为人面鱼身纹，是马家窑文化中石岭下类型彩陶上一种极具特色的动物纹样。这种纹饰描绘了鲵鱼的头、身、尾及脚爪，爪子可能有两个、四个或六个。鲵鱼纹的细节表现精细，形象完整且逼真，体现了古人高超的艺术表现力和对自然界观察的深刻理解。鲵鱼，又被称为"娃娃鱼"，至今仍在自然界中存活，其真实形态与彩陶上的描绘极为吻合。除了鲵鱼纹，仰韶文化的庙底沟类型彩陶中还见到羊纹。这些羊纹通常均匀地分布在彩陶盆的四角，形态与岩画中动物的"剪影"相似，展现了较高的写实性。此外，在马家窑文化的彩陶中也可以见到狗纹，表现了其在古人日常生活中的重要地位。

还有一些更为特殊的动物纹饰，这些纹样往往是取自动物的某一部分或者是重新组合的图案，如无头或二足的蛙状纹、双头六足的兽纹以及不对称多足的爬虫纹等。这些纹样不仅展示了陶艺师的创意和技术精湛，也反映了古代社会对不同动物的寓意和文化价值。综上所述，从鲵鱼纹到羊纹和狗纹，再到更为抽象的其他动物纹样，人们可以看到古代陶瓷纹饰中动物图案的丰富多样性和深刻意义。这些纹饰不仅是对自然界的艺术再现，也是文化和社会价值的重要体现，深深植根于当时人们的生活和精神世界中。

（二）植物纹饰

在陶瓷纹饰文化中，植物纹饰占据了极其重要的地位，它们通常是通过选取植物最具特征的部分进行艺术化构形而成。与动物纹相比，植物纹因其绘制简便和易于变形组合的特点，成为彩陶纹饰中的常见元素之一。植物纹饰的普遍性和多样性反映了原始人与自然环境之间的紧密联系，以及对自然美的深刻认知和赏析。植物纹样在彩陶中表现出极大的多样性，经常以一种基本的形态定型后，再作为母题演化出无数新的图案变体。这种源源不断的创新和变化体现了植物纹饰的丰富表现力和艺术魅力。植物纹样的丰富性和多样性说明了古人对自然界深刻的观察和理解。

常见的植物纹样包括花瓣纹、豆荚纹、花叶纹、谷纹、叶形纹、叶茎纹、花卉纹、树纹和勾叶纹等。其中，花瓣纹、豆荚纹、叶形纹和勾叶纹尤为流行，每种纹样均有多种变体和组合方式，显示了古陶艺人的创造性和精湛技术。这些植物纹饰的广泛应用不仅说明了植物是古人易于观察和细致描述的自然对象，而且反映了古人对植物形态在视觉转化和艺术处理上的灵活性。从植物的叶、花、茎等元素可以看出，自然规律和形态特性为纹饰提供了丰富的装饰可能性。古人在彩陶纹饰中的这种突出表现，说明了他们追求美观和愉悦效果的审美意识逐渐提高。通过观察这些细致入微的植物纹样，不仅能够感受到古人的艺术才能和美学追求，还可以窥见他们与自然界的和谐共生关系。

（三）景物纹饰

景物纹饰在陶瓷纹样中占有重要位置，主要包括与自然现象和地理特征相关的图案。这些图案不仅装饰了陶器，还反映了原始先民对自然界的观察和内在感受。

水纹和涡纹是与水的流动和波动相关的纹饰，常见于河南大河村文化中的彩陶。这些纹饰不只是对实际水流的写实描绘，它们的旋转和流动感容易与人的心理状态，尤其是心理波动产生共鸣，表现出所谓的异质同构现象。山形纹是与山的起伏相关的连续图案，这些山形纹可能象征着山的层叠和壮观景象，对纹饰图案的构成产生了深远的影响。天文图案包括太阳纹（太阳圆）、月亮纹、日晕纹和星座纹等，这些纹样通常出现在具有特殊文化意义的陶器上，反映了古人对天文现象的崇拜和神秘感。

（四）人物纹饰

尽管以人物为主题的纹饰在数量上不多，其技巧的精湛和蕴含的意义却极为重要。其中比较有代表性的例子是出土于西安半坡的人面鱼纹。这种纹样是陶瓷纹饰中的独特创作，通常描绘为一个圆润的面庞，头顶装饰有黑色的正三角形（外缘有类似汉字"非"字形的装饰）。面部特征简化，眼睛用直线表示，鼻子呈垂三角状，耳旁各有简化的鱼形纹饰，显得神秘而巧妙。

出土于青海大通县孙家寨的五人舞蹈图彩盆，展示了五个人物在进行仪式舞蹈的场景。这种人物纹饰不仅捕捉了动态的舞蹈姿态，也反映了社群活动的重要性和文化场合的社交功能。马家窑文化中的"X 光人形"纹饰表现为简化的人体骨骼形态，没有五官，胳膊和腿呈弯曲状态，手指和脚趾张开。这种纹样或许代表了某种仪式意义或对人体内在结构的抽象表达。辛店文化的彩陶上的人物纹饰则借鉴了岩画中的人体表现手法，头部通常呈圆形或小三角形，身体部分则由倒三角形和正三角形组成，这种设计强调了人物的动态性和装饰性。

这些人物纹饰的存在不仅丰富了陶瓷纹饰的类型，也提供了研究古代社会文化和宗教信仰的重要视角。通过这些纹饰，研究者可以窥见原始先民在艺术表达和文化传承上的深度与创造力。

二、几何纹样

几何纹样在彩陶纹饰中占据重要的地位，其形式多样，主要由线条的长短、粗细、曲折、直线、横竖、交叉以及圆点等基本元素的规则排列和组合构成。这些纹样因其抽象性和多变性，成为彩陶上最常见且极具视觉冲击力的装饰形式。

方形几何纹饰广泛用于彩陶，包括席纹、篮纹、编织纹、网格纹、棋盘形纹、窗棂纹、回纹、方格纹、古钱纹等。这些纹样通常通过简单的线条排列和重复模式来表达复杂的视觉效果，具有很强的装饰性和象征意义。圆形几何纹样包括圆点纹、同心圆纹、半圆纹、圆圈纹、多圈同心圆纹、大圆圈纹、圆点勾叶纹、螺旋形纹等。这些纹饰通过圆形的基本几何特性展现和谐与完整的美感，常用于表达天文现象或象征永恒和完美。弧形纹如垂弧纹、凸弧纹、重弧纹、垂弧纹、连弧纹等，通过弧线的流畅和优雅，表达了自然界中如水流、风的形态，具有很高的艺术表现力。菱形纹包括菱格网纹、格花菱形纹等，多边形纹样则更为丰富，包括三角纹、六角星纹、八角星纹、八字形纹、十字形纹、米字纹、X 形纹等。这些纹样通常用于表达更为复杂的抽象概念和文化符号。

几何纹样的艺术魅力在于它们的构成简单却能创造出无限的变化，是彩陶纹饰中形式与内容的完美结合。象生纹饰（如植物、动物、人物图案等）虽然具有直接的意象传递，但在彩陶纹饰中也经常通过几何化的表达方式呈现，这反映了古人在观察自然现象与艺术表达之间寻找的平衡。在艺术表达上，几何纹样与象生纹样有其共同之处，即都依赖对比例、对称和节奏的把握。然而，在艺术效果和心理情感的引发上，两者表现出明显的差异。象生纹样倾向于引导观众对其背后含义的思考和联想，而几何纹样则更多地激发了对其创造过程本身的兴趣和审美享受。这种区别不仅显示了几何纹样的视觉艺术价值，也反映了其在古代陶瓷文化中的独特地位和功能。

第二节　瓷器纹饰概观

瓷器纹饰作为中国瓷艺中的精髓之一，不仅是对美丽的追求，更是一种文化的传达。从古至今，每一笔每一画都蕴含着深厚的文化底蕴和艺术家的精湛技艺。

商代至春秋战国时期，中国陶瓷技术不仅从粗糙走向精致，纹饰风格也经历了显著的演变。在商代初期，瓷器通常采用青绿色釉，表面装饰简约，以几何图案为主，如方格纹、篮纹和叶脉纹等，体现了古人对自然界与秩序的崇拜和模仿。这些图案不仅起到了美化器物的作用，更反映了当时社会文化的基本面貌。进入春秋战国时期，陶瓷装饰的图案和组合形式开始发生变化，显现出更为复杂和连续的图案。此时的陶瓷纹饰摆脱了商代对称且单一的图案形式，转而采用更为连续和扩展的组织形式。特别是蟠螭纹的广泛使用，成为该时期的主要装饰花纹。这种变化一方面继承了前代的传统，另一方面也力图摆脱传统进行创新。这一变化与装饰创作技术的进步紧密相关。战国时期，随着彩绘技术的兴起，瓷器纹饰变得更加丰富多彩。除了传统的几何纹样，新增了如三角纹、旋涡纹、矩形纹等更为复杂的图案。龙凤纹、雷纹和云纹等神话与自然元素也开始在这一时期出现，这些图案不仅美观，还承载着辟邪、祈福等象征意义。此外，青龙、白虎、朱雀、玄武在内的四个神兽也首次在瓷器上出现，象征着宇宙四方和四季，反映了当时人们对自然和宇宙的深刻认识。

到了汉代，随着铅釉陶器的广泛应用，瓷器纹饰艺术达到了新的高度。这一时期的瓷器纹饰更加精美细致，包括更多的几何纹样、云纹、植物纹和鸟兽纹。这些纹饰的使用在一定程度上象征着吉祥和繁荣。瓷器的功能发生变化，也带动了造型与纹饰风格的变化。例如，在瓷器和陶器上，动植物纹饰使用更加广泛，如龙、虎、朱雀、猴、熊、花卉和树木等，这些图案不仅美化了日用品，也赋予了它们更深的文化意义。汉代的砖瓦装饰也展现出高度的艺术价值，常见的有回纹、太阳纹、山字纹、龙纹和凤纹等，这些纹饰在瓷器上的应用不仅体现了工艺师的高超技艺，也反映了当时社会文化和审美趋势的变迁。通过这一时期瓷器纹饰的变化，可以窥见中国古代社会的文化发展和人们的审美取向，以及陶瓷艺术如何在传统与创新中不断进步和丰富。

三国两晋南北朝时期，胡人纹样和佛教相关的莲花纹以及忍冬纹在陶瓷纹饰中首次出现，丰富了传统纹饰的内涵。这些纹样不仅具有装饰性，更带有一定的象征意义，如莲花纹常用来象征清洁和纯洁，忍冬纹则象征坚韧和生命力。常见的装饰纹样还包括联珠纹、网纹和波浪纹等，体现了当时人们对吉祥和神秘的追求。

隋代陶瓷纹饰方法多继承自前代，但在细节与风格上进行了一定的创新。纹样中常见的有花瓣（花朵）纹、草叶纹、波浪纹以及各种几何纹样。此外，还广泛使用人物、花草、鸟、兽、鱼、龙等纹样，以及祥云和山水图案，这些图案不仅美化了日常生活用品，也反映了隋代社会文化的繁荣与多元性。

唐代是中国瓷器发展史上的一个高峰期，尤其是唐三彩技术的成功应用，使得陶瓷器纹样更加丰富多彩和华美。社会的强盛与经济生活的发展为人们提供了物质基础，进而促使人们追求更高的生活情趣。大量的花草植物纹样被创造性地应用到陶瓷纹饰中，如梅花、菊花、莲花、忍冬花、团花、串花、蔓草、花草、小树、葡萄等，这些图案不仅展示了大自然的美，还反映了唐代人的审美趣味。动物纹样中有蝴蝶、小鸟、鸡、鸳鸯、鸾鸟、鸭、鹅、马、大象、狮子、麋鹿等，人物纹样则包括武士、舞者、奴仆、高士、少数民族形象以及各种杂技，如舞球、驯狮、驯象等，体现了唐代社会文化的多样性和活力。此外，图案设计中的联珠、珍珠、散点、浪花、弦纹、绳纹、行云、月亮、星星等元素，进一步丰富了唐代瓷器的艺术表现，展现了当时工艺师的高超技艺和创新精神。

宋代名窑的崛起，几乎都与各自独特的工艺所创造出的瓷器的色泽与质感密切相关。例如，汝窑以其独特的粉青和天蓝色调闻名，景德镇以深邃的"影青"色彩著称，哥窑则因其独有的断纹技术独树一帜，钧窑的红釉和天青、月白色釉，无一不展示宋代陶瓷工艺无与伦比的美学追求。宋代瓷器纹饰千姿百态，反映了宋代陶瓷纹饰艺术的极致发展。就纹饰题材而言，植物花卉一直是主要的装饰元素，常见的有牡丹、莲花、石榴、萱草、菊花、海棠和梅花等。此外，龙、凤、鹤、麒麟、鹿、兔、鱼和鸳鸯等动物题材也广泛被用于瓷器上，增添了瓷器的神秘与吉祥寓意。尤其是婴戏题材，大多描绘儿童在嬉戏玩耍的情景，如钓鱼、玩鸟、蹴鞠、赶鸭、放鹌鹑、抽陀螺等，这类题材在宋代极为流行，被认为与当时社会的安定、人口增长息息相关，反映了民众对和谐生活的向往。宋代瓷器纹饰的手法也经历了显著的变革。在纹饰的色彩与瓷器质地的配合上，工艺师表现出极高的审美意识和技术水平。磁州窑的装饰技法尤为丰富，包括白地刻画花、白地剔花、白地绘黑花、白地剔绘白花、白地绘刻黑花及白地黑花夹褐彩等，展示了宋代陶瓷工艺的多样性和创新精神。

纹饰图案的创造性构思也是宋代陶瓷的一大特色。耀州窑因其造型挺拔秀美、胎薄釉匀、纹饰烦琐华丽而闻名于世，特别是在纹饰刀法和题材上的多样性，使其在中国灿烂的陶瓷史上独树一帜。传统的耀州瓷多以牡丹、莲花、菊花、龙、凤、瑞兽、戏婴图等内容为主，丰富的婴戏题材变化出婴戏牡丹、婴戏莲花、婴戏三果等图案。定窑的禽鸟纹将雀、鹭鸶、雁、鸭等与花卉组合，其纹饰布局严谨，如同精美的织锦图案。宋代民窑的纹饰题材具有浓郁的乡土气息和民间色彩，这些纹饰或取材于民间生活的小景或表现一种生活情趣，带有鲜明的世俗情调和民俗意味。此外，宋代瓷器的纹饰还巧妙地利用了中国画的绘画技法，如线条勾勒奔放有力，展现了艺术家对传统文化的理解与创新，进一步丰富了宋代瓷器的艺术表现，使其成为中国文化宝库中的瑰宝。

元代的陶瓷装饰纹样之所以显得烦琐而层次分明，主要是因为这一时期的社会文化背景和技术创新。纹饰虽复杂，却能在繁中见简，主题明确而突出。元代陶瓷主要纹饰包括花卉、松、竹、梅、鱼藻、鸳鸯、荷花、山石、海涛及龙凤麒麟等，这些元素不仅美观，也深刻地反映了当时的社会心理和文化倾向。特别是松、竹、梅图案的普及，象征着汉族人民在异族统治下仍保持清高和坚韧不屈的精神。技术上元代陶瓷尤以青花瓷最为著名，这种青花瓷的装饰布局繁密，层次丰富，有时纹饰可多达七八层。这种复杂的层次设计不仅展示了陶瓷工艺师的精湛技艺，还反映了元代社会对复杂美学的偏好和追求。

明代的陶瓷艺术在釉色和装饰方法上也有了显著变化。以前以青瓷为主的情况在明代有了转变，白瓷成为主流。这种变化为陶瓷装饰技术开辟了新的发展路径，使得陶瓷艺术家有了更广阔的创作空间。从唐宋时期普遍采用的刻花、划花、印花等传统方法逐渐衰落，而以绘画花卉为主的装饰方法成为新的主流。明代陶瓷装饰分为青花和五彩两大类，其中青花尤为突出。青花瓷的装饰风格随着时代的变迁而变化，宣德时期的青花多用缠枝花、一束莲、牡丹、鹊梅、三友图等；成化时期则偏爱婴戏、人物仕女、草虫小景；弘治、正德时期则多用缠枝莲、八宝、连理牡丹等图案。到了嘉靖时期，莲花鱼藻、云鹤、海马等更加精细华丽的图案逐渐成为主流，表现了明代陶瓷艺术的繁盛。景德镇在明代成为重要的陶瓷生产中心，其制作的瓷器多为实用品，胎体厚重，釉色单一但华贵，如红釉器饰以金彩，显得尤为雍容华贵。此外，青花瓷的装饰严谨而细致，主要以植物纹样为主，如缠枝莲、牡丹、蔷薇等。明代还特别增加了许多象征性图案，如寓意长寿和吉祥的仙桃、石榴、荔枝等，同时，龙的装饰题材也逐渐增多，成为重要的装饰纹样之一。明代的陶瓷装饰也受到了明锦图案的影响，这些图案的严整和高度一致化为瓷器装饰提供了重要借鉴。缠枝纹是明代非常流行的一种图案样式，其以连接的波状纹为骨架，间隔排列各种花朵，枝间饰以勾卷状的叶片。这种设计风格在明代的陶瓷中非常突出，充分展示了明代陶瓷工艺的精湛和复杂。早期的缠枝纹花叶大小比例相称，呈现出图案的均衡美，至晚期则叶片逐渐变小，几乎只剩下花茎和花朵。①

清代陶瓷纹饰的发展趋势呈现出繁复与精致的特点，绘画式装饰成为主导风格，深受当时社会风尚和审美趣味的影响。在康熙时期，陶瓷纹饰已经表现出极高的艺术水平，涵盖了雉鸡牡丹、冰纹梅花、龙凤、四季景、人物、刀马人、戏曲故事、全篇诗文、耕织图、渔家乐及祈福祝寿等丰富多样的题材。这些图案不仅美观，还充满了丰富的文化寓意

① 杭间.中国工艺美学思想史[M].太原：北岳文艺出版社，1994：148.

和生活气息，反映了清初社会的文化特征和人民的生活情趣。进入雍正时期，瓷器装饰的花纹主要以花鸟画为主，这些花鸟画以其精湛的工艺和生动的表现力，极大地丰富了瓷器的艺术表达。乾隆时期，陶瓷装饰更是呈现出极致的华贵，包括花鸟、山水、人物、婴戏、罗汉、蟠螭、八宝等题材，反映了乾隆帝对艺术品位的高度要求以及广泛的文化兴趣。

明清时期，由于佛教和道教文化的影响，陶瓷纹饰中常见八吉祥、八宝、八卦、八仙等内容。这些象征和谐的图案赋予了陶瓷吉祥的寓意，反映了社会上层对文化细节的重视。如"八吉祥"图案由八种佛教法物组成，寓意吉祥。清代景德镇瓷器中的"刀马人图"更是一个独特的题材，这种纹饰通过描绘历史战争或舞蹈场景的人物、坐骑、弓刀等元素，展现了中国古代历史的英雄情怀，如火烧赤壁、曹操大宴铜雀台等，不仅是一种新的艺术创作，更是对中国古代历史的一种回顾和致敬。

整体而言，清代陶瓷纹饰不仅展示了精湛的工艺技艺，更是文化传承与创新的载体，深刻地体现了清代社会的审美取向和文化多样性。这些纹饰的繁复精致和文化深度，使清代陶瓷成为研究中国古代晚期社会风尚和审美趣味的重要窗口。

第三节　陶瓷纹饰的演变与象征意义

陶瓷纹饰是指陶瓷器上装饰的各种纹样和图案的总称，是陶瓷制作者的信仰观念、价值追求和审美取向的表达。[①]陶瓷纹饰不仅是对物质形态的装饰，更是文化内涵、审美理念和社会变迁的直观反映。从最早的

---

① 陈昊.陶瓷艺术记载的中国文化史 [M].杭州：浙江工商大学出版社，2019：201.

几何图案到后来的复杂象征图形,每种纹饰都承载着丰富的象征意义,折射出不同历史时期的文化特征和人们的精神追求。

一、从"纹"到"纹饰"的演变

陶瓷纹饰的发展历程深刻地反映了人类社会文化、技术进步和审美观念的演变。从最早期的简单刻画到后来的复杂图案,陶瓷纹饰不仅是装饰的演进,更是一种文化和技术发展的标志。

早期人类在制作陶瓷器物时,纹饰出现的动机主要是实用性,如通过表面刻画增加摩擦力,提升握持的稳定性。这些最初的纹饰,无意中赋予了器物特定的美感,逐渐从单纯的功能性过渡到具有审美价值的纹饰。"从发生学的意义上看,对'纹'的最早感知和认识是在劳动过程中形成和发生的。"①

随着技术的进步和文化的发展,这些基础图案开始被赋予更多的装饰意义,形成了早期的陶瓷纹饰艺术。

随着陶瓷技术的发展,如釉下彩绘、刻花、贴花等多种技术的普及,陶艺师能够在陶瓷上实现更加精细和复杂的装饰。这一时期的纹饰不仅是为了美化器物,它们开始承载更深层的文化和象征意义。在不同的文化和历史背景下,纹饰成为表达社会地位、记录历史事件或反映自然景观的重要手段。

随着全球交流的不断增加,各地的陶瓷纹饰开始相互影响和融合。这种跨文化的交流使得陶瓷纹饰在全球范围内更加丰富,反映了不同文化之间的互动和融合。现代社会,陶瓷纹饰的创作已经不再受限于传统的形式和内容。现代艺术的理念和手法被广泛应用于陶瓷纹饰之中,艺术家通过对传统纹饰的解构、重组和创新,探索了纹饰在现代审美中的新表现和新意义。数字技术的引入更是为陶瓷纹饰的设计和制作提供了

---

① 李砚祖.纹样新探 [J].文艺研究,1992(6):115-135.

无限的可能性，使得纹饰艺术既能保持传统韵味，又能展现现代创新精神。

二、陶瓷常见纹饰的象征意义

在陶瓷装饰艺术中，纹饰的功能远超过简单的装饰，它们承载着深刻的文化传统和象征意义，反映了历史的深度和人类的情感与愿景。以下是对几种具有代表性的陶瓷纹饰及其象征意义的详细探讨。

（一）莲花纹

莲花因其能在混浊的环境中生长而不染，历来被视为纯洁与完美的象征。在陶瓷艺术中，莲花纹常用来象征对美好生活的向往和对纯洁美德的赞扬。莲花纹的演变经历了数个朝代的变迁，每一个阶段都反映了当时的艺术风格和技术水平。东汉时期的莲花纹以高温釉描绘，通常呈现单个莲花瓣的样式。西晋时期，莲瓣纹开始出现在多件器物上，莲瓣特征为短且粗大，常见的工艺为刻花。唐代莲瓣纹依旧保持粗大的形态，但排列更为紧密，主要以刻花形式出现。北宋的莲瓣纹相对瘦长，排列紧密，以刻花、划花为主；南宋则更细长，形似菊花。元代莲瓣纹肥大，瓣与瓣之间存在空隙，瓣中常绘有其他纹饰。从明末至清末，莲瓣纹的风格以绘画为主，极少使用刻花、划花技术。明代的莲瓣纹更宽大，排列渐紧，到了清末，莲瓣纹几乎完全连在一起。通过莲花纹饰的演变，可以发现陶瓷技术的精进与文化意涵的深化。

（二）菊花纹

菊花作为一种重要的文化符号，代表高雅、坚韧和长寿。在中国文化中，菊花常被视为隐逸高洁的象征，与文人墨客的高尚品格紧密相关。其在陶瓷上的呈现，不仅是为了美化器物，更是文化价值和哲学思想的传递。菊花纹通常出现在文人使用的茶具和书房用具中，其清新脱俗的美感与文人追求的生活理念相契合。菊花的坚韧也象征着面对逆境时的不屈不挠，这一点在许多古代诗文中被频繁提及，进一步强化了其在陶瓷纹饰中的象征意义。宋代时期，刻、画的形式都有，刻花以耀州窑为代表，画花以磁州窑为代表。宋代的菊花纹比较写实。元代时期，菊花纹以青花瓷为典型，特点是花瓣多，但是不填满色，留有白边，花蕊多，多画成网络状葵花形，或者是由里向外旋螺纹，大多菊花画成缠枝花。明代初期菊花纹用得还比较多，后期的时候多与人物画在一起，如陶渊明爱菊图之类。明代菊花纹的特点是花瓣变得比较小，花蕊变大并且作出旋涡状。清代也有画菊花的，但特征不明显。雍正粉彩器皿上所画的菊花生动形象、色泽娇艳，大有呼之欲出之态。

（三）牡丹纹

牡丹常被誉为"花中之王"，在中国文化中，它象征着富贵、繁荣和吉祥。牡丹以其华贵且热烈的外观，深深地体现了人们对于美好生活的向往。尤其在唐代，牡丹纹的普及标志着国家富强和民众富裕，这种图案因此在陶瓷上频繁出现。进入宋代，牡丹纹的表现手法在瓷器上变得更加细腻和雅致，这反映了当时文人对自然之美的赞赏及其内心世界的精细化表达。到了明清时代，牡丹纹达到了艺术上的高峰，不仅因其象征意义的富贵和吉祥，更因其在艺术表现上的华丽与精细，成为陶瓷艺术中不可或缺的元素，广受皇室和贵族阶层的青睐。

（四）梅花纹

梅花以其在冬季绽放的独特性质，象征着坚韧和不屈不挠的精神。梅花盛开在寒冷的冬季，代表着高洁的品质和对逆境的勇敢挑战。梅花与兰花和竹子并列，被称为"岁寒三友"，象征着君子的高洁品格。在宋代，陶瓷上的梅花纹表现为简约而风雅，体现了当代文化中对自然和谐与精神修养的追求。明清两代，梅花纹的使用在陶瓷艺术中更为普遍，它象征着高洁的品德，寓意着对友情和忠诚的重视，反映了那个时期对文化传统的尊重与承袭。

（五）鱼纹

鱼纹在中国陶瓷艺术中也占有重要的地位，因"鱼"与"余"谐音，象征着"富贵有余"和"年年有余"。鱼纹的使用可以追溯到新石器时代的河姆渡文化，而在宋代的瓷器中，鱼纹变得更加常见。明清时期，鱼纹的表现形式更加多样，包括青花、釉里红、五彩和粉彩等。鱼的图案设计多样，从单一鱼到多鱼组合，常与水纹、莲池鱼藻或水藻游鱼的场景相结合。特别是龙泉窑的鱼纹，以器心贴有相对游动的鱼为特色，其青翠的釉面好似水波，呈现鱼嬉戏的生动场景，极具艺术感染力。到了元代，鱼纹体现出肥大的体型，与水草的组合线条流畅，绘画生动活泼。明代的鱼纹画风倾向于静态美，不追求真实性而是强调装饰性，尤以鲤鱼为主。明代的鱼纹以釉里红三鱼为代表。清代的鱼纹绘画更为细腻，以写实为主，常与灵芝等吉祥物相组合，寓意丰富，晚清时期则多用金彩描绘，更显华丽。这一系列的鱼纹变化不仅丰富了陶瓷艺术的表现形式，也加深了其文化内涵的传递。

（六）龙纹

龙作为中国神话和象征体系中的核心元素，代表着权力、尊贵与勇气。在陶瓷艺术中，龙纹通常象征着帝王的权威和国家的强盛。龙的形象多变，它的每一种表现都能揭示出力量与智慧的追求。自唐宋时期起，龙纹便已广泛应用于陶瓷上，其设计表达了对帝王尊严和国家太平的象征。进入明清时期，随着皇家陶瓷的发展，龙纹的设计和制作达到了前所未有的高度。特别是在清代，龙纹成为皇家专用象征，表现皇权的绝对性和至高无上的地位。这些龙纹不仅形态多变、色彩鲜艳，还经常以飞龙腾跃的姿态出现在瓷器上，展示了皇家权力的辉煌及陶瓷艺术达到巅峰。

（七）鸡纹

鸡作为十二生肖之一，在陶瓷装饰中具有特别的意义，象征着吉祥和勤劳。鸡的形象常被用来象征光明和希望的到来。鸡也象征勇敢和战斗精神，反映了不屈不挠的精神态度。在唐宋时期，鸡纹饰在陶瓷上的使用象征着勤劳和勇气，常与避邪的含义联系在一起。明代特别是景德镇窑的兴起使得鸡纹瓷器更加流行，其中以鸡缸杯最为出名，成为中国瓷器史上的一个传奇象征。鸡纹不仅寓意着吉祥如意，而且象征着五德俱全和富贵安康。到了清代，鸡纹的艺术表现形式更为多样化，色彩也更为丰富，展示了更高层次的艺术审美和技术成就。清代的陶瓷艺术家在纹饰的创新上，不仅体现了对传统文化的继承，还反映了人们对生活美好愿景的追求和表达。

（八）圆形

圆形在全球多种文化中象征着完整、和谐、无限和宇宙的统一。这一形状代表了生命的循环和自然界的完美秩序，常被视为天地的象征，代表广阔与包容。在陶瓷艺术中，圆形的运用非常广泛，其美学上的平衡与和谐使之成为设计中的常客。圆形的无始无终特性，引人联想到生命的永恒和宇宙的无限，其完美的对称性象征着生活中的平衡与整体性。

（九）方形

方形通常象征着稳定、坚固和规律。在多种文化中，方形与地面、实体和物质世界有着紧密的联系，它代表了人类对自然界的理解和掌控。方形的四个角象征着空间的完整性和明确的界限。在陶瓷装饰中，方形的使用传达出一种稳重和可靠的感觉，体现了秩序和平衡的美学理念，给人以安定和信任的感受。

（十）云纹

云纹在陶瓷艺术中常象征天空、变化和飞翔，它通常与神灵及崇高的理想联系在一起。云纹的流动性和变幻莫测不仅赋予了陶瓷一种动态的美感，还象征生命的多样性和不可预测性，寓意着人生的无限可能和对梦想的追求。在陶瓷上使用云纹，往往意味着使用者对美好生活的期盼。

（十一）火焰纹

火焰纹象征光明、热情和净化。作为人类文明的标志之一，火象征着智慧、创造力及变革。在陶瓷装饰中，火焰纹常用来表达对生活的热爱、对未来美好的向往以及对磨难的净化和对重生的希望。火焰的动态与力量在陶瓷纹饰中被完美地呈现出来，传达活力与希望的信息。这些形状和纹饰的使用不仅为陶瓷作品增添了视觉上的吸引力，也深化了作品的文化内涵，使之成为传递历史与文化信息的重要载体。

第五章　陶瓷文化传承与对外传播

第一节　陶瓷传承教育发展

陶瓷作为人类历史长河中的重要文化遗产，不仅是工艺美术的一种体现，更是文化精神的承载物。随着时间的推移，陶瓷技术和艺术经历了不断的发展和演变，如何保持这一传统技艺的活力与现代性成了一个重要课题。在此背景下，陶瓷传承教育发展显得尤为关键。从官学式传承的制度化保护到家庭和师徒之间的直接传授，从陶瓷实业教育到高等院校的专业教学，再到科研机构对陶瓷新材料和新技术的研究探索，这些多维度的传承方式共同构成了陶瓷文化传递的丰富脉络。

一、传统与家族传承

陶瓷文化传统与家族传承主要包括官学式传承、家庭式传承、师徒式传承三种主要形式（图 5-1）。

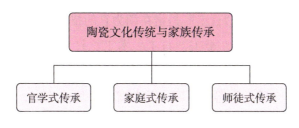

图 5-1　陶瓷文化传统与家族传承

（一）官学式传承

官学式传承是一种由政府或官方机构支持的教育和培训方式，它在中国陶瓷文化历史中占有举足轻重的地位。这种传承形式不仅确保了陶瓷艺术与技术的系统化教学，而且提供了必要的政策与资金支持，从而推动了陶瓷艺术的整体发展。从早期的官窑制度到现代的艺术教育体系，官学式传承一直是陶瓷文化演进的关键动力。官学式传承的显著特征在于其形式的正式化和体系的完整性。这种传承通常在专业的教育机构内进行，包括艺术学院、大学和专门的陶瓷研究中心等。在这些机构里，学生不仅有机会掌握陶瓷制作的基础技能和更高级的技术，还可以深入地学习陶瓷艺术的历史与理论，以及探索陶瓷与其他艺术门类之间的交互和融合。

在中国古代，技术官职在职业教育中扮演着至关重要的角色，相当于现代的"教师"职责。这一教育传统起源于原始氏族社会的衰退及奴隶制社会的建立，当时农业技术的进步促进了更加细致的社会分工。特别是从夏代开始，手工业者被称为"畴人"，形成了专业手工艺人的阶层，推动了"畴官制度"的确立。在此制度下，手工业技能的家族式传承被称为"时"，而父传子的教育模式被视为"业"。在这样的社会结构中，继承畴人行业的后代被称为"畴人弟子"，他们学习的技能和知识称为"畴人之学"。到了商周时代，手工业已经从农业中分离出来成为一种独立的生产方式，其内部分工也变得更为专业化。《左传·昭公廿二年》记载："丁巳，葬景王，王子朝因旧官、百工之丧职秩者，与灵景之族以作乱。"文中所言"百工"是指在朝为官的技术职官。《礼记》记载："天子之六工，曰土工、金工、石工、木工、兽工、革工，典制六材。"其中，"土工"是指制造陶器的工种。这些史料说明，古代制陶者，尤其是那些制作高质量陶器的工匠，并非普通平民或奴隶，而是拥有一定官职的"百工"。据《周礼》记载，周公在制定礼乐、兴办学校、施行德政时，强调了"官师合一"的教育理念，即只有官方才拥有书籍、器物和学校。这一制度体现了周朝的"工商食官制度"，即一种官营手工业制度，其中手工业者和商人必须按照官方的规定从事生产和贸易活动。从东周时期开始，手工业者的官畴和百工组织变得松散，畴人不再代表手工业者，百工也渐渐失去了组织和管理的严密性，被工师取代。这些工师，如古文所述，是掌管工匠之官，负责教导和管理各类工匠。"工隶臣""工"与"工师"的区分，既展示了技艺等级的差异，也反映了社会和政治地位的层次，并且在其中存在师徒关系。从商代至汉代，低级工师负责某种技艺的培训工作，体现了古代技术教育和技艺传承的体系。在这一体系中，技艺的传承不仅是技术的传递，也蕴含了一定的政治和社会意义。尽管到了东汉后期，这种官学式的传承方式逐渐开始松散，但它对后世的影响仍然深远。直到清代，手工业的教育和技艺传承方式仍然在不同程度上沿袭了官学式的传统，如"匠户制度"和"匠籍制度"。这些制度体现了官方对手工艺人才培养和技艺传承的控制与管理，确保了手工艺的专业知识和技能能够在一定范围内得到有效的保存和传播。

古代官学式技艺传承对手工业特别是技术教育的演变扮演了关键角色，这种传承方式受限于国家的意识形态，并涉及了专门场所的设立及技术官职人员的参与，旨在教授及推广技术知识。早在专门的技术教育机构建立之前，技能的传授常在官员的私宅或官方指定的场所进行。随着生产力的提升和社会分工的进一步细化，"群聚州处"的模式已无法满足日益增长的社会需求。因此，东汉灵帝时期出现了"鸿都门学"，即一所专注于书法和绘画的艺术学校，这标志着专业手工艺教育机构的诞生。到了南北朝时期，官营手工业对技术的控制更为严格，尤其是从北魏开始，政府开始集中大量工匠于官方监管之下。宋代的实业教育政策进一步促进了这一体系的发展，范仲淹在庆历四年（1044年）提出的"庆历兴学"计划中的"四门学"创举，以及王安石在熙宁年间提出的"熙宁兴学"，都将手工业教育纳入正规学校体系。蔡京在宋徽宗年间的"崇宁兴学"中通过设立专门学校推动了实业教育的发展。这些政策都是官方主导下的教育行为，而至元明清时期，匠籍制度在一定程度上延续了这种官学模式。到了民国时期，众多官办陶瓷职业学校的设立，如"国立高级窑业职业学校""江西省立陶业学校""浮梁县立初级陶瓷职业学校"，都显示官学传承模式的持续影响。

官窑作为一种独特且关键的官营生产场所，在技艺传承上具有深远的影响力。唐代的"贡窑"作为早期官窑的代表，晚唐的越窑和秘色瓷便是其产物。到了宋元时期，官窑制度逐渐完善，在明清时达到顶峰，形成了较为完整的御窑系统。朝廷的大力支持使得这些官窑成为全国技艺交流和展示的核心场所，特别是明清时期的景德镇御窑厂，成了聚集全国顶尖匠师的中心。这些匠师来自全国各地，他们将创新技艺带至景德镇，使之成为中国乃至世界陶瓷艺术的标杆。景德镇因此能够生产出青花瓷、玲珑瓷、粉彩瓷、斗彩瓷、珐琅彩瓷、各色釉瓷等多种精美瓷器，并享誉全球。清代的督陶官唐英所著的《陶冶图说》和明代的宋应星所著的《天工开物》，都详细记录了陶瓷生产的各个环节，从原料开采、淘洗到制备工艺的完整过程，展现了官窑中技艺传承的连续性和系统性。这些文献不仅为后世提供了宝贵的陶瓷制作知识，还反映了官学式传承在技艺保存和发展中的核心作用。

（二）家庭式传承

家庭式传承是指建立在家庭手工作坊生产组织形式基础上的一种技

艺传承教育方式。①家庭式传承在中国的陶瓷艺术发展史中扮演着不可或缺的角色。这一传承模式深植于血缘关系之中，通过世代间的教育与实践，把陶瓷的制作工艺、审美理念及文化价值观传递给后代。家庭式传承不仅是技艺的流传，更涵盖了生活方式、思想观念与文化精神的传递，保证了陶瓷文化在时代变迁中的持续性与稳定性，同时催生了艺术创新的发展。

在母系社会中，技艺的传递主要是母亲传给女儿。随着向父系社会的过渡，这种传递方式演变为父传子、子传孙的模式。由于当时的生产技术较为原始，家庭式的技艺传递在很大程度上依赖官府的支持。但是，随着冶铁技术的出现和生产效率的提高，人们的物质生活得到了很大改善。东周之后的社会动荡促使大量个体手工业者涌现，这些手工业者最初主要依附于官府，由统治者提供工作场所和基本的生活保障，他们则负责生产物品。这种模式既确保了手工技艺的传承和发展，也在一定程度上抑制了工匠的创新意识，因为任何制作上的失误都可能导致严重的惩罚。直到春秋时期的"礼崩乐坏"，这种严格的依附关系才开始松动。战国时期，齐国都城临淄的考古发现表明，同一姓氏的陶工往往聚居在同一地区，这说明以家族为单位的制陶作坊已形成一定规模，官营与民营的并存格局开始出现。

随着工商官制的解体，工匠开始面临生计问题。自农耕文明以来，以家庭为基本经济单位的自然经济模式长期占主导地位，其中"男耕女织"是该经济结构的核心。这种低门槛的经济模式吸引了许多工匠采取自给自足的方式维生。这些拥有独特技艺的工匠在农闲期间制作物品，既可自用也可用于交换或售卖，逐渐形成了一种"半农半陶"的家庭传承模式。随着生产力的进一步提升，手工业开始从农业中独立出来，成为一种专业化的职业。到了宋代，随着专门学校的建立，手工作坊和商

---

① 陈宁. 陶瓷概论 [M]. 南昌：江西高校出版社，2018：113.

业店铺林立。考古学家发现，当时已经出现了专门生产某一类产品的制瓷作坊，如"吴家""段家""叶家"等私家作坊，这种一家一户的手工作坊模式一直持续到明代中期。明代以后，随着较大规模的制瓷工场的出现，传统的家庭式技艺传承面临着新的挑战与机遇。尽管如此，家庭式传承仍然是陶瓷技艺传递的主要方式。在这一时期，虽然"工匠收徒弟"的做法开始增多，但与家庭内部的技艺传承相比，这种形式仍属辅助。这一传统延续至民国时期，随着实业教育、职业教育和专业技术教育的引入和发展，新式学校教育成为近现代陶瓷教育的重要模式，家庭式传承并未因此消失，而是作为学校教育的补充，持续存在并发展。

在中国深厚的文化传统中，血缘关系的传递和尊重历来被视为家族延续的基石。这种以血缘为核心的传承观念自然而然地渗透到了技艺的传递中，尤其是在陶瓷制作这一古老手工艺领域。家庭作为社会结构的微观单元，不仅承担着满足成员基本生活需求的职责，更是技艺、文化传承和社会稳定的重要支柱。在这一传统观念下，手工艺技能的传承往往是在家族内部进行，以父传子、师传徒的形式沿袭下来。尽管受到儒家"学而优则仕"的观念影响，手工艺被一些文人视为低等技能，但实际上，手工艺的传承和发展在很大程度上依赖家庭内部的口口相传。这种传承方式的存在，既是对传统技艺重要性的认可，也反映了文化传递中家庭的核心作用。在家族式的陶瓷技艺传承中，"亲师合一"是一个显著特点。长辈不仅是家庭的一员，也是技艺的传承者和教师。在这样的传承体系下，技艺不仅仅是为了生计，更是一种家族荣誉和文化传承的体现。因此，独门绝技和核心技术的保护和传承成为家族重视的焦点。这种对技艺传承的重视使得家族能够世代传递独特的手艺，形成了代代相传的传统。通过家庭成员间的日常互动和合作，这些技艺得以在不断的实践中传承和发展。父母会把自己的技艺、心得毫无保留地传授给子女，而子女则在父母的指导下学习和实践，这种家庭内部的学习过程使得技艺能够达到精湛的水平。

（三）师徒式传承

师徒式传承作为一种超越血缘界限的教育模式，以师父和徒弟之间的尊重、信任和学习为基础，构成了陶瓷艺术传承的核心。这种传承方式不仅限于技艺的传递，也涵盖了文化、精神及道德观念的传递，对陶瓷艺术的持续发展具有极其重要的作用。在这种师徒关系中，师父不单将自己的技术无私地传授给徒弟，还会分享自己的生活经验、对艺术的理解以及生活态度。这样的教育关系让徒弟能够在师父的指导下逐步掌握陶瓷制作的各个环节，包括选材、制坯、装饰以及烧制等，每一个步骤都融入了深厚的文化意涵和独到的审美价值。

师徒传承的历史可追溯至青铜器时代，随着手工业的快速发展，仅依靠家族内部的技术传承已无法满足社会发展的需要。因此，技术教育开始向家庭外扩展，形成了较为原始的师徒关系。这种关系通过接纳非血缘关系的个体为养子或义子而形成，向他们传授技艺。

随着生产力和社会的进一步发展，手工业和商业的融合越来越密切，工匠和商人逐渐需要一个规范化和制度化的组织来维护他们的利益，因此行会应运而生。行会不仅加强了从业者的管理和控制，还通过各种措施减少同行之间的竞争，维持行业的垄断地位，并促进了业内人士在简单的社会环境下的生产和生活。《都城纪胜·诸行》中记载："市肆谓之行者，因官府科索而得此名，不以其物小大，但合充用者，皆置为行。"行会的存在为技术传授提供了行业组织的指导和约束，使师徒式的教育模式变得更加规范化和制度化。在唐代，行会制度已初见雏形，而到了宋代，随着商业活动的繁荣，行会数量急剧增加。这些行会不仅是工商业发展的产物，也是统治阶级为了方便管理和征税而默许的社会组织形式。到了明代中后期，随着资本主义经济的萌芽以及国内外陶瓷市场的扩大，陶瓷手工业的生产规模不断扩大，产瓷区以外的务工者纷纷涌入产瓷区以寻求更好的发展机会。他们基于地缘和业缘结成的新式行会，即行帮，虽然仍与政府保持一定的联系，但更多的是为了保护同乡和同业者的利益。随后，这些行帮演变为更加形式化的机构，如会馆、公所、商会等，这些民间行业组织基于行业的共同利益，借助师徒制的传承手段，促进了技艺传承的发展。

古代的师徒制度在各个手工艺行业广泛存在，尤其在陶瓷制造行业中，它不仅是技术传承的主要渠道，也是维系社会伦理和工艺传统的重要纽带。这种传统教育方式深受家庭教育的影响，其学习过程紧密结合了生产与日常生活。其技术的传承主要通过师父的口传心授进行，其中"口传"涉及师父向徒弟传授技艺知识、操作方法和经验技巧，不仅包括语言讲解，还包括亲自示范和实时指导；"心授"则涉及师父对徒弟精神境界的影响和心灵上的启发，这需要徒弟通过长期的观察、实践和内心的体会来逐步领悟。随着时间的积累，师父还会将一些操作技巧和经验以口诀的形式传授给徒弟，如陶瓷绘画中的各类口诀，从而使徒弟能更容易地掌握和记忆。除了口诀的传授，师父的现场示范和个人指导也是技艺传承中不可或缺的部分。徒弟在师父的指导下，从简单到复杂逐步学习各项技能，直到最终能够熟练掌握全部技艺。这一过程不仅要求徒弟勤于实践，还需要师父耐心指导，确保技艺的正确传承和发展。

随着行会制度的出现和发展，行会规则开始对师徒制的技艺传授产生影响。在陶瓷行业中，不同的工种和环节，如制坯、彩绘、瓷器销售等，都形成了自己的规章制度和人员结构。这些行规不仅规定了学徒的培训周期、出师标准和工作职责，还涉及徒弟的出身、籍贯和转行等方面的规定。这种制度在一定程度上确保了技艺传承的稳定性和规范性，但也存在对个别技艺传承的限制和剥削。这种师徒制传承方式的优点在于能够使徒弟系统、全面地学习师父的技艺和经验，有利于技能和经验的长期积累与传承。同时，师徒之间建立的长期亲密关系，对于社会稳定与和谐发展也具有积极作用。通过这种方式，技艺能够在世代间稳定传递，保证了传统手工艺的持续和发展，同时维护了行业内的道德规范和社会秩序。

师徒制的这种教育模式也存在一定的局限性。第一，由于传承模式主要基于个别传授，这使得学习周期较长，且培养效率相对较低。徒弟需要通过长时间的观察、实践和模仿来逐步掌握所有技艺，这种方式虽然有利于深入理解和技能的精练，但在现代社会快速发展的背景下，可能难以满足行业对技术人才迅速增长的需求。第二，部分师父可能出于保护自身利益的考虑，对某些独门技艺传授较为保守，甚至有意隐瞒，这不仅限制了技艺的发展，还有可能导致某些珍贵技艺的失传。这种情况在古代较为普遍，但在现代社会，随着知识共享和开放学习的推广，这一局限性逐渐减弱。第三，传统师徒制由于其封闭性和排他性，对徒弟的出身、地域等方面有较为严格的限制，这在一定程度上限制了人才的流动和交流。虽然这种做法有其时代背景和实际需求，但从长远看，可能不利于行业内部的创新和多样性发展。

二、教育与职业培训

　　教育与职业培训在陶瓷传承教育中扮演着至关重要的角色，不仅因为它们提供了必要的技术和知识，而且因为它们帮助将传统艺术与现代市场需求相结合，从而确保陶瓷艺术的可持续发展。陶瓷文化教育与职业培训主要包括以下几个方面（图5-2）。

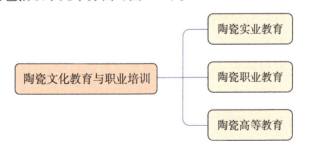

图 5-2　陶瓷文化教育与职业培训

（一）陶瓷实业教育

民国时期，陶瓷实业教育作为实业教育的重要分支，承担了传统技艺传承与西方科学技术融合的双重任务。这段时间的教育模式体现了"师夷长技以制夷"的战略思想和"中体西用"的教育理念，旨在保持中华文化根基的同时，吸纳西方的科技和教育优势，以达到文化自强和民族工业的复兴。

在这一时期，陶瓷实业教育的课程设计呈现出中西融合的特点，不仅保留了儒家的修身文化和传统文科课程，强调对中国传统文化的传承与弘扬，也引入了西方的科学理论和实验方法。物理、化学、机械应用等科学技术课程在这一时期被纳入教学大纲，这不仅拓宽了学生的知识视野，也为陶瓷技术的现代化提供了理论支持和技术基础。

民国时期的陶瓷教育体系虽按初等、中等和高等教育分层次设置，但实质上以中等及以下的实业学校为主。设置这些学校的主要目的是培养中国陶瓷产业急需的技术和管理人才，满足工业化需求中对专业技术人才的渴求。虽然当时的陶瓷职业教育在资源、设施和师资方面面临挑战，但经过约三十年的发展和实践探索，这一时期的教育活动为中国职业教育的进步积累了宝贵经验。通过引进和融合西方的教育模式与技术，结合中国的传统文化和手艺，民国时期的陶瓷实业教育在一定程度上推动了中国陶瓷技术的革新和陶瓷产业的发展。这一时期的陶瓷教育还强调培养学生的创新精神和实践能力。在教育过程中，学生不仅要系统学习理论知识，还要深入参与制陶的实际操作，通过实验和实习等方式，将所学理论与实践相结合，这种以学生为中心的教学模式激发了学生的学习热情和创新潜力，为陶瓷艺术的创新发展奠定了基础。

民国时期的陶瓷实业教育也注重培养学生对陶瓷文化的深层理解和认识。通过系统的陶瓷历史教育，学生不仅可以了解中国陶瓷发展的悠久历史，还能深入研究不同历史阶段的陶瓷艺术特色及其与当时社会、文化和经济的互动。这种教育方式有助于学生构建全面的陶瓷文化知识体系，增强对陶瓷文化的认同感和自豪感，为文化的传承与推广打下坚实的基础。民国时期的陶瓷教育还开阔了国际视野。随着国际交流的加深，学生有机会接触到其他各国的陶瓷艺术发展动态和特色，这种比较学习帮助他们吸收外国的先进设计理念和技术方法，提升了国际竞争力。此外，一些学校还邀请外国专家来华授课或安排学生出国深造，这种直接的国际交流不仅拓宽了学生的视野，也促进了中国陶瓷文化与世界的交流与融合。

（二）陶瓷职业教育

所谓职业教育，就是为人所从事的社会具体工作而采用的教育内容和形式的有机构成。[①]清末开始，随着中国工商业的快速发展，社会对技术从业者的要求显著提升，传统的实业教育逐渐无法满足新的发展需求。民国时期，尽管教育制度经历了一系列改革，但这些改革多数还停留在理论和政策层面，细节的执行和具体实践步骤尚未完全落实，导致工商业现代化与实业教育之间的矛盾仍旧存在。1917年，黄炎培与蔡元培、梁启超等人在上海共同发起成立了中华职业教育社，标志着职业教育国家化的开始。1922年，推出的"壬戌学制"首次将职业教育纳入普通教育体系之中，提供了升学机会同时为学生提供了技能学习的途径以便就业。进入20世纪30年代，随着《职业学校法》和《职业学校规程》的颁布，职业教育得到了新的发展动力。1949年后，旧有的职业学校被重新整合以适应社会主义建设的需要，陆续成立了景德镇陶瓷工人技术学校、宜兴陶瓷工业技术学校等专业技术学校。改革开放后，随着经济社会的快速发展，对陶瓷专业技术人才的需求显著增加，促使陶瓷职业教育迎来新的发展阶段。教育规模不断扩大，教育质量显著提升，教育内容从单一的技术技能训练逐步转变为综合素质教育，学校类型也从单

---

① 孙斌. 陶瓷文化·大千世界：对德化窑及陶瓷产区陶瓷文化的研究[M]. 上海：同济大学出版社，2013：277.

一的技术学校发展为包括中等职业学校、职业高中、技术学院及职业大学在内的多层次职业教育体系。这种多层次、多样化的教育体系不仅满足了陶瓷行业对高素质技术人才的需求，也为学生提供了更广阔的职业发展空间和多元化的职业选择。众多陶瓷职业教育机构与行业企业密切合作，采取产教融合、校企合作模式，通过实习实训、订单培养等形式，让学生在学习过程中就能接触到实际的工作环境和生产任务，这不仅增强了学生的实践能力和就业竞争力，也激发了他们的创新潜能。

陶瓷职业教育还积极推动学生的国际视野扩展。许多学校通过与国外高校和研究机构合作，引进国际先进的教育资源和教育理念，提升了教育的国际化水平。学生通过参与国际交流项目，不仅拓宽了视野，提高了外语能力和跨文化交流技能，也为提升中国陶瓷产业的国际竞争力作出了贡献。

（三）陶瓷高等教育

陶瓷高等教育，在融合艺术与技术的交界处，扮演着传统技艺传承与现代创新的桥梁角色。其根源可以追溯到几个世纪以前的欧洲，当时陶瓷教育主要集中于艺术学院和工匠的工作室。随着工业革命的推进，陶瓷生产逐渐走向机械化，促使相关的专业教育得以发展以满足对技术人才的增长需求。

进入 21 世纪，随着全球经济扩展和国际文化交流的提升，陶瓷高等教育开始在综合性大学中占据一席之地，教育内容也由单一的技艺训练扩展到涵盖设计理念、材料科学、艺术历史等多学科的综合教育。现代的陶瓷高等教育显示出强烈的多元化趋势，不仅涉及传统陶瓷艺术的深化与创新，也融入了现代材料科学和先进技术的教学。在教育模式上，现代陶瓷教育强调培养学生的个性化发展和创新能力。多样的教学方法，如项目式学习、工作坊、国际交流与实践实习等，成为教育的重要组成部分。这些教学模式不仅激发学生的创造力，也锻炼他们解决实际问题的能力。课程设置方面，现代陶瓷教育提供广泛的学习内容，从基本的陶瓷制作技术，如手工塑形、釉料配制及烧成技术，到陶瓷设计理念、文化历史研究、市场营销策略等。同时，为适应科技发展的需求，新材料应用和数字技术在陶瓷制作中的运用被纳入课程之中。

这种教育模式的转变，不仅旨在传授技术和知识，更重视启发学生的思维，拓宽他们的视野，使他们能够在经济全球化的背景下为陶瓷艺术及其产业的未来发展贡献力量。通过这种综合且前瞻性的教育体系，陶瓷高等教育不断推动着传统艺术与现代技术的完美结合，培养出能够在国际舞台上表现卓越的陶瓷艺术家和技术专家。

第二节　陶瓷与中国传统文化的融合

在中国悠久的文化历史中，陶瓷不仅是日常生活的用品，更是文化传承的重要载体。陶瓷艺术的每一次演变，都是对其时代背景、社会需求、审美观念、技术进步的反映。从最早的实用器物到后来的艺术珍品，陶瓷见证了中国几千年的历史变迁。在这一过程中，陶瓷与书法、绘画、音乐、茶文化、建筑等多个领域相互影响、相互渗透，形成了丰富多彩的文化景观。

一、陶瓷与书法文化

中国陶瓷与书法艺术的结合，是中国传统文化中一道独特而深远的风景线。这种结合不仅体现在艺术表达的多样性上，更深层地反映了中国文化在历史长河中的传承与发展。

从远古时期开始，陶瓷便与书法艺术结下了不解之缘。新石器时代的仰韶文化、马家窑文化、大汶口文化等，陶器上出现的各种刻画符号，可以视为陶瓷书法艺术的最初形态。这些符号虽然简单，但它们是早期人类使用陶器进行标记和记录的直接证据。进入春秋战国时期，随着社会的发展和文化的进步，陶器上的文字开始逐渐增多，陶瓷上的书法艺术也开始显现出更加丰富的层次。在河北磁县的制陶作坊遗址中，考古学家发现了许多带有文字的陶器残片，如"文牛淘""粟疾已"等，这些文字不仅记录了当时的社会生活，也体现了早期书法在陶瓷艺术中的应用。

秦朝及其以后，随着官方对制陶业的管理和推广，更多的官营陶瓷作坊产生，如河北邯郸的"邯亭"和武安汉代遗址的"陕亭"，这些作品上的戳印文字，标志了官方制陶作坊的名称和地点，也反映了书法与官方陶瓷生产的紧密结合。进入唐代，书法艺术与陶瓷制作技术都达到了一个新的高度。特别是长沙铜官窑的出现，开创了釉下彩书法陶瓷的先河。铜官窑工艺在陶瓷胚胎上直接施彩，再覆以一层透明釉，并通过高温烧成，这种技术的革新使得陶瓷上的书法艺术得以更加精细和生动地展现。铜官窑的书法多为草书，以其流畅洒脱、自由奔放的特点，展示了书法艺术与陶瓷工艺完美融合的魅力。到了宋代，文人与工匠的合作进一步推动了书法在陶瓷上的广泛应用。磁州窑的陶瓷书法成为这一时期的代表，其书法作品笔意豪放，墨迹生动有力，展现了如苏轼、黄庭坚等书法大家的风格。磁州窑的书法陶瓷不仅技艺精湛，更融入了浓厚的民间气息和生命力，被后人称赞其"字体遒劲古拙，非今人所能为"。金元时期，磁州窑的书法陶瓷达到了艺术上的巅峰。许多陶瓷作品上刻画的诗文，不仅在艺术上能与名家手笔媲美，更在书法上展现了米芾等书法大师风格的影响。这些作品表现出的书法艺术，不仅在技术上达到了高超的水平，更在情感表达上呈现了深刻的文化内涵和审美价值。明清两代，书法与陶瓷的结合进一步密切。众多名贵的陶瓷作品上，常书写有《滕王阁序》《归去来兮辞》《赤壁赋》等名篇，显示了当时陶瓷书法艺术的高度成就。这些作品不仅在技艺上精湛，在文化传承和艺术价值上也具有极高的地位，成为中国陶瓷书法艺术历史上的重要里程碑。

书法在陶瓷上的应用，不仅体现为工艺的技巧，更是一种文化传承和审美情趣的展现。书法的笔触和墨色在陶瓷的白净表面上展露无遗，使得每一件作品都独具匠心，承载着丰富的历史文化意蕴。在技术上，陶瓷与书法的融合首先体现在材料的选择和制备上。制陶艺术家需要选择适合书写的陶瓷胚体和釉料，这些材料需要能够在烧制过程中稳定地展现书法墨迹的细致与深邃。例如，使用高温下稳定的釉色可以确保书法作品在烧制后颜色不易脱落，保持其永久的美观和阅读价值。在艺术表达上，书法与陶瓷的结合不仅局限于静态的文字表达。通过动态的书写过程，书法家在陶瓷上的每一笔拉动都与陶瓷表面的质感、釉色互动，形成独特的视觉和触觉体验。这种艺术的互动使得陶瓷作品在视觉上呈现出不同于传统平面书法的立体感和深度感。陶瓷与书法的结合还体现在文化内涵的传递上。在中国传统文化中，书法不仅是书写技巧的展示，更是承载文人思想和情感的重要方式。许多陶瓷作品上的书法内容选自名家之作，不仅展示了书法家的技艺，也传递了一定的文化信息和审美情趣。这种文化的传递使得陶瓷作品具有了更深层次的欣赏价值和文化研究价值。

在实际应用中，陶瓷与书法的结合经常见于日常生活用品以及艺术收藏品中。在日常生活中，书法陶瓷常用于茶具、餐具、花瓶等，这些带有书法艺术的生活用品不仅美化了生活环境，也让使用者在使用过程中感受到中国传统文化的独特魅力。在艺术收藏领域，书法陶瓷则是收藏家追捧的对象，每一件作品都是书法艺术与陶瓷工艺结合的独特见证。

二、陶瓷与绘画文化

绘画作为视觉艺术的重要表现形式，它与陶瓷艺术的结合，不仅赋予了陶瓷更深层次的审美价值和文化意义，也促使绘画艺术在非传统的载体上得到新的生命力和表现空间。这种融合既是技术上的挑战，也是文化和艺术创新的体现，展示了中华文化深厚的底蕴和持续的创新能力。陶瓷作为一种古老的艺术形式，其本身就是中国文化的一个重要组成部分。绘画则为陶瓷表面提供了无限的想象和表现空间。在中国历史上，尤其是宋代以后，随着陶瓷技术和绘画技艺的飞速发展，绘画开始频繁地出现在陶瓷器皿上，这些陶瓷作品不仅用于日常生活，更成为展示个人品位和社会地位的象征。

　　陶瓷与绘画的结合通常通过在陶器表面绘制图案来实现。艺术家将传统绘画的元素，如山水、花鸟、人物等题材，运用于陶瓷制作之中。这种艺术形式的最大挑战在于如何将绘画艺术的精致细腻与陶瓷的物质形态完美结合。陶瓷绘画不仅需要考虑色彩、线条的运用，更要考虑到烧制过程中色彩的变化，这需要艺术家和工艺师之间有着高度的配合和深厚的技艺积累。在绘画艺术的影响下，陶瓷器皿的制作材料、技术和风格都有了显著的发展。例如，宋代的青瓷，以其简约而精致的画风著称，釉色如天空般的清澈，其上常绘制有简洁而生动的花鸟或山水，展现了宋代文人的高洁风雅。进入元代，随着青花瓷的出现，绘画在陶瓷上的表现形式也更加多样化。青花瓷以其独特的蓝白对比，为画家提供了新的艺术表达平台，画家在瓷器上绘制的龙、凤、莲花等图案，不仅线条流畅，而且充满动感，体现了元代人对大气磅礴的艺术追求。明清时期，随着陶瓷艺术和绘画技术的进一步成熟，陶瓷绘画达到了鼎盛时期。这一时期的陶瓷不仅在技术上更为精细，其绘制的内容也更加丰富和详尽。明代的青花瓷，其绘画内容涵盖了更广泛的社会生活和历史故事，反映了当时社会的多样性和复杂性。到了清代，粉彩瓷的出现，使得陶瓷绘画的色彩更加绚丽多彩。粉彩瓷以其精细的画面和丰富的色彩，成为表达绘画艺术的完美载体，尤其是在表现人物面部表情和细节装饰上，显示了极高的艺术成就。

除了技术和材料的发展，陶瓷与绘画文化的融合还体现在对传统文化的传承与创新上（图5-3、图5-4、图5-5）。

图5-3　新彩绘画作品《报春图》

图5-4　浓彩描金绘画作品《淡若晨风》

图 5-5　浓粉彩绘画作品《鸟语花香》

　　陶瓷艺术家不断从中国丰富的历史和文化中汲取灵感，将传统文化的元素融入现代设计之中，使得每一件作品都是对中国文化传统的一次重新解读和创造（图 5-6、图 5-7、图 5-8）。

图 5-6　现代新彩瓷器《蝶恋花》

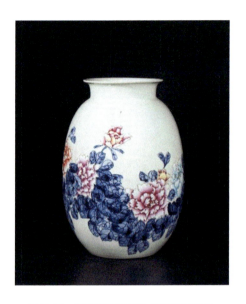

图 5-7 现代斗彩瓷器《国色天香》

图 5-8 现代粉彩瓷器《蝶舞》

这不仅使得陶瓷艺术本身得以发展，更使得这种独特的文化融合形式成为连接过去和未来的桥梁。

三、陶瓷与音乐文化

陶瓷与音乐的融合是一种表现深远传统和艺术交互的独特形式。这种融合不仅反映了物质艺术与表演艺术的结合，还体现了文化的多样性和审美的深度。

（一）陶瓷乐器的演变

陶瓷乐器在中国文化中的历史可以追溯到新石器时代，其初期形式主要为简单的哨和笛。这些早期陶瓷乐器大多采用本地获取的黏土材料，经过基本的手工塑形和低温烧制制成。尽管技术较为原始，但这些乐器已能发出悦耳的声音，体现了古人对音乐美的早期探索和欣赏。随着社会的发展和陶瓷技术的进步，陶瓷乐器在形式和功能上都发生了显著的演变。到了商周时期，陶瓷乐器已成为礼仪和军事中不可或缺的部分。特别是陶埙的出现，推动了陶瓷乐器音乐表现力达到新高度，它以独特的音色和音域，成为古代音乐演奏中的重要乐器。

进入唐宋时期，中国社会经历了一次前所未有的繁荣，经济、文化、艺术及科技等各个方面都取得了显著的成就。在这个背景下，陶瓷艺术也迎来了黄金时代。陶瓷乐器作为文化和技术交融的产物，其发展也达到了一个新的高峰。这一时期的陶瓷乐器不仅在制作技术上有所突破，其艺术表现力和社会文化功能也显著增强。唐代随着瓷器生产技术的进步，陶瓷乐器的质地更加精细，音色也更加悦耳。陶瓷乐器（如陶笛、陶埙等）在此期间得到了广泛的应用和发展，这些乐器不仅在民间音乐中占据重要地位，在宫廷音乐和佛教音乐中也非常受重视。唐代的陶瓷乐器，其装饰风格多样，既有简约素雅的，也有图案复杂、色彩艳丽的，这些乐器上的图案往往反映了唐代社会的审美倾向和文化特征。

宋代陶瓷乐器的制作和使用达到了顶峰，尤其是在宋代的青瓷中，可以找到许多制作精美、形态各异的陶瓷乐器。宋代青瓷以其釉色清透、质地细腻而著称，制作的乐器不仅外观美观，而且音质清纯，深受人们的喜爱。青瓷哨就是其中的佼佼者，这种乐器外形小巧精致，通体施以青瓷釉，哨口精巧，能吹奏出清脆悠扬的声音，既是音乐演奏的工具，也是收藏和赏玩的艺术品。唐宋时期的陶瓷乐器之所以能够达到如此高的艺术水平，与当时的社会环境密不可分。这一时期，社会经济条件的改善使得人们有更多的精力和资源投入文化艺术活动中，对音乐和陶瓷艺术的需求和欣赏水平也随之提高。唐宋时期的文人雅士对于艺术品的追求也推动了陶瓷乐器艺术的发展，他们不仅是陶瓷乐器的使用者，也是推动者和创新者。文人在诗文中赞美陶瓷乐器的美妙音色，通过绘画和书法作品传播陶瓷乐器的艺术形象，促进了陶瓷乐器艺术的发展和创新。

明清时期，中国进入了一个新的文化艺术发展阶段，陶瓷乐器的艺术性和实用性得到了进一步的融合和提升。这一时期，随着陶瓷技术的不断进步，尤其是釉色技术的革新，陶瓷乐器展现了前所未有的艺术魅力，其丰富的色彩和精美的纹饰吸引了大量文人雅士的关注和讨论。青花、釉里红、斗彩、粉彩等装饰技法被广泛应用于陶瓷乐器的制作中，使这些乐器不仅是音乐演奏的工具，更成为价值极高的艺术品。例如，青花瓷乐器以其清新雅致的蓝白色调，展现了明代陶瓷艺术的独特风格；而到了清代，粉彩瓷乐器以其绚丽的色彩和复杂的纹饰，反映了清代陶瓷艺术的新趋势。明清时期，随着音乐文化的繁荣，对陶瓷乐器的音质和演奏功能提出了更高的要求。音乐家和制瓷师开始密切合作，探索陶瓷乐器的新造型和新材料，以期达到更好的音效和使用体验。例如，陶埙的制作更加注重音域的拓展和音色的纯净度，陶笛则在造型上进行了创新，使得演奏时的手感和音色表现得更加出色。

（二）陶瓷与音乐交融的因数表达

陶瓷艺术与音乐艺术的结合是中国古代社会中一种独特的文化现象，

贯穿了文人雅集、宗教仪式、日常生活等多个层面。这种融合不仅展示了物质与艺术的深度交流，还反映了古人在追求精神世界满足和高雅生活表达上的独特方式。

在文人雅集的场合，陶瓷与音乐的结合尤为突出。文人在赏析精美陶瓷的同时，享受悠扬的音乐，通过这种艺术的双重享受达到精神上的共鸣和情感交流。茶具、酒具等陶瓷器物在雅集中不仅是品茗、饮酒的工具，更是展现文人审美观和艺术修养的载体。音乐则通过其独特的艺术魅力为雅集增添了和谐温馨的氛围，使这种聚会成为高雅艺术的代表，展示了中国古代文化中的审美追求。在宗教仪式中，陶瓷与音乐同样保持密切联系。仪式用的陶瓷器（如香炉、法器等）不仅装饰精美、造型多样，还反映了工艺师的高超技艺和深邃的宗教文化理念。音乐作为宗教仪式的核心部分，通过特定的旋律和节奏营造出庄严神圣的氛围，帮助参与者进入更虔诚和内省的精神状态。这种在宗教活动中的艺术融合不仅增强了仪式的感染力，也体现了对宗教与艺术完美结合的追求。在日常生活中，陶瓷与音乐的结合也体现了生活的艺术化和审美化。家庭中的碗、盘、壶、瓶等陶瓷器物在造型和装饰上追求美观和谐，反映出居住者的品位与生活态度。音乐以其旋律的流动性渗透日常，成为提升生活品质的重要元素。不少家庭拥有如陶笛、陶埙等简单的陶瓷乐器，这些乐器不仅为生活增添乐趣，也是亲朋聚会时的欢乐来源。在审美上，陶瓷的造型、色彩、纹饰与音乐的旋律、节奏和声音共同追求形式与内容的平衡与和谐，体现了中国传统文化中"天人合一"的哲学思想。陶瓷以其静态的美感传递视觉之美，而音乐则通过动态的表达方式抒发情感，两者在静与动、视与听的交融中形成互补，共同构建了一个多维的审美空间。这种物质与非物质、永恒与变化的结合不仅展现了古代人对宇宙和生命本质的理解，也是对中国文化深远影响和历史意义的一种体现。陶瓷与音乐作为文化象征和艺术表现，共同承载着文化的传承和生命的活力。

四、陶瓷与茶文化

在中国，陶瓷与茶文化的紧密结合历史悠久，构成了一道独特的文化景观。中国不仅是茶的故乡，还是世界茶文化的发源地。自古以来，茶与陶瓷的结合便有着不解之缘。

茶的历史可以追溯到几千年前，最早记载于《神农本草经》，其中描述了"神农尝百草，日遇七十二毒，得茶而解之"的故事。新石器时代的人们已经使用陶器来煮茶和饮茶，这是陶瓷与茶文化结合的最初形式。随着时间的推移，特别是在商周时期，原始瓷器的使用使得煮茶、贮茶、饮茶的工具更加丰富，促进了茶文化的进一步发展。到了春秋战国时期，人们已经掌握了移植野茶和栽培茶树的技术，茶逐渐成为人们日常饮品和药用植物。此时，茶的烹饪方式也愈发多样，人们开始将茶叶与葱、姜、橘皮等一起煮食，这种新颖的制茶方法不仅满足了日常饮茶需求，还具有调理气血和强身健体的功效。

汉代饮茶的风俗开始在普通民众中流行，特别是在东汉末年，随着成熟瓷器的发明和普及，用作饮茶器具的瓷器种类变得日益丰富。这些瓷器（如青釉、黑釉、酱釉等）深受人们喜爱，并被广泛用于饮茶活动。随着茶成为市场上的主要商品之一，人们在日常生活中频繁使用茶，不仅作为饮品，也用作烹饪作料；而各色瓷器各具特色，如庄重的黑釉能突出茶的色泽，青釉的自然含蓄和酱釉的艺术效果，都极大地丰富了饮茶的体验。

魏晋南北朝时期，饮茶的文化意义和社会功能得到了进一步的发展和丰富。尤其在魏晋南北朝时期，玄学的流行和文人对于清谈的偏好促使他们在讲究言行仪表的同时，推崇以茶代酒，以保持头脑清醒和举止端庄。此外，佛教的兴起，尤其是南北朝时期佛教寺庙的繁盛和众多信徒的存在，使茶成为修行中不可或缺的一部分。茶文化与佛教的结合，使茶开始具有更深层次的社会和文化功能。这一时期也是中国陶瓷技术快速发展的重要时期。瓷窑的分布和瓷器生产的数量及质量有了显著的提高，茶具的种类也因此变得更加丰富多样。从传统的杯、碗、壶、罐到新兴的台盏、盏托、托盘、平底杯、双联杯等，各式各样的陶瓷茶具不仅满足了基本的使用需求，更符合了不同饮茶场合的特定需求，展示了陶瓷工艺与茶文化相融合的艺术和实用价值。这一时期的文化与技术发展，为后世的茶文化和陶瓷工艺的进一步演变奠定了坚实基础。

隋代由于隋文帝杨坚本人曾通过饮茶治愈疾病，他对饮茶给予了极高的重视。这种上层的喜好很快就在社会各阶层中广泛流行，使得饮茶逐渐成了社交和日常生活中不可或缺的一部分。隋代的陶瓷茶具种类繁多且门类齐全，包括各式杯、碗、瓶、盏、壶、罐等，尤其是白瓷的广泛制作和使用，标志着瓷质茶具进入了一个重要的发展阶段。

唐代的饮茶文化达到了前所未有的繁荣。唐代不仅茶的制作方法多样化，饮茶的方式也更加精致讲究。中国的第一部茶文化专著《茶经》详细记述了唐代的煮茶方法，包括使用各种辅料（如葱、姜、枣、橘皮等）来煮茶，强调了煮茶的精细过程。这一时期，饮茶已经深入人心，被视为具有多种功效的日常必需品。唐代诗人卢仝在其作品中赞美茶的多种神奇效果，从润喉到提神，再到治病，表现了茶的重要地位。这一时期，陶瓷业也随着茶文化的兴盛而发展，特别是南青北白的瓷器以及黄釉、绞胎绞釉和三彩陶等多样的瓷器种类，进一步丰富了茶具的选择。陆羽在《茶经》中对当时的瓷质茶具进行了详细的比较和分析，尤其是高度评价了越窑的青瓷茶具，认为其色泽和质感都是最优的选择。唐代的饮茶文化不仅在南方地区盛行，在北方地区以及少数民族聚居区也逐渐流行。这些地区的饮茶习惯对改善当地人的饮食结构和消化肉类食品具有重要作用，从而提升了整体的健康水平。唐代的茶文化广泛传播，从城市到边远地区，无论是通过开设茶铺还是通过商贸活动，茶都成为连接不同地域和文化的纽带。这种广泛的传播和深入人心的影响使得饮茶风俗在唐代形成了一个全国性的文化现象。

宋代饮茶文化不仅进一步普及，更向专业化迈进，形成了"汤社"等品茶团体。宋代皇帝对茶的喜爱达到了更高的水平，从宋太祖赵匡胤开始，历代皇帝均设立宫廷茶事机构，专责管理宫廷用茶事务。茶文化渐成礼制，皇帝赐茶成为一种政治和社会手段，用于笼络大臣、关怀亲族和安抚边疆。民间的茶文化也生动多彩，在日常生活中，茶扮演了重要角色，如邻里间送茶表友谊，主人待客以茶示尊重，婚礼和定亲仪式中茶是必不可少的。更有斗茶之风盛行，从皇室到平民，无不涉足斗茶的行列。斗茶起初源于官府对贡茶的选拔，官员通过斗茶较量以赢得皇帝的青睐。这种方式逐渐流行至民间，形成了盛大的斗茶风潮。斗茶的技艺和审美成为当时社会的一种风尚。如范仲淹的《和章岷从事斗茶歌》和苏轼的诗作都生动地描绘了斗茶的场景和氛围。宋代的斗茶强调先辨茶色再观汤花，以茶的色泽、汤花的细腻度和持久度为赏评标准。在斗茶过程中，先煎水再将茶叶捣碎成末，加水调制后激烈搅拌，形成茶汤和泡沫后一并饮用。特别是，宋代的白茶因其纯净的色泽备受青睐，因此最佳的斗茶器具为能与白色形成强烈对比的黑釉茶盏，如兔毫盏。这类茶具不仅美观而且实用，成为斗茶中的首选器具。宋徽宗的《大观茶论》和蔡襄的《茶录》等著作均有对这些茶具的详细记述和评价。宋代的文人墨客对茶艺有着深刻的吟咏和赞赏，如杨万里和苏轼的诗中多次提到斗茶的情景，体现了宋代社会对茶文化的热爱和推崇。这一时期的茶文化不仅是饮品的享受，更上升为一种审美和社交的艺术。

元代饮茶文化沿袭了宋代的繁荣，但茶具的生产中心开始向江西景德镇转移，特别是景德镇的青花茶具以其独特风格而著称。例如，元大都遗址出土的青花凤首扁壶，其设计精妙，整体形状似凤凰，集雕塑与瓷绘艺术于一体，实用与美观并重，成为当时珍贵的艺术品。

到了明代，明太祖朱元璋通过诏令改变了制茶方式，由团茶转向使用叶茶，并普及了用开水直接冲泡的方法，这种冲泡法至今仍广为使用。明代的茶具制作，除了景德镇的瓷器，江苏宜兴的紫砂茶具也较为有名，其独特的物理和化学特性使其深受喜爱，具有保留茶的原味、耐热性好、随用久而光泽增加等优点。明代文人文震亨在《长物志》中详细描述了紫砂壶的种种优势和造型美学。紫砂茶具在文化上有其独到之处，常刻有诗词和画作，成为集中国传统文化诗、书、画于一体的艺术品。

进入清代，这一时期的茶文化承袭明制，茶的种类更加丰富，包括绿茶、红茶、白茶等多样化的选择。清代茶具生产也随之繁盛，特别是在康熙、雍正、乾隆三朝，陶瓷工艺达到顶峰，茶具种类和装饰风格多样，其中不乏蕴含深刻人生哲理的作品。例如，流行于北京的瓷质茶盖碗，设计上体现了"天、地、人"的哲理，象征天地人"三才"的和谐统一，展现了中国茶文化的哲学深度和审美情趣。这一时期的茶文化不仅是生活的一部分，更成为文化传承和艺术创新的重要载体，体现了中国古代对茶的独特理解和深刻情感。

五、陶瓷与建筑文化

陶瓷与建筑文化的结合是中国古代文明进步的重要标志。从西周战国时期开始，陶瓷材料如砖和瓦不仅因其实用性而被广泛使用于建筑中，也因其在艺术和文化上的价值成为中国传统建筑不可或缺的元素。

（一）西周战国时期的建筑陶瓷

西周时期，陶瓷技术的初步发展带来了建筑用陶器的创新。泥质灰陶和泥质红陶的广泛使用，推动了简瓦和板瓦的生产。这些瓦片的出现，特别是瓦当的设计，不仅提高了屋顶的功能性，还增强了建筑的美观。瓦当的发展从简单的半圆形逐渐转向装饰性更强的设计，这些装饰既有实用功能，也赋予建筑独特的审美价值。西周时代的瓦当通常采用素面或简单花纹，体现了那一时期的审美倾向和技术水平。迄今为止，中国发现最早的瓦当是陕西周原凤雏遗址出土的西周晚期的半圆形瓦当。[1]

---

① 王亦儒. 秦砖汉瓦[M]. 合肥：黄山书社，2016：4.

战国时期，随着城市化进程的加速和各诸侯国之间的竞争，建筑用陶器的生产和技术得到了快速发展。砖和瓦的使用变得更为普遍，并且在技术上也达到了新的高度。这时期的陶瓷砖主要用于地面铺设和墙体建造，大型空心砖的引入则是对建筑材料性能的一次重要创新。这种砖因其稳定和耐用的优点，成为大型建筑中不可或缺的材料。它们的结构设计不仅考虑了承重需求，还巧妙地解决了烧造过程中的技术问题，如内部气体的排放，防止材料因高温而破裂。战国时期砖表面的装饰也开始呈现出地域特色，各地的砖装饰花纹反映了当地的文化特征和审美偏好。例如，燕国的饕餮纹和齐国的树木双兽纹，这些独特的设计不仅美化了建筑，也展示了当地工匠的艺术才能和创新精神。到了战国末期，木构建筑的屋顶设计更为完善，瓦当的装饰也变得更加精致和多样化。这些瓦当不仅是建筑的实用组件，更成为展示建筑艺术和地区特色的重要元素。这一时期的瓦当装饰不仅反映了中国古代社会对于美学和文化的深刻理解，也显示了陶瓷在建筑中的重要地位。

（二）秦汉时期的建筑陶瓷

秦汉时期标志着中国建筑陶瓷艺术和技术的显著进步，这一时期的发展不仅体现在陶瓷产品的质量和多样性上，更在生产规模和烧制技术上实现了重大突破。这时的建筑陶瓷，既是实用的建筑材料，也因其装饰性和艺术价值，成为古代中国建筑不可分割的组成部分。特别引人注目的是画像砖和瓦当，这两种陶瓷形式在秦汉时期的创新和发展，不仅展现了丰富的时代特色，还为后世建筑陶瓷的发展提供了重要参考。画像砖以其独特的艺术魅力和深厚的文化内涵，成为研究那个时代社会生活和文化艺术的窗口。这些砖块分为大型空心砖和小型实心砖两种，其中大型空心砖最初见于战国晚期，主要用于大型建筑的台阶和支撑结构。进入汉代，小型实心画像砖的流行开启了墙面装饰的新篇章，砖上面的图案生动地反映了当时的生产生活场景、建筑、社会风俗、出行方式及神话故事等，为研究者提供了详细的历史记录。

瓦当在秦汉时期的装饰花纹愈加丰富和多样，包括动物纹、植物纹及云纹等，这些图案不仅追求视觉美感，还蕴含着深刻的象征意义。例如，云纹瓦当以其独特的艺术风格和美好意境，展示了那个时代对祥云的美学追求。到了汉代，带有文字的瓦当开始出现并逐渐流行，这些瓦当记录了宫殿、官署等重要建筑信息，成为研究中国早期书法和历史的宝贵资料。四神纹瓦当的设计理念，源于古代人对宇宙和自然的崇拜，它们通常位于建筑的四个方向，代表青龙、白虎、朱雀、玄武四种神兽，体现了汉代人对宇宙观念的深刻理解和与自然和谐共生的愿景。

（三）魏晋南北朝时期的建筑陶瓷

魏晋南北朝时期，中国建筑陶瓷取得了显著的发展，这一时期社会经济的变迁和文化的多元融合催生了建筑形态的多样化和对建筑陶瓷的新需求。此时期的建筑陶瓷不仅在形制上发生了变化，而且在装饰艺术上也展现了新的风貌。随着佛教的传入，特别是琉璃塔的广泛建设，建筑陶瓷的技术和主题迎来了革新。琉璃砖瓦的引入不仅美化了佛教建筑，使之更加绚丽多彩，也反映了当时社会对色彩和光泽的高度审美追求。这些琉璃砖瓦可能源于海外釉色玻璃技术，经由铅釉技术本土化后，形成了具有中国特色的琉璃砖瓦。在山西大同北魏古城遗址中发现的琉璃瓦碎片证实，早在南北朝时期中国就已经掌握了琉璃砖瓦的生产技术。

魏晋南北朝的砖瓦虽然普遍较小，但在装饰方面相对简约，板瓦和筒瓦多呈素面，少有装饰。然而，瓦当的装饰在这一时期达到了新的高度，尤其是莲花纹和兽面纹的广泛使用，与佛教文化的普及密切相关。莲花纹常见的设计为六个双瓣宝装式莲花，周围饰有联珠纹，不仅美观而且富有装饰性。此时期的文字瓦当也较为常见，通常刻有吉语或纪年信息，反映了当时的人们对美好生活的祈愿以及对时间的纪念。这些带有文字的瓦当不仅在功能上起到装饰和记载的作用，更在文化上承载了丰富的历史和社会信息，成为研究那一时期社会文化的重要实物资料。

（四）隋唐到宋代琉璃艺术的发展

在中国古代建筑史上，隋唐到宋代是琉璃艺术发展的黄金时期。这一时期，随着社会的开放和文化的繁荣，琉璃艺术不仅在技术上达到了成熟，也在艺术表现上呈现出多样化的特点。特别是在唐代，琉璃制作的技艺与应用经历了革命性的飞跃，极大地丰富了琉璃瓦的色彩和款式，推动了琉璃装饰艺术在建筑中的广泛使用。

唐代的大明宫和宋代的皇宫都广泛使用了琉璃瓦，这些瓦片不仅技术精湛，颜色丰富，还装饰有精美的莲花等图案，展示了当时琉璃艺术的高峰。随着宋代的到来，琉璃技术更为精细，琉璃贴面砖的装饰愈发细致，使得建筑的视觉效果更加斑斓，尤其是铁黑色琉璃的使用，为琉璃艺术增添了一种沉稳而神秘的美感。北宋佑国寺的"铁塔"是用黑色琉璃建造而成，至今仍保存完好，成为研究宋代琉璃艺术的重要实物。

（五）明清琉璃砖瓦的辉煌时期

明清时期，琉璃瓦艺术与技术达到了前所未有的辉煌状态。明清两代的皇家建筑广泛应用琉璃瓦，其出色的防水和耐磨性能以及艳丽的色泽使其成为展现奢华与庄严的关键元素。紫禁城的屋顶几乎全被琉璃瓦覆盖，象征了皇权的威严和神圣不可侵犯。琉璃瓦的色彩从翠绿到深蓝，再到金黄，这些琉璃瓦可以使建筑物的屋顶变得金碧辉煌，富丽堂皇。这些琉璃制品不仅是技术和艺术的结晶，也反映了各个时代的文化特征和社会氛围。隋唐到宋代的琉璃艺术的发展和完善，以及明清时期琉璃瓦作为皇家象征的广泛应用，都充分展示了琉璃在中国古代建筑装饰中的重要地位，丰富了建筑的文化内涵，为后世留下了宝贵的艺术和文化遗产。

第三节　陶瓷的对外传播

陶瓷文化的世界传播是一段跨越时空的旅程，见证了东西方文明的碰撞与融合，体现了人类对美好生活追求的共同向往。在这一过程中，不仅中国的陶瓷工艺得到了世界的认可和赞赏，更重要的是，通过陶瓷这一载体促进了不同文化之间的交流与理解，架起了一座连接世界各民族的桥梁。

一、陶瓷的对外传播概况

陶瓷这一古老的艺术形式不仅在国内发展达到了高峰，它的精湛工艺和深邃美学也在全球范围内产生了深远的影响。从陆上丝绸之路到海上丝绸之路，中国陶瓷通过这些古老的交易途径被带到了亚洲其他地区，远至非洲和欧洲的多个角落。

（一）丝绸之路的东西方交流

陶瓷的国际传播始于古丝绸之路，这条古老的商贸和文化交流网络成为连接东西方的重要桥梁。随着丝绸之路的发展，许多商品、文化、艺术和科学知识在此交流，其中耀眼的文化珍珠之一便是中国的陶瓷。中国陶瓷的传播不仅是中华文明辉煌的展示，更是东西方文化交流与融合的重要媒介，对全球文化格局产生了深远影响。

古丝绸之路的开辟最初目的在于商贸，特别是为了出口中国的丝绸和茶叶。随着这一网络的逐步扩张，越来越多的商品和文化元素加入贸易中，而中国的陶瓷，凭借其卓越的制作工艺和独特的艺术魅力，成为古代最受欢迎的出口商品之一。自唐代以来，中国陶瓷便开始通过丝绸之路传播至中亚、西亚乃至更远的欧洲，其不仅是日常生活中的器皿，更成为艺术和文化的传播载体。陶瓷作品携带独特的中国审美和技艺，对于接触这些作品的地区产生了广泛的文化影响。在陶瓷传播的过程中，青瓷因其简洁明快的风格受到特别青睐，它不仅代表了中国陶瓷艺术的高水平，更成为中国对外文化交流的象征。这些瓷器不仅被视为实用物品，更被许多国家当作艺术品和文化象征进行欣赏和珍藏。

陶瓷的传播超越了物质层面的交换，更重要的是促进了不同文化之间的相互理解和尊重。精美的瓷器在中亚、西亚及欧洲的贵族和商人之间传递，它们不仅被用作日用品，更作为艺术品和文化符号进行收藏和欣赏。中国陶瓷的图案、色彩及其制作工艺成为研究中国文化和艺术的窗口，激发了外界对中国及其文化的兴趣和好奇。随着中国瓷器的广泛流入，许多国家开始尝试仿制中国瓷器。这一过程不仅促进了当地陶瓷工艺的发展，也带来了中外陶瓷艺术风格的融合。艺术和技术的交流，加深了东西方文化的理解与尊重，丰富了世界文化的多样性。陶瓷在促成不同文化背景人们之间的对话和交流中扮演了重要角色，有助于建立跨文化的信任和理解。在多元文化交融的背景下，陶瓷成为一种独特的文化交流语言，使人们能够通过美学追求和生活方式的交流，增进对不同文明的理解和尊重。

陶瓷在古丝绸之路上的传播不仅是全球化早期形态的一个缩影，更是全球经济和文化贸易网络形成的关键因素。这种广泛的交流使世界变得更加紧密，拓宽了人们的视野，增强了对不同文化的理解和尊重。通过这样的文化交流，陶瓷不仅丰富了人类文化的表达形式，也推动了对美的共同探索和发展，反映了古代社会对美的深切追求和多样化表达。古丝绸之路是古代东西方之间的贸易之路，也是古老的中国走向世界、接受世界其他地区文明营养的主要通道。[1]

（二）海上丝绸之路的拓展

海上丝绸之路是古代横贯亚洲的交通要塞，促进了欧亚非各国和中国的友好往来。[2]进入明清时期，随着航海技术和海上交通的进步，海上丝绸之路的重要性进一步增强，成为连接中国与世界的重要桥梁。在这一时期，中国陶瓷产业迎来了空前的繁荣。景德镇，这座位于江西省的小城，因其高质量的瓷器生产而闻名遐迩，被誉为"瓷都"。其瓷器以"白如玉、明如镜、薄如纸、声如磬"而著称，不仅数量众多，更在质量、技术和艺术表现上达到了一个新的高度。明清时期的景德镇瓷器，凭借其精美的工艺和独特的美学价值，在全球范围内产生了深远的影响。

随着海上丝绸之路的进一步拓展，中国瓷器的生产和出口成为中国对外贸易的一个重要组成部分。特别是明清两代，随着海禁政策的逐渐放宽，海上贸易迅速发展。中国的瓷器、丝绸和茶叶成为海外贸易中的重要商品。在这一时期，大量的中国瓷器通过海上丝绸之路运往世界各地，促进了经济和文化的交流。这种广泛的传播不仅促进了沿线国家与中国的经济交流，更重要的是推动了文化的交流和融合。中国瓷器在海上丝绸之路上的贸易体现了中国陶瓷工艺的卓越和中国文化的魅力。在制作过程中，景德镇的陶艺师不断创新，推出了各种风格的瓷器。这些瓷器不仅在形式和装饰上融合了中国传统美学，还吸收了外来文化的元素，成为体现中外文化融合的艺术成果。

随着中国瓷器的广泛传播，一些生产陶瓷的技术和方法也传入其他国家和地区，促进了当地陶瓷工艺的发展。这不仅使中国陶瓷艺术在全球范围内产生了深远的影响，也带动了这些国家和地区对陶瓷艺术的兴趣和需求。中国瓷器不仅被视为实用的日用品，更成为社会地位和艺术

---

① 杜文玉，林兴霞．图说中外文化交流 [M]．西安：世界图书出版西安有限公司，2016：13.

② 胡细华，叶芳．中国古代海洋发展简述 [M]．北京：冶金工业出版社，2020：59.

品位的象征。一些国家和地区甚至开始仿制中国瓷器，发展自己的陶瓷产业，这些地方产出的陶瓷作品既有中国元素，又融入了当地的文化特色，成为中外文化交流的见证。明清时期，随着中国与欧洲海上直接贸易路线的开拓，中国瓷器直接输往欧洲，成为当时欧洲上流社会追捧的时尚。这一时期，中国瓷器在欧洲的流行，不仅激发了欧洲对制瓷技术的探索和学习，也影响了欧洲的艺术风格和审美观念。中国瓷器的形式和装饰成为欧洲陶瓷制作的重要灵感来源，促进了欧洲陶瓷艺术的发展和创新。

海上丝绸之路的中国陶瓷贸易不仅是物质文化的交流，更是精神文化的传播。通过这条贸易路线，中国的哲学思想、美学理念和生活方式得以传播到世界各地，促进了文化的相互理解和尊重。中国陶瓷的美学特性，如其独特的釉色、精细的装饰以及和谐的造型，成为传递中国文化特色和审美理念的重要媒介。通过对这些瓷器的欣赏和使用，不同文化背景的人们能够感受到中国文化的内涵和魅力，从而加深对中国文化的认识和理解。海上丝绸之路的拓展还带动了全球贸易网络的形成和发展，促进了不同地区之间的经济联系。这不仅为沿线国家带来了经济上的利益，也促进了技术、文化和信息的全球流动，加快了全球化进程。

（三）欧洲对中国瓷器的追捧

16 世纪末至 17 世纪初，伴随着大航海时代帷幕的拉开，中国瓷器以其卓越的艺术价值和精湛的工艺技术，迅速在欧洲上流社会中掀起了一股前所未有的收藏热潮。这种来自东方的精美陶瓷，不仅是日用品，更被视为艺术珍品，其影响力远远超出了单纯的物质层面，深刻地作用于欧洲的文化、艺术甚至是科学技术的各个方面。

中国瓷器之所以能够在欧洲引发如此广泛的关注和热情，主要归功于其独特的美学特质和先进的制瓷技术。精细的造型、丰富多彩的装饰手法以及卓越的物理性能，使得中国瓷器成为欧洲贵族社会中不可或缺的奢侈品。特别是青花瓷，其明亮的色彩和充满神秘感的东方元素，极大地捕获了欧洲人的想象力，得到了他们的喜爱。此外，瓷器上经常出现的龙、凤、莲花等图案，充满了浓厚的东方神韵，为欧洲人带去了全新的视觉体验和艺术启发。

欧洲陶瓷工艺的发展也因中国瓷器的流入而得到显著推动。面对来自东方的精美瓷器，欧洲的陶艺家开始尝试模仿中国瓷器的技术和风格，从而促进了欧洲本土陶瓷技术的创新与进步。18世纪初期，欧洲成功研发出自己的硬质瓷，这不仅是欧洲制瓷技术上的一大突破，更标志着欧洲陶瓷工艺进入了一个崭新的发展阶段。中国瓷器在欧洲的普及也反映了当时欧洲社会经济和文化的变迁。随着经济的发展和社会阶层的变动，越来越多的欧洲中产阶级开始追求更加精致和有品位的生活方式。中国瓷器以其独特的艺术魅力满足了这一需求，成为展示个人品位和社会地位的重要符号。同时，对中国瓷器的收藏和研究成为欧洲文化精英交流的重要话题，进一步促进了欧洲对中国乃至整个东方文化的了解和兴趣。

17～18世纪的"中国风"现象，正是中国瓷器传播到欧洲后对艺术和设计领域影响的一个典型表现。这种风潮不限于陶瓷制品，还深入建筑、家具、绘画等多个领域。欧洲的艺术家和工匠纷纷模仿中国的艺术风格，创作出了大量带有东方特色的作品。这些作品在形式和内容上都尝试融入丰富的中国元素，如使用具有中国特色的图案和构图，采用象征中国文化的主题等，形成了一种独特的跨文化艺术表现形式。中国瓷器的流行还带动了欧洲内部各地陶瓷产业的竞争与合作。各大陶瓷生产区为了能够模仿中国瓷器的质感和外观，投入了大量的人力和物力进行研究和开发。在这一过程中，涌现了一批技艺高超的制瓷师和艺术家，他们的工作不仅推动了技术上的多项创新，也极大地丰富了欧洲的陶瓷艺术景观。中国瓷器的流入还促进了欧洲对全球贸易路线的探索与拓展。为了获得更多的中国瓷器及其他东方奢侈品，欧洲的商人和探险家开始寻找更为便捷的贸易路线，这不仅加速了世界地理大发现的进程，也为后来的殖民主义扩张埋下了伏笔。由此可见，中国瓷器的流行不仅改变了欧洲的消费习惯和审美观念，更深刻地影响了全球的历史走向。欧洲硬质瓷的诞生和普及，标志着欧洲陶瓷工艺达到了一个新的高度，也使得欧洲在全球陶瓷艺术和工艺的竞争中占据一席之地。通过对中国瓷器的模仿和学习，欧洲人不仅掌握了制作高质量瓷器的技术，更重要的是，他们学会了如何将不同文化的元素融合到自己的艺术创作中，从而丰富了欧洲的文化内涵。

二、陶瓷对外传播的影响

陶瓷作为中国古代重要的文化产品之一，在全球范围内拥有不可忽视的影响力。中国陶瓷凭借其精湛的制作技艺、独特的美学设计和显著的实用价值，在国际贸易和文化交流中占据举足轻重的地位。通过丝绸之路和海上丝绸之路的传播，中国陶瓷不仅展示了中华民族的工艺美术水平，还极大地促进了不同文化间的互动和理解，从而展现了全球文化的多样性和丰富性。陶瓷对外传播的影响主要体现在以下三点（图5-9）。

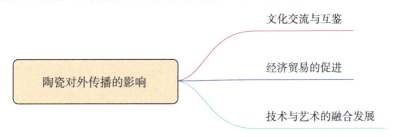

图5-9　陶瓷对外传播的影响

（一）文化交流与互鉴

中国陶瓷通过陆地与海洋的古丝绸之路传播到亚洲其他地区、中东、非洲乃至欧洲，其中青花瓷以其独有的美学魅力尤为突出。这种瓷器不仅因其美观而被世界各地珍视，更因其所承载的丰富文化元素，如龙、凤、莲花等图案，带有深厚的象征意义，引发了国际社会的广泛兴趣。这些图案在传播到国外后，不仅被当地人接受和欣赏，更激发了国外陶瓷艺术家的创作灵感。在欧洲，中国陶瓷的影响力很大。当欧洲对中国陶瓷的追捧达到顶峰时，诞生了广泛的"中国风"热潮，这不仅影响了欧洲的艺术和设计领域，还促进了新的艺术创作风格的产生。许多欧洲陶瓷制造商开始模仿中国瓷器的风格和图案，试图在本土复制其精致。在这一模仿过程中，欧洲艺术家将本土文化元素与创新思维融入其中，形成了具有欧洲特色的"中国瓷"。这种跨文化的艺术创作实践，既是对中国陶瓷艺术的致敬，也生动地展示了东西方文化交流与融合的成果。

中国陶瓷的国际传播还带来了文化与技术的双向流动。例如，明清时期，中国与欧洲的交流使得中国瓷器的装饰手法中开始融入西方绘画技法，如人物故事和风景画等。这种文化的互鉴和技术的交流不仅丰富了中国陶瓷的艺术表现，也推动了陶瓷艺术风格的多样化发展。通过这些交流，中国陶瓷艺术不断吸收外来的艺术元素和创新思维，促进了陶瓷工艺和艺术的持续进步。

（二）经济贸易的促进

陶瓷作为一种珍贵的出口商品，不仅给我国带来了巨大的经济收益，还促进了沿线国家和地区之间的经济联系和贸易往来。特别是在大航海时代，随着海上运输技术的革新和新航线的开辟，中国瓷器的国际贸易规模得到显著扩大，这不仅使得瓷器成为连接东西方的重要商贸纽带，也深刻地影响了全球经济的发展轨迹。这种广泛的国际贸易不仅令中国瓷器成为全球范围内的热门商品，还推动了生产基地，特别是景德镇等地的经济繁荣。景德镇作为"瓷都"，其制瓷业的高度发展不仅满足了国内市场的需求，更在国际市场上享有盛名，带动了整个地区经济结构的优化和经济活动的多样化。

欧洲对中国瓷器的巨大需求不仅促进了当地陶瓷工艺的发展和创新，还催生了相关的贸易、运输和销售业务的繁荣。在欧洲，陶瓷贸易成为推动经济发展的重要因素之一，特别是在贸易港口城市，这种贸易活动带动了整个城市的经济增长和社会进步。陶瓷贸易还加强了不同文化间的经济联系，有助于全球经济一体化的推进。通过陶瓷贸易，东西方经济体之间不仅建立了紧密的贸易关系，还促进了资金、技术和文化的交流与互鉴。这种经济和文化的双向流动为后来全球化经济的发展奠定了坚实的基础，显著提高了全球经济的连通性。

中国陶瓷的国际贸易不仅是经济活动的一个方面，更是文化交流与全球经济历史进程中的重要组成部分。通过这些活动，中国瓷器不仅传播了中华文化，也促进了全球经济的整合和发展，展示了文化与经济交织的复杂性和深远的影响力。

（三）技术与艺术的融合发展

在陶瓷的全球传播过程中，其影响力远超物质层面，尤其在技术和艺术的层面上，促进了东西方文化的交流与互鉴，推动了全球制瓷技术和艺术风格的融合与发展。中国瓷器以其独特的高温烧制技术、精细的釉色调制技术以及青花瓷的绘制艺术等，自古以来便以其卓越的美学价值和精湛的工艺技术闻名世界。这些技术的传播对全球尤其是欧洲的陶瓷制作产生了深远的影响。

中国瓷器的制作技术，在全球范围内尤其是欧洲产生了显著的影响。当欧洲陶瓷制造商初次接触中国瓷器时，他们对其透明釉面和精细装饰的表现手法感到震惊。这种新奇的体验激发了他们改进本土瓷器质量的强烈愿望。在技术层面上，欧洲制瓷师开始深入研究中国的高温烧制技术和釉色调制方法，努力模仿这些技术以制作出与中国瓷器相媲美的作品。经过长期的实验和研究，欧洲制瓷师最终掌握了制作硬质瓷的技术，成功地研制出了硬质瓷器。这一技术的突破不仅打破了中国在高端瓷器市场上的垄断地位，还标志着欧洲制瓷技术的一大飞跃，将欧洲陶瓷艺术推向了新的高度。在艺术风格方面，陶瓷文化的传播促进了东西方陶瓷艺术风格的融合。中国瓷器以其精美的装饰和丰富的图案而闻名，如青花瓷上所绘制的山水、花鸟、人物故事等，这些充满东方韵味的图案深受欧洲人的喜爱。在中国瓷器的影响下，欧洲的陶瓷作品开始广泛采用中国元素和图案进行装饰。例如，在法国、荷兰等地的瓷器上，可以明显看到中国风格的元素。此外，欧洲的一些设计和装饰技术也被中国制瓷师借鉴和吸收。

到了18世纪，随着中国对外贸易的增加，更多的欧洲瓷器进入中国市场，促使中国的陶瓷艺术家和制瓷师开始尝试将欧洲的艺术元素融入自己的作品中。采用欧洲的人物故事和风景画进行装饰的做法不仅丰富了中国瓷器的艺术表现，也使得中国陶瓷艺术风格呈现出更加多元化的发展趋势。这种文化的互鉴和技术的交流，不仅推动了陶瓷艺术风格的多样化发展，也促进了制瓷技术的全球创新。

第六章　陶瓷文化产业简述

第一节　陶瓷文化产业的历史、类别及特征

陶瓷文化产业承载着丰富的历史和文化价值，展示了人类文明在艺术性与实用性交汇的创造力。从最初的生活必需品到后来的艺术与文化符号，陶瓷的演变反映了技术进步和社会变迁的足迹。

一、陶瓷文化产业的历史演变

陶瓷文化产业的历史演变深刻地反映了国家的经济策略、文化政策和国际贸易动向。从古代的手工艺作坊到现代的工业化生产，陶瓷产业一直是中国传统文化的重要组成部分，其发展历程展示了技术革新与市场需求之间的互动。

古代的陶瓷产业起初主要集中在小规模的手工作坊，这些作坊大多依附皇室和贵族的需求。随着中国社会的开放和经济的发展，尤其是宋代以后，陶瓷制作技术得到显著提升，景德镇等地逐渐发展成为著名的陶瓷生产中心。这一时期，陶瓷不仅是实用商品，更成为表达文化自信和审美追求的媒介。陶瓷艺术的提升也推动了其作为贸易商品的价值，成为中国对外贸易的重要组成部分。明清时期，陶瓷产业达到顶峰，其产品远销世界各地，成为国际交流的"文化使者"。这一时期的陶瓷产业不仅涵盖了大量的出口贸易，还促进了技术和艺术的进一步革新，包括青花瓷和彩瓷等多种瓷器的创新。明清两代的陶瓷生产已不仅仅依赖手工艺，更有了初步的规模化和专业化生产模式，为后世的产业化奠定了基础。

陶瓷文化产业的飞速发展始于改革开放，此后，全国范围内的陶瓷产业把握住了发展的机遇，迅速调整了生产布局，通过引进国际先进设备和技术，进行了生产技术的大幅改革，并开发出多样化的陶瓷产品。这一系列的举措使得中国陶瓷的制造工艺历经多年的优化与发展，逐步演变成一个成熟的工业体系。随着时间的推移，陶瓷产品的结构越发合理化，其在生活和建筑等多个领域的应用变得更为广泛。具体到产品种类，包括日用陶瓷、建筑陶瓷、卫生陶瓷以及艺术陶瓷等，都见证了出口贸易额的稳步增长，这无疑为中国陶瓷文化产业的整体发展注入了强大的动力。

经过多年的演进，中国陶瓷文化产业已经形成了明确的分工，绝大多数生产企业根据自己的核心技术和资源优势，专注于特定的生产环节或工序。这种分工的精细化和专业化，使得整个产业链越发精准和高效。在此基础上，陶瓷制造业的利润总额持续增长，显示出市场规模的持续扩大和技术水平的显著提升。特别是在大型高效节能窑炉技术、抛光砖及大规格建筑陶瓷薄板的生产技术上，中国已达到世界先进水平，同时，节水型卫生陶瓷的生产技术日益完善并得到广泛推广。全球陶瓷市场的需求多样化和个性化特征也越发明显，这主要是由于世界各国和各地区人民在生活水平、文化背景、艺术欣赏等方面存在显著的差异，导致单一的陶瓷品种难以满足全球各地的需求。因此，中国陶瓷产品的结构已从以往的中低档为主逐渐向高、中、低档全面发展，以适应不同层次的市场需求。这一结构的优化，加速了中国陶瓷产业与国际市场的融合步伐。伴随着一大批有实力企业的快速成长，不断促进中国陶瓷产业的集群化发展模式，这不仅增强了行业的内部竞争力，还提高了其在全球市场中的竞争力。需要注意的是，由于劳动力、土地、资源等要素成本的上升，陶瓷文化产业粗放式发展模式难以为继。特别是随着我国陶瓷文化产业在国际市场中的地位不断提升，国内陶瓷企业必须加快绿色转型，不断加快技术进步，积极应对国际市场、国内市场的新变化、新形势、新特点。

二、陶瓷文化产业的类别

陶瓷文化产业主要包括生产型、商品型、文化型三大类。具体如下（图 6-1）。

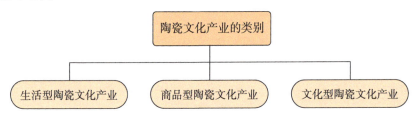

图 6-1　陶瓷文化产业的类别

（一）生活型陶瓷文化产业

生活型陶瓷文化产业专注于为日常生活提供陶瓷产品，主要包括日用陶艺经济体和生活陶艺经济体。该类产业强调的是陶瓷产品在日常生活中的实用性与美观性，同时体现了一定的文化和艺术价值。生活型陶瓷在全球范围内享有广泛的市场，它不仅满足了基本的生活需求，更成为现代家庭文化的一个重要组成部分。

1. 日用陶瓷

日用陶瓷主要面向日常生活用途的陶瓷产品，如餐具、厨房用具等。这些产品不仅需满足基本的使用功能，还要求具有一定的美观性和耐用性，因此在设计和制作上需要兼顾实用性与艺术价值。日用陶瓷是生活型陶瓷文化产业中的一个重要组成部分，它直接关系到消费者的生活质量和生活方式。

日用陶瓷产品的市场非常广泛，几乎涵盖了所有家庭和餐饮业。这些产品因其密切相关的生活用途，对消费者具有直接的吸引力。随着生活水平的提升，人们对日用陶瓷产品的要求不仅停留在实用性上，更加注重其设计感和能够代表个人或家庭品位的独特性。因此，市场对高品质和具有设计感的日用陶瓷产品的需求逐年增加。设计是推动日用陶瓷产品发展的关键因素。设计师在创作日用陶瓷时，不断探索各种形式和装饰的可能性，以迎合市场对新奇和个性化的追求。设计创新不仅体现在形状和颜色的多样性上，也包括在材料使用和制造工艺上的创新。例如，近年来，使用环保或可再生材料制造的陶瓷产品越来越受欢迎，这不仅符合环保趋势，也满足了消费者对健康生活的追求。日用陶艺的生产技术从传统手工艺到现代自动化生产，经历了显著的变革。现代化的生产设施和技术，如自动化的成型机、快速烧结窑等，显著提高了生产效率和产品质量的一致性。此外，数字化技术的应用，如3D打印技术在小批量定制产品中显示出独特的优势，使设计师能够更加自由地实现复杂设计的落地。

在全球经济化和互联网时代背景下，日用陶瓷的营销策略也发生了变化。电子商务平台为日用陶瓷产品打开了一个庞大的市场，使得小型企业和独立工作室能够直接接触到全球消费者。同时，社交媒体的兴起为品牌建设提供了新的途径，通过精心策划的内容营销，企业可以建立与消费者之间的情感连接，提升品牌忠诚度。日用陶瓷不仅是商业产品，也承载着文化意义。许多地区的陶瓷制作有着悠久的历史和独特的文化传统，这些传统在现代日用陶艺产品中得以传承和发扬。生态意识的提升也促使日用陶瓷产品更加注重可持续发展。从选择环保材料到优化生产过程，减少能源消耗和废物产生，日用陶瓷产业正在逐步转型为更加绿色和可持续的生产方式。

2. 生活陶瓷

生活陶瓷涵盖了家庭和日常生活中的陶瓷产品，包括家居装饰品、卫浴设施、花瓶、灯具等。这类产品的特点是融入家庭环境，提供实用性的同时增添美观度和舒适感。生活陶瓷在现代社会中占有重要的地位，它不仅改善了人们的居住环境，还通过各种设计和功能的创新，体现了个人品位和生活方式的多样性。生活陶瓷产品通常需要符合高标准的美学和功能性要求。消费者对于这类产品的选择不再仅仅基于其实用功能，更看重其如何增强居家环境的舒适度和美观度。因此，设计师在创作这些陶瓷产品时，会考虑到色彩、形状和质地等元素，以及它们如何与家庭的其他装饰和家具相协调。

生活陶瓷产品的生产，对材料的选择尤为重要。高质量的陶土、瓷土和其他添加剂的合理配比，不仅关乎产品的美观和耐用性，还影响到成品的安全性。例如，在制作餐具和饮料容器时，必须使用无害的釉料和色素，以确保符合食品安全标准。生产工艺的精细化也是提升产品品质的关键，如精确控制烧制温度和时间，可以有效避免成品中的缺陷，如裂纹和变形。

在市场营销方面，生活陶艺经济体的产品因其与消费者日常生活的密切联系，广告和促销活动常常强调产品如何提升生活质量。此外，随着环保意识的增强，越来越多的消费者倾向于选择那些可持续生产的陶瓷产品。因此，很多企业开始在生产过程中采用可回收材料，或者改进生产技术以减少能源消耗和废弃物的产生，这些做法不仅有助于保护环境，也成为提升品牌形象和吸引顾客的重要手段。生活陶艺经济体中的产品也越来越多地涉及技术创新，如采用智能制造系统来优化生产流程和提高产品质量。数字化技术的运用，如计算机辅助设计（CAD）和3D打印，已经开始在陶瓷设计和制造中发挥作用，使得产品设计更加多样化，也降低了从设计到生产的时间成本。文化价值也是生活陶瓷产品不可或缺的一部分。陶瓷作为一种古老的手工艺，其生产过程和使用方式深深植根于各地的文化传统中。许多陶瓷艺术家和工艺师不仅致力于技术和材料的创新，也在不断探索如何将传统文化元素与现代设计理念结合起来，创造出既有当代感又不失传统韵味的产品。这种文化与创新的结合，不仅丰富了市场的产品种类，也让消费者在日常生活中体验到更深层的文化意义。

（二）商品型陶瓷文化产业

商品型陶瓷文化产业主要是指以市场需求为导向，生产和销售陶瓷产品作为主要经营目标的企业或集团。这些企业通常注重品牌建设、市场营销，以及客户服务，力求通过提升产品的艺术性和文化内涵来吸引消费者，从而实现商品价值的最大化。在这一过程中，陶瓷不仅是一种日用品或装饰品，更是一种文化的承载物。

商品型陶瓷文化产业非常注重市场的反馈与趋势预测。企业会投入大量资源在市场调研上，以确保产品设计与消费者的期待相符合。这种类型的产业倾向于生产符合当代审美和实用性的陶瓷制品。例如，随着现代家庭对生活品质的追求提高，简约而不失风雅的陶瓷餐具，以其独特的艺术风格和实用价值，成为市场上的热销产品。为了在竞争激烈的市场中占据一席之地，商品型陶瓷文化产业普遍注重技术创新和品质控制。这包括采用先进的生产技术，如3D打印技术，以及对传统手工艺的现代化改造，不仅提升了生产效率，也提高了产品的精细度和艺术表现力。此外，严格的品质检验系统确保每件产品都能达到高标准，满足消费者对高品质生活的追求。

在商品型陶瓷文化产业中，企业往往利用陶瓷的文化内涵进行品牌故事的塑造和市场推广。通过与传统文化的结合，如将中国传统的青花瓷、景德镇瓷器的元素融入现代设计中，不仅赋予了产品独特的市场卖点，也让消费者能够通过使用这些产品而接触和了解到深厚的文化底蕴。此外，一些企业还会通过举办展览、发布会等方式，将陶瓷文化的传统与现代表现形式相结合，向公众展示其文化的魅力和价值。

（三）文化型陶瓷文化产业

文化型陶瓷文化产业是指那些主要通过陶瓷来传承和弘扬文化的实体和活动。这类产业通常不仅关注陶瓷产品本身的商业价值，更加注重其在文化传承、艺术表达和社会教育中的作用。它们通过陶瓷的制作、展示以及相关文化活动，展现陶瓷艺术的深厚历史和文化内涵。

文化型陶瓷文化产业以传播文化知识、展示陶瓷艺术、促进文化交流为核心目标。这类产业常见的形式包括博物馆、文化展览、艺术工作坊以及文化节庆活动等。它们的主要任务是通过教育和展示来提升公众对陶瓷文化的认知和欣赏能力，同时致力陶瓷艺术创作技巧的传承和创新。文化型陶瓷文化产业深深植根于陶瓷的丰富历史中。例如，中国的陶瓷艺术历史悠久，从古代的彩陶到宋代的青瓷，再到明清的青花瓷，每一时期的陶瓷都是对当时社会文化的反映。文化型陶瓷文化产业通过展览这些历史作品，不仅展示了技术的演进，也讲述了陶瓷与中国文化的紧密关联。

在文化型陶瓷文化产业中，陶瓷作品不仅是实用物品，更是艺术和文化的载体。许多陶瓷艺术家将传统材料和技术与现代艺术理念结合，创作出既具有传统美感又符合现代审美的作品。这些作品在国内外艺术场馆中展出，使更多人能够欣赏到陶瓷艺术的独特魅力。教育是文化型陶瓷文化产业中的重要一环。许多陶瓷博物馆和文化中心都设有教育项目，如陶瓷制作工作坊、讲座和互动展览，这些项目旨在教育公众了解陶瓷的制作过程、历史背景及其文化价值。通过这些互动式学习，观众不仅能获得知识，还能亲手体验制作陶瓷，增进对陶瓷艺术的理解和爱好。文化型陶瓷文化产业也是国际文化交流的重要平台。通过与其他国家和地区的陶瓷艺术家和机构合作，举办国际陶瓷艺术展览和交流活动，不仅能展示本国的陶瓷艺术，也能学习和吸收外国的艺术技巧和理念。这种跨文化的交流促进了不同文化之间的理解和尊重，也为陶瓷艺术的发展带来了新的灵感和动力。

三、产业互动融合

陶瓷文化产业之间的互动融合表现为多个层面的交叉与合作，这些活动不仅推动了行业的创新发展，也为陶瓷文化的传播与继承提供了新的动力。

一种显著的互动融合体现在技术与艺术的结合上。随着现代科技的发展，陶瓷制作技术得到了显著的改进和创新。3D 打印技术的引入使得陶瓷艺术创作更加多样化，艺术家和设计师能够通过数字化工具设计出传统手工技艺难以实现的复杂形态。这种技术的应用不仅提高了制作效率，而且丰富了陶瓷艺术的表现形式，使得传统陶瓷与现代科技产生了深度的融合。在市场营销策略上，陶瓷文化产业也展现与其他行业的互动融合。许多陶瓷企业开始与时尚、家居装饰等行业进行合作，推出具有艺术收藏价值的陶瓷作品。这种跨界合作不仅使得陶瓷产品能够更好地融入现代消费者的生活方式，还为陶瓷文化的推广提供了新的渠道。一些知名的陶瓷品牌与国际时尚品牌合作，共同开发新的产品线，通过时尚秀和艺术展览的方式进行推广，从而吸引了更广泛的消费群体。

文化交流也是陶瓷文化产业互动融合的一个重要方面。在经济全球化的背景下，各国的陶瓷艺术家和工匠经常参与国际交流活动，通过展览、研讨会等形式展示各自的文化和技术。这种跨文化的互动不仅丰富了各自的艺术表达，也促进了不同文化之间的理解和尊重。例如，中国的青花瓷艺术家与意大利的马约利卡瓷器工艺师合作，探索将各自的传统技艺与对方的文化元素结合的可能性，创造出具有国际影响力的新作品。环保意识的提升也促使陶瓷文化产业寻求可持续发展的新路径。许多陶瓷企业开始重视生产过程中的环保技术和材料的选择，与环保组织合作开发符合生态可持续标准的产品。通过这种方式，陶瓷产业不仅减少了对环境的影响，还提高了企业的品牌形象和市场竞争力。

第二节　陶瓷文化产业的主要分布

中国陶瓷文化产业的分布非常广泛，其中比较著名的产区包括江西景德镇、福建德化、广东潮州、河南宜阳、江苏宜兴、浙江龙泉、河北唐山、四川荣县等（图6-2）。这些地区各具特色，有着不同的历史背景和技术专长，共同构成了中国陶瓷产业的地图。

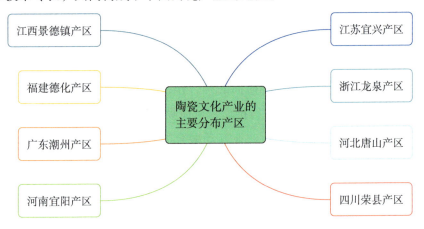

图6-2　陶瓷文化产业的主要分布产区

一、江西景德镇产区

江西景德镇产区是中国乃至世界上著名的陶瓷生产地之一，也被誉为"瓷都"。景德镇产区的影响力和名声不仅源于其能生产高质量的陶瓷制品，还因为这里有着丰富的瓷土资源、悠久的生产历史以及持续的技术创新。

景德镇位于江西省东北部，瓷器生产的历史可追溯到汉代，但真正的繁荣是从宋代开始的。尤其在明代，景德镇的陶瓷制造业得到了极大的发展，其生产的瓷器以精美的工艺和丰富的装饰闻名于世。明成祖朱棣迁都北京后，为了满足皇家对高质量瓷器的需求，专门在景德镇设置了御窑厂为皇家生产瓷器，这一做法使景德镇的制瓷技术得到了进一步的发展和完善。景德镇的瓷器制作技术以高温烧制白瓷为基础，经过历代工匠的创新，逐渐形成了多样的瓷器种类。其技术特点包括使用高质量的瓷土，精确的温控技术以及复杂的釉色配方。这些技术的发展，使得景德镇能够生产出透明度高、釉面光滑、装饰精美的瓷器。

青花瓷是景德镇生产的广为人知的瓷器类型之一，起源于元代，成熟于明清。这种瓷器以其白如玉、蓝如天的美感著称，其生产技术包括在未烧成的瓷器上用钴料画蓝色花纹，再覆上一层透明釉料，高温烧制而成。除了青花瓷，景德镇还创制了多种其他类型的瓷器，如粉彩、料彩、颜色釉、珐琅彩等，这些都展示了景德镇瓷器在材料和技术上的广泛探索与创新。景德镇不仅是陶瓷生产的中心，也是中国陶瓷文化的重要发祥地。多年来，景德镇在保持其传统技艺的同时，不断地进行技术革新和艺术创新，使其产品始终在国际高端市场上的保持优势地位。

景德镇在陶瓷教育和人才培养方面发挥着重要作用。景德镇陶瓷大学是中国唯一一所以陶瓷为特色的高等学府，致力于培养陶瓷设计和制作的专业人才。此外，许多传统工艺的非物质文化遗产传承人也在此进行技艺的传授和推广，他们通过工作坊、展览以及国内外的交流活动，展示了景德镇陶瓷的独特魅力和深厚技艺。景德镇的陶瓷不仅深受国内消费者的喜爱，也享誉国际市场。随着经济全球化的深入发展，景德镇的陶瓷制品已经出口到世界各地，成为中国文化的重要代表之一。通过参加国际陶瓷展览、艺术交流和跨国合作项目，景德镇不断扩大其国际影响力，同时从国际合作中吸收和学习新的设计理念和技术，进一步提升其产品的国际竞争力。

二、福建德化产区

德化产区位于福建省中部，地理位置优越，拥有丰富的高质量瓷土资源。这里的瓷土质地细腻，含有大量的高岭土，这使得德化白瓷具有极高的耐火性和坚固的物理性质，烧制出来的瓷器色泽明亮、质地轻薄而坚硬。德化白瓷的特点就是"纯白如玉，薄如蝉翼"，这一特色在国内外独树一帜。德化的陶瓷产业从宋代开始便得到了迅速发展，到了明清时期，德化瓷器的生产技术达到了顶峰，其生产的白瓷大量出口至欧洲、东南亚以及日本、韩国等地，成为"海上丝绸之路"的重要商品。在这一时期，德化不仅是一个生产瓷器的地方，更是一个文化交流的中心。瓷器上的绘画和装饰艺术不仅展示了中国传统文化的精粹，也吸收了外来文化的精华，形成了独具特色的艺术风格。

进入现代后，德化的陶瓷产业在继承传统的基础上，更加注重技术和设计的创新。现代德化瓷器在保留传统白瓷技艺的同时，更加注重艺术与实用的结合，产品种类更为丰富，包括艺术瓷、日用瓷、工艺瓷礼品等。德化陶瓷的设计和制作技术也在不断地创新，采用现代科技来设计瓷器模具，使得产品更加精细和多样化。德化还注重提升整个产业的品牌形象。近年来，德化政府和企业共同努力，推广德化瓷的国内外市场，参加各种国际展览会，不断扩大德化瓷的影响力。这些努力使得德化瓷不仅在国内市场占有一席之地，在国际市场上也获得了更广泛的认可。

德化陶瓷产业的发展不仅是一个经济活动，更是文化传承的一部分。德化瓷器的每一次烧制，不仅是技术的展现，也是对德化历史文化的一次传播。通过瓷器，德化的历史、文化、艺术以及生活方式得以传承和展现给世界各地的人们。这种深厚的文化积累和持续的创新实践，使得德化陶瓷不断地发展并保持其独特的魅力和价值。

三、广东潮州产区

潮州位于广东省东部，地处韩江中下游，这里气候温暖湿润，是典型的亚热带季风气候。得天独厚的地理位置赋予了潮州丰富的陶土资源，为陶瓷制作提供了物质基础。潮州的陶瓷产业始于唐代，至宋代已经形成规模，明清时期达到鼎盛。特别是清末，潮州陶瓷工艺得到了进一步的发展和完善，产品种类更加丰富，技术更为精湛。

潮州陶瓷的种类繁多，其中最为人熟知的是潮州彩陶和潮州石瓷。潮州彩陶以其色彩鲜艳、图案生动而著称，常用来制作日用品和装饰品。潮州石瓷则以质地坚硬、耐磨耐用而著称，多用于制作餐具和茶具。这两种陶瓷不仅满足了日常生活的需要，也体现了潮州人对美好生活的追求和审美理念。潮州陶瓷的制作工艺极为讲究，包括选材、制胎、画花、施釉、烧制等多个步骤。在选材方面，潮州陶艺师傅会精选当地优质的陶土，确保成品的坚固与美观。制胎是陶瓷成型的关键步骤，潮州陶艺中有手工拉坯和机器压制两种方式，每一种都需要艺术家高超的技艺和丰富的经验。画花工序是将各种图案装饰在未烧的陶瓷上，这一步骤体现了陶艺师傅的艺术创造力和细致的手工技术。施釉则是为陶瓷产品涂上一层或多层釉料，通过高温烧制使釉料熔化，形成光滑美观的表面。烧制是整个陶瓷制作过程中最为关键的一步。潮州的陶艺师傅通常使用传统的龙窑来进行烧制，这种窑炉的设计使得热量在窑内均匀分布，有助于陶瓷产品烧制的均匀和成功率。龙窑烧制不仅是一种技术活，更是一种艺术表达，每一次烧制的结果都充满了不确定性，这也使得每一件潮州陶瓷都独一无二。

除了传统工艺，潮州陶瓷产业也在不断创新和发展。近年来，潮州的陶艺师傅开始尝试将现代技术和传统工艺相结合，如采用现代数字技术进行图案设计，使用环保材料和能源进行生产，以适应市场的需求和环保的趋势。此外，潮州还积极开拓国内外市场，通过参加国际展览会、建立电子商务平台等方式，将潮州陶瓷推向更广阔的市场。

四、河南宜阳产区

宜阳位于河南省的西北部，是一个历史悠久的地区，也是中国重要的陶瓷文化发祥地之一。宜阳陶瓷以其独特的地域特色、丰富的文化底蕴和精湛的制陶技艺在国内乃至国际上都享有一定的声誉。该地区的陶瓷产业不仅深受历史的影响，也在现代化进程中不断发展和创新，形成了自己独特的陶瓷文化和产业体系。据史料记载，宜阳的陶瓷生产最早可以追溯到汉代，而到了唐宋时期，宜阳陶瓷的制作技艺已达到相当高的水平。宋代以后，宜阳陶瓷开始在全国范围内流传，尤其是青瓷，以其色泽明亮、釉质光洁、造型优雅而闻名。

宜阳陶瓷的类型多样，其中以青瓷和黑瓷最为著名。宜阳生产的青瓷以其清新脱俗的青绿色彩和简洁流畅的线条受到人们的喜爱，常用于制作餐具、茶具和各种装饰品。黑瓷则以其深沉的色泽和稳重的质感而独具特色，多用于艺术品和高级用具的制作。这些陶瓷产品不仅在国内市场有着较高的认可度，在国际上也逐渐建立起良好的声誉。在制作工艺上，宜阳陶瓷采用传统的手工技艺，从泥料的选择到成型、画花、施釉、烧制等每一个环节都显露出匠人的精心和细致。特别是在烧制技术上，宜阳陶艺师傅使用的是传统的龙窑和窑变技术，这种技术能够使陶瓷在高温的作用下产生丰富的色彩变化和独特的纹理效果，使每一件产品都具有不可复制的艺术价值。

近年来，宜阳陶瓷产业在继承和发扬传统工艺的基础上，积极探索创新和发展。地方政府和相关企业投入了大量资源用于产业升级和技术改造，推动了新产品的开发和新技术的应用。例如，一些陶瓷企业开始采用现代数字技术设计陶瓷图案，使用环保更高效的生产方式来降低能耗和成本，这些举措都有效地提升了宜阳陶瓷的市场竞争力。宜阳陶瓷的文化价值也是不可忽视的一部分。宜阳不仅有着丰富的陶瓷遗产，还有着深厚的陶瓷文化传统。为了更好地传承和发展这一文化遗产，宜阳举办了多次陶瓷展览和文化节活动，吸引了众多国内外游客和陶瓷爱好者的关注。此外，宜阳还设立了陶瓷博物馆和陶瓷艺术村，为陶艺师傅和艺术家提供了展示自己作品的平台，也让更多的人有机会近距离感受和学习陶瓷艺术。

五、江苏宜兴产区

江苏宜兴产区是中国历史悠久且知名度极高的陶瓷制作重镇之一。该地区以其精湛的陶艺技术、独特的文化内涵及深厚的历史底蕴在国内外享有极高声誉。宜兴陶瓷以紫砂壶最为著名。此外，它的白瓷、彩瓷等也颇具特色，具有很高的艺术价值和实用性。

宜兴的陶瓷历史可追溯至宋代，自那时起，宜兴便已有生产陶瓷的记录。到了明清时期，宜兴陶瓷尤其是紫砂壶制作技艺得到极大发展，成为当地的主要产业之一。宜兴紫砂壶以其原料独特、制作精细、风格多样而闻名于世，尤其是在茶文化中占有举足轻重的地位。紫砂壶的原料为含铁量较高的紫砂泥，这种泥料只在宜兴的黄龙山一带出产，具有不透气、保温性好、耐酸碱、不易渗味等特点。这种独特的泥质使得紫砂壶具有调节茶汤温度、保持茶香等优良特性，因而深受茶艺师和茶爱好者的喜爱。

宜兴紫砂壶的制作工艺极为复杂，涉及选泥、和泥、制型、雕刻、烧制等多个步骤。选泥是制作过程中的第一步，制作人首先会精心挑选适合的紫砂泥料。和泥则需要通过反复揉捏，去除泥中的气泡和杂质，确保泥料的均匀和纯净。制型通常采用手工拉坯的方式，这一步骤要求陶艺师有着精湛的手工技艺和丰富的经验，才能塑造出形态各异、线条流畅的壶体。雕刻是赋予紫砂壶艺术价值的重要环节，制作人会在壶体上刻画各种图案或书法，使每一件作品都具有独特的艺术风格。烧制则是整个制作过程的最后一步，宜兴的陶艺师傅通常使用传统的窑炉，通过长时间的高温烧制，使得紫砂壶具有坚硬的质地和自然的色泽。

除了紫砂壶，宜兴还生产其他类型的陶瓷产品，如青瓷、彩瓷等。宜兴青瓷以其清透的釉色和简洁的造型受到人们的喜爱，彩瓷则以其色彩艳丽、图案复杂而闻名。这些陶瓷产品不仅满足了市场的多样化需求，也进一步丰富了宜兴陶瓷的品种和文化内涵。

宜兴的陶瓷产业在长期的发展过程中形成了完整的产业链和成熟的市场体系。从原料的开采到产品的销售，形成了一套高效的生产和经营模式。宜兴的陶瓷企业不仅在国内市场有着稳固的地位，在国际市场上也逐渐扩大了影响力，其产品远销海外，受到了世界消费者的青睐。随着现代科技的发展和市场需求的变化，宜兴陶瓷产业也在不断进行技术创新和模式创新。一些企业开始采用现代信息技术来改进生产流程，提高产品质量和生产效率；同时致力于开发新产品，满足消费者的个性化需求。通过这些创新实践，宜兴陶瓷产业不断提升自身的竞争力，赢得了更广阔的市场空间。

六、浙江龙泉产区

浙江龙泉产区位于我国东南部，是中国著名的陶瓷生产基地之一，以生产青瓷而闻名。龙泉青瓷的历史悠久，可以追溯到两汉时期，至宋代达到鼎盛。龙泉产区不仅地理位置优越，而且拥有得天独厚的自然资源和丰富的文化底蕴，为青瓷的生产提供了极为有利的条件。龙泉拥有丰富的高品质瓷土和矿物资源，如高岭土、石英、长石等，这些都是制作高质量陶瓷的重要原料。龙泉的瓷土质地细腻，可塑性强，经过高温烧制后，成品色泽鲜明，釉质坚硬而光滑，显示出高度的技艺和艺术价值。

龙泉青瓷的制作工艺复杂精细，涵盖了泥料配制、成型、雕刻、施釉、烧制等多个步骤。每一道工序都需要精湛的技艺和严格的控制。龙泉产区的陶艺师世代传承，不断创新技术和艺术表达，形成了独具特色的"龙泉窑"风格。这种风格的青瓷以其清新脱俗的青绿釉色、精美的雕刻纹饰以及雅致的器形而著称，具有很高的艺术审美价值和实用性。在宋、元、明、清各朝代，龙泉青瓷都曾被用作宫廷贡品，展现了其在社会文化中的重要地位。同时，龙泉青瓷在国际上也享有盛名，通过海上丝绸之路传播到中东、东南亚乃至欧洲，对外展示了中国高超的陶瓷制造技术和文化自信。

龙泉青瓷的生产和销售为当地经济的发展带来了显著的推动作用。近年来，龙泉市人民政府大力发展陶瓷文化产业，建立了多个陶瓷产业园区，吸引了大量的投资和高技能人才。通过产业链的延伸和品牌的建设，龙泉青瓷不仅在国内市场占有一席之地，在国际市场上也取得了不错的成绩，成为中国陶瓷文化"走出去"的重要载体。

七、河北唐山产区

河北唐山产区位于华北平原东部，紧邻渤海湾，是中国著名的陶瓷生产基地之一。唐山陶瓷历史悠久，产业发展成熟，其陶瓷品质和工艺在国内外享有盛誉。这里的陶瓷业经历了从手工艺到现代工业生产的演变，不仅是工业产品的生产，更是文化艺术的传递。

唐山的陶瓷产业起步于清朝中期，发展至今已有数百年的历史。早在19世纪末，唐山就因开采煤炭资源而实现了快速发展，工业水平迅速上升，随之陶瓷工业因地理位置优越、原料丰富而迅速发展。唐山瓷的原料优势在于本地丰富的高岭土，这种瓷土不仅质地细腻，而且在高温烧制后，能展现优美的白色质感，是制作优质瓷器的理想材料。在技术和工艺方面，唐山陶瓷采用了许多传统手法与现代技术相结合的方式。例如，唐山著名的粉彩瓷，首先在釉下进行一次烧制，其次对瓷器进行彩绘，最后覆釉二次烧制完成，这种技术既保持了颜色的鲜艳，也增加了艺术装饰的细致感。此外，唐山的彩瓷、青花瓷等多种类型瓷器，都体现了精湛的传统工艺与创新设计的完美结合。

随着时间的推移，唐山陶瓷不断吸收和融入新的设计元素和技术，使得产品种类更加多样化，满足了市场的不同需求。从日常用瓷到艺术收藏品，从大众化的产品到定制服务，唐山陶瓷逐步形成了全方位的产品线。这种多样性不仅提升了唐山陶瓷的市场竞争力，也为陶瓷文化的传承提供了广阔的平台。唐山陶瓷的发展对当地甚至全国的经济都产生了深远的影响。唐山陶瓷出口量大，是中国陶瓷出口的重要组成部分，产品远销欧美、东南亚及其他地区。这不仅为唐山乃至中国的陶瓷产业带来了丰厚的经济效益，也推动了地方经济的发展，并提供了大量的就业机会。文化上，唐山陶瓷更是承载了丰富的文化价值和历史信息。陶瓷作为文化的载体，不仅反映了技术和艺术的发展，也体现了人们的生活方式和审美观念的变迁。唐山市内的陶瓷博物馆和各种文化活动，如陶瓷艺术节、陶瓷创意设计大赛等，都极大地丰富了当地的文化生活，提升了市民的文化自信和城市形象。

八、四川荣县产区

四川荣县产区位于四川盆地西南部，是中国重要的陶瓷生产区之一，以生产荣县瓷而闻名。荣县瓷器历史悠久，以其独特的地理位置、丰富的矿产资源和传统的陶瓷工艺技术而著称。这一地区的陶瓷产业不仅是地方经济的重要组成部分，也是四川乃至全国文化遗产的重要标志。

荣县的陶瓷生产始于唐宋时期，历史上曾有"荣州窑"之称，其产品远销我国各省及东南亚地区。荣县的地理位置使其成为历史上的陶瓷集散地，矿产资源的丰富为陶瓷制造提供了优质原料。尤其是当地特有的高岭土，质地细腻，白度高，非常适合制作高质量的瓷器。荣县瓷器的特点在于其艺术造型独特、装饰精美、釉色光亮。传统工艺（如雕刻、彩绘、镂空等）技术的运用，使每一件荣县瓷器都独具匠心。此外，荣县瓷器常常融合当地的文化元素，如四川地区的传统图案和符号，这些独特的设计不仅展现了四川丰富的文化底蕴，也让荣县瓷器在市场上拥有了不可替代的文化价值和艺术价值。

荣县陶瓷产业在保持传统工艺的同时，也在不断创新中求发展。面对现代市场的多样化需求，荣县不断优化陶瓷生产工艺，引进现代技术和设备，提高产品质量和生产效率。例如，现代高温烧制技术的应用，使得荣县瓷器的质量更加稳定，外观更加美观，同时大大降低了生产成本。陶瓷产业的繁荣带动了相关产业链的发展，如原料供应、物流运输、销售服务等，为地方提供了大量的就业机会，并且极大地推动了当地经济的增长。通过各种陶瓷展览和文化交流活动，荣县的陶瓷工艺得以向世界展示，增强了四川乃至中国传统文化的国际影响力。荣县也依托陶瓷文化资源，发展陶瓷旅游，吸引了众多国内外游客，不仅使他们欣赏到美丽的陶瓷艺术，也让他们深入了解了四川乃至中国的传统文化和历史。

第三节　陶瓷文化产业的成效

陶瓷文化产业不仅是经济活动的一部分，还深深植根于中国丰富的文化土壤中，承载着传统与现代的交融。随着时间的推移，这一产业不仅在国内获得了显著的经济成就，更在全球范围内展示了其独特的文化魅力。陶瓷文化产业的发展成效广泛地体现在推动文化旅游、保护文化遗产、增强城市营销力、提升文化品牌竞争力以及增强民族精神的凝聚力等多个层面。这些成效不仅提升了产业本身的价值，还促进了社会经济和文化的全面发展，展现了陶瓷文化产业在现代社会中的重要角色和深远影响。

一、推动了文化旅游的发展

陶瓷作为中国传统文化的重要组成部分，其历史悠久、技艺精湛，在全球范围内具有独特的影响力和吸引力。陶瓷文化产业通过整合资源、创新发展模式，有效地将文化遗产转化为旅游资源，从而极大地促进了文化旅游的发展。

（一）陶瓷文化与旅游资源的整合

"陶瓷"这一古老艺术形式，不仅反映了工艺技术的进步，也展示了不同历史时期的文化特征和审美趋势。通过恰当的方式将陶瓷文化资源与旅游业相结合，可以极大地推动文化旅游的发展。

陶瓷作为一种持久的文化符号，其在旅游中的整合首先体现在古老技艺与现代旅游需求之间的桥梁构建。景德镇作为"世界瓷都"，其瓷器烧制技术不仅是中国的非物质文化遗产，也是全球陶瓷文化的重要代表。该地区通过修复和重现古瓷窑等历史遗址，使之成为展示陶瓷制作历史和技术的活化博物馆，这不仅保留了传统工艺，也创造了新的经济价值。现代的展览手段如虚拟现实（VR）技术的应用，使得游客能够通过高科技手段体验陶瓷制作的全过程，这种新技术的引入有效提升了传统文化的互动性和教育价值。在一些陶瓷重镇，还会举办陶瓷节和陶艺比赛，吸引国内外的艺术家和游客参与。这些活动不仅增加了当地的旅游吸引力，也为陶瓷艺术的传承和创新提供了平台。

陶瓷文化与旅游资源的整合，其最终目的是推动地方经济的发展并塑造强有力的文化品牌。通过这种整合，不仅可以提升地区的文化影响力，还能通过增加旅游收入来直接促进经济增长。例如，景德镇通过将陶瓷文化与国际陶瓷艺术节相结合的做法，成功地将一个地方工艺提升为国际知名的文化品牌，吸引了大量的国内外游客和专业人士前来参观和交流。通过打造具有特色的文化旅游项目，如"瓷都之旅"，不仅强化了地区文化的独特性，也提高了旅游业的专业性和深度。这样的项目通常包括专门的旅游路线、主题酒店以及特色餐饮，全方位地展示陶瓷文化的魅力。

（二）创新的旅游活动和体验

随着旅游市场需求的多样化，陶瓷文化产业的旅游活动形式也在不断创新和演变。这种创新主要体现在提供旅游者更多的互动性和体验性活动，使他们不仅能欣赏到陶瓷艺术的外在美，还能亲身体验其制作过程，并深入了解陶瓷的文化内涵。这样的活动不仅增加了旅游产品的吸引力，也提升了旅游体验的质量，使陶瓷文化旅游成为市场上的热门选择。

陶瓷文化产业通过组织各种创新活动，如陶艺工作坊、现场陶瓷制作表演、陶瓷艺术节等，有效增强了旅游产品的互动性和体验性。在这些活动中，旅游者不只是被动的观众，更是主动的参与者。例如，在陶艺工作坊中，游客可以在专业艺术家的指导下，学习泥土的选择、制模、上釉、烧制等陶瓷制作的各个步骤。这种亲手参与的过程不仅让游客体验到了陶瓷制作的乐趣，也让他们对陶瓷艺术有了更深刻的理解和欣赏。创新的旅游活动也注重对陶瓷文化内涵的深入解读。通过展览解说、专题讲座、互动问答等形式，使游客在参观过程中能够了解到陶瓷艺术的历史背景、文化意义以及艺术价值。例如，一些博物馆会专门设立展区展示不同时期、不同风格的陶瓷艺术品，配以详尽的历史背景介绍，帮助游客更好地理解每件作品背后的文化故事。通过这些创新的活动，陶瓷文化旅游的体验质量得到了显著提升。参与性和体验性的增强，使得旅游者的满意度和回访率提高，陶瓷文化的旅游产品因其独特的文化体验成为市场上的热门产品。此外，这些活动不仅吸引了普通游客，也吸引了陶瓷收藏家、艺术学者和文化研究者的关注，进一步提升了旅游目的地的文化品牌价值。

（三）陶瓷文化与区域品牌的塑造

陶瓷文化与区域品牌的塑造是通过利用陶瓷的文化遗产和艺术价值来形成独特的地区识别标志，从而提升旅游吸引力和经济活力的重要策略。这种策略不仅有助于保护和传承陶瓷文化，还能够有效地推广地区形象，吸引更广泛的国内游客。

陶瓷文化所承载的不仅是工艺美术的技巧，更是一种深植于地区文化的精神和价值观。各地区的陶瓷艺术各具特色，如景德镇的青花瓷、龙泉的青瓷等，都有着不同的文化背景和技术特征。通过将这些特色融入地区的品牌形象中，不仅能突出地区的文化独特性，还能增强游客的地区品牌认知。景德镇被誉为"瓷都"，这一品牌不仅是因为其高质量的瓷器产品，更因为其丰富的陶瓷文化和历史积淀。景德镇将"瓷都"这一形象转化为品牌旅游项目，通过博物馆展览、陶瓷艺术节、陶艺体验工坊等多种形式，为游客提供全方位的文化体验。这种品牌化的旅游项目不仅能够有效提升游客的参与感和满意度，也促进了地区文化的国际化传播。陶瓷文化的品牌效应不仅提升了地区的文化价值，还带来了显著的经济效益。通过吸引国内外游客，增加了旅游收入，也带动了当地的陶瓷销售、酒店住宿、餐饮服务等相关产业的发展。此外，强有力的地区品牌还能吸引外部投资，促进地区经济的整体提升。

二、加大了文化遗产的保护力

文化遗产不仅是历史的见证，也是民族文化的重要组成部分。陶瓷作为中国传统的工艺品之一，承载着深厚的文化意义和历史价值。通过对陶瓷文化产业的挖掘和保护，不仅能够保护和传承这一重要的文化遗产，还能够提升其在现代社会中的影响力和经济价值。

在经济全球化的浪潮中，一些传统工艺面临失传的危机。陶瓷制作技艺的保护尤为重要，它不仅需要复杂的手工技能，还涉及独特的文化和审美理念。通过设立专项基金、工坊和培训中心，政府和文化机构能够对陶瓷艺人进行支持，从而使这些珍贵的技艺得以传承下去。陶瓷文化产业的现代化发展，能够促进文化遗址的保护。陶瓷生产不仅需要技艺，还需要特定的地理和环境条件。很多历史悠久的陶瓷生产遗址和原材料采集地，都具有重要的文化和历史价值。对这些遗址进行科学的开发和恰当的保护，可以防止它们被破坏。陶瓷文化产业的发展有助于提高公众对文化遗产的认识和重视。通过博物馆展览、文化节庆活动以及各种媒体的宣传，陶瓷的文化价值得到了更广泛地传播和认识。这种普及教育不仅增加了公众对陶瓷艺术的兴趣和理解，也提高了社会对传统文化遗产保护的意识。这种影响是深远的，因为它直接促进了文化遗产的保护政策和措施的实施。

保护和合理开发陶瓷文化遗产对于传播和提升中华文化具有至关重要的作用。在我国经济和社会结构发生深刻变化、国际交流日益增多、互联网及新媒体技术迅猛发展的背景下，文化思想的交流变得更加频繁。这些变化促使人们必须加深对中华优秀传统文化，特别是陶瓷文化的重视，增强文化自觉和文化自信。陶瓷文化遗产的保护有助于挖掘和展示中华陶瓷的深厚文化价值，对于建立一个全面的陶瓷文化传承与发展体系至关重要，还能推动陶瓷考古和研究的基础工作，提升中国陶瓷在历史上的地位，并激发中国传统文化的活力和生机。通过这些措施，不仅能够传承中华文化的精髓，还能全面提升公众的文化素质，保障国家的文化安全，增强国家的文化软实力。这对于推进国家治理体系和治理能力现代化具有深远的意义。

三、强化了城市发展的营销力

在城市化迅速发展的今天，城市的竞争日益激烈。在这种背景下，城市营销成为推动经济增长、提升城市形象的关键策略。陶瓷文化产业作为文化和经济发展的重要载体，对于提升城市的营销力具有重要意义。陶瓷文化不仅丰富了城市的文化内涵，还有效地提升了城市的品牌形象和国际影响力。

江西景德镇被誉为"瓷都"，通过其深厚的陶瓷文化底蕴和积极的市场营销策略，已经成为一个在国际上有着广泛影响力的城市品牌。景德镇市政府投资数十亿元建设陶溪川国际陶瓷文化产业园和名坊园手工制瓷文化创意旅游景区，这些大规模的项目不仅保护和弘扬了陶瓷文化，也极大地推动了当地经济和旅游业的发展。通过这些文化旅游项目，景德镇成功地将一门古老艺术转化为现代经济发展的新动力。这不仅提升了景德镇陶瓷的国际知名度，也促进了文化和经济的双向流动，使景德镇成为全球陶瓷文化的交流中心。通过这些国际活动，景德镇不仅在国内外树立了优秀的城市形象，还吸引了大量的外国投资者和游客，这些都直接或间接地促进了城市经济的多元化发展。

福建泉州的德化县和河北邯郸的磁县也利用其丰富的陶瓷资源和深厚的文化底蕴，通过有效的市场营销策略，提升了城市的文化营销力。德化县和磁县不仅是中国陶瓷的重要生产基地，也是中国古代"海上丝绸之路"的重要节点。这些地区通过恢复和保护古陶瓷技艺，不仅保存了文化遗产，还将这些技艺转化为促进当地经济发展的资产。德化县和磁县通过发展陶瓷产业和相关的旅游业，有效地利用了本地的文化资源，吸引了大量的国内外游客。这不仅提升了当地陶瓷产品的市场竞争力，也增强了城市的整体营销力。例如，德化县通过不断创新陶瓷产品设计，保持了其产品在国际市场上的竞争力。磁县则依托其历史悠久的陶瓷生产技术，发展了一系列与陶瓷相关的文化和旅游活动，如陶瓷博物馆和陶艺体验工坊，极大地丰富了游客的体验，提升了城市的品牌形象。

四、提升了文化品牌的竞争力

陶瓷企业核心竞争力的外在表现，是陶瓷企业所独具的能力。不可替代的差异化能力，是各地陶瓷竞争对手不易甚至是无法模仿的，这种内在的力量就是品牌竞争力。陶瓷的品牌竞争力具有使企业能够持续盈利的能力，更具有获取超额利润的品牌溢价能力。品牌竞争力强，有更高的认知品质，可以比竞争者卖出更高的价格，攫取超额利润，这就是品牌的溢价功能。陶瓷文化产业在过去几十年中，通过持续的发展和创新，显著提升了文化品牌的竞争力。中国的陶瓷企业不仅在国内市场占据领先地位，在全球市场上也表现出强大的竞争力。

　　中国的陶瓷文化产业通过几个关键的发展阶段，成功地塑造了具有国际竞争力的文化品牌，尤为重要的是产业规模的扩大。中国现有数千条陶瓷生产线，其生产的建筑陶瓷、卫生陶瓷和日用陶瓷数量均居世界首位。这种大规模的生产不仅满足了国内市场的需求，更是将"中国制造"的陶瓷推向了全球市场。中国陶瓷文化产业的发展不仅停留在生产规模的扩大，更重要的是形成了成熟的产业链和产业集群，相关的配套产业（如陶瓷机械、原料及耐火材料）的生产也得到了迅速的发展，这些都为陶瓷文化产业提供了强大的后勤支持和技术保障。此外，中国还拥有完善的陶瓷研究所、产品检测中心和专业院校，这些机构为陶瓷文化产业的技术创新和人才培养提供了坚实的基础。技术创新是中国陶瓷文化产业竞争力提升的另一个关键因素。经过多年的技术引进和消化吸收，中国的陶瓷技术已经达到国际先进水平，部分技术甚至处于全球领先地位。这种技术优势使得中国陶瓷产品在国际市场上更具竞争力，能够满足更加多样化和高端的市场需求。陶瓷品牌的构建和推广也是提升竞争力的重要手段。中国的陶瓷企业不仅注重产品的质量和技术的创新，更加注重品牌的文化内涵和市场推广。通过举办国际陶瓷博览会和文化交流活动，中国陶瓷的品牌形象得以全球化推广，这不仅提升了品牌的国际知名度，还增加了品牌的文化附加值。如今，"中国陶瓷"已经成为全球认知的品牌，代表高品质和深厚的文化价值。

　　这些因素综合作用使得中国陶瓷文化产业在全球范围内具有了显著的竞争优势。通过不断的技术创新、产业升级和品牌推广，中国陶瓷文化产业不仅在国内外市场占据了重要地位，更成为中国文化走向世界的重要桥梁，展示了中国深厚的历史文化底蕴和现代产业的蓬勃发展。这一系列成就表明，陶瓷文化产业的发展提升了中国文化品牌的全球竞争力，为中国文化的国际传播作出重要贡献。

五、增强了民族精神的凝聚力

陶瓷文化产业的发展不仅在经济和市场层面产生了显著影响，更在深层次上增强了民族精神的凝聚力。作为中国传统文化的重要组成部分，陶瓷艺术在传承和发展中承载了民族历史与文化认同，成为民族精神与文化自信的重要来源。从古至今，陶瓷艺术以其独特的魅力和深远的文化内涵，在世界艺术史上占有一席之地。中国的陶瓷艺术，从唐三彩到宋瓷，再到明清的青花瓷，不仅展示了工艺技术的进步，更体现了中国人审美观念和哲学思想的演变。

陶瓷文化的传承与创新是连接过去与未来的桥梁。通过对传统陶瓷技艺的保护、研究和复兴，不仅保存了宝贵的文化遗产，更在经济全球化的大背景下重申了中华文化的独特价值和现代意义。例如，景德镇不仅保持了传统瓷器的生产，更通过创新设计和技术，将传统陶瓷转化为符合现代生活审美的艺术品。这种文化的活力不仅展示了中华民族适应时代发展的能力，也激发了民族的自豪感和归属感。陶瓷文化的普及和教育也在社会各层面广泛推广。学校的陶艺教育、博物馆的陶瓷展览、各种文化节庆活动中的陶瓷体验，都使得更多的人能够亲近并了解这门古老艺术的魅力。这种文化教育的普及不仅增加了公众对陶瓷艺术的认知和兴趣，更重要的是培养了民众对传统文化的尊重和热爱。这种对传统的尊重和热爱，是民族精神凝聚力的重要体现，也是文化自信的基础。

在经济全球化不断发展的今天，陶瓷文化产业的国际交流与合作也显得尤为重要。通过与世界各国的文化交流，中国的陶瓷艺术不仅赢得了国际友人的赞誉，也让中国人更加自豪和自信。国际交流如同一面镜子，让中国人看到中华文化的独特魅力和全球价值，这种认识反过来又进一步增强了民族精神的凝聚力。在实践层面，陶瓷文化产业的发展推动了相关地区经济的繁荣，尤其是在一些传统陶瓷重镇，如景德镇、德化等地，这些地区的经济活力不仅源自陶瓷产业本身，更来自这一产业带动的文化旅游、教育培训及相关服务业的发展。这种经济的繁荣反哺了文化的发展，形成了良性循环。地方居民通过参与陶瓷文化的生产和交流活动，不仅提高了自身的生活水平，更加深了对本土文化的认同和自豪，这种认同和自豪是民族精神凝聚力的直接体现。

第七章　陶瓷文化产业发展阐析

第一节　陶瓷文化产业发展目标与任务

在经济全球化和技术革新的推动下，陶瓷文化产业迎来了新的发展机遇。陶瓷文化产业不仅蕴含了深厚的历史文化，更是社会主义市场经济的重要组成部分。为了在国际舞台上保持竞争力并推动可持续发展，制定明确的发展目标和实施关键任务成为陶瓷文化产业发展的当务之急。

一、陶瓷文化产业发展的目标

（一）市场扩展

随着经济全球化的发展，陶瓷产品不仅是艺术品的象征，更是文化交流的桥梁和经济增长的动力。为了实现市场的广泛扩展，陶瓷文化产业需采取一系列具体的策略，包括深耕传统市场和开拓新兴市场，同时运用多样化的营销和渠道扩展策略。

传统市场是陶瓷产业的主要销售地区，这些市场对陶瓷产品有着长期的需求和深厚的文化基础。在这些地区，消费者对陶瓷产品的质量、文化价值和艺术特性有着较高的认识和期望。因此，深耕传统市场不仅需要维持产品质量的高标准，还需要不断地创新设计，以满足消费者对新颖且独特的陶瓷产品的追求。为了更好地满足这些需求，陶瓷企业可以通过展览会、文化节等形式，展示其产品的文化和艺术价值，加强与消费者的情感联系。此外，通过与本地艺术家和设计师的合作，可以使陶瓷产品更具地域特色和文化深度，从而提升品牌的市场认可度和消费者忠诚度。新兴市场代表了陶瓷产业未来增长的巨大潜力。这些市场通常具有较快的规模增长速度和庞大的消费群体。然而，新兴市场的消费者可能对陶瓷文化不够熟悉，因此教育和市场培育是引导消费者进入这些市场的关键。陶瓷企业应通过市场调研深入了解当地消费者的喜好和需求，定制化产品和营销策略。例如，可以在产品设计中融入当地流行元素和文化符号，使产品更具吸引力。通过线上营销平台和社交媒体加强与当地消费者的互动，提高品牌的知名度和影响力。

为了有效扩大市场规模，陶瓷文化产业需要采用多样化的营销策略。这包括线上与线下的结合，使用数字营销工具来提升品牌的全球曝光率。通过电商平台销售产品，可以覆盖更广泛的地理区域，同时利用数据分析来优化营销策略和提高转化率。另外，通过讲述故事的方式强调陶瓷产品的文化和艺术价值，可以加深消费者对品牌的情感认同。讲述故事可以通过品牌的官方网站、博客、视频和社交媒体渠道进行，这种方式不仅能够吸引消费者的关注，还能增强消费者对产品背后文化的理解和兴趣。陶瓷企业还应考虑多渠道销售策略，包括批发、零售、代理和直销等。在国际市场上，建立合作伙伴关系和分销网络是进入本地市场的有效途径。同时，可以通过参与国际贸易展览和陶瓷博览会来增加与国际买家的接触机会，扩大销售渠道。

（二）技术与创新

技术创新不仅改进了生产流程，提高了效率和质量，也为陶瓷艺术的现代表达提供了全新的可能性。设计创新则推动了陶瓷产品在全球市场中的文化交流和商业成功。

先进技术在陶瓷制造中的广泛应用极大地提升了制造过程的效率和产品的质量。例如，使用自动化技术和精密工程在生产中实现了更高的标准化和规模化，降低了成本并提高了产出。3D 打印等更为先进的技术则开启了制作复杂的陶瓷产品和个性化定制的新纪元，使得陶瓷制品能够在维持传统工艺精神的同时，更加具有个性化和创新性。3D 打印技术能帮助设计师实现复杂的形状和结构设计的落地，这在传统陶瓷制作中往往难以实现或成本过高。此外，高级材料科学的运用也在改变陶瓷行业，通过开发更为耐用和具有特殊功能的材料，如改进的釉料和环保材料，不仅提升了产品性能，也回应了可持续发展的需求。

设计创新是陶瓷产业区别于其他产业的重要因素，特别是在竞争激烈的市场环境中。通过吸纳多元文化元素和现代艺术潮流，陶瓷设计不断提升消费者的使用体验。这种创新不仅表现在产品的外观设计上，更通过实用性的提升，如智能陶瓷与其他科技产品的融合、陶瓷智能机械设备等，增强了陶瓷产品的市场吸引力。设计师通过与国外艺术家和工艺师合作，引入跨界的设计理念，使得每一件陶瓷作品都能反映出深刻的文化意义和实践精神。这种跨文化的设计交流不仅丰富了产品的内涵，也使陶瓷产品在全球市场中更具竞争力和识别度。

（三）文化传承

陶瓷作为文化的承载物，其发展不仅是技术上的创新，更是文化传统的延续和革新。在经济全球化的大背景下，陶瓷文化的传承面临着前所未有的挑战与机遇。要实现传统陶瓷艺术与当代文化的有效融合，需采取一系列创新措施来保证这一目标的实现，具体可以从以下几个方面着手。

第一，创新陶瓷设计是文化传承的关键。设计不仅是形态上的创新，更是文化内涵与时代精神的反映。设计师可以深入研究传统陶瓷的元素，如图案、色彩和形状，再将这些元素与现代美学理念相结合，创造出既符合现代审美又不失传统韵味的陶瓷产品。例如，将宋代青瓷的简洁理念与现代极简主义风格结合，或者用传统的窑变技术来创造符合现代家居风格的艺术品。这样的设计创新不仅能够吸引更多的消费者，也能让传统技艺在现代社会中找到新的生存空间。第二，采用现代技术提升传统工艺的制作工艺是实现文化传承的另一个重要方面。随着科技的进步，一些先进技术（如 3D 打印和数字化建模）已经被应用到陶瓷制作中。这些技术不仅可以提高制作效率，还能在精确复制复杂传统图案和形状等方面发挥重要作用。此外，现代技术还可以帮助陶瓷艺术家实现更加精细和复杂的设计，这些是传统手工技艺难以达到的。通过技术的辅助，可以更好地保存和传承那些濒临失传的传统技艺，也为传统陶瓷艺术的创新开辟了新的道路。第三，强化与大众的互动也是文化传承的重要环节。通过展览、讲座、工作坊等形式，让更多的人了解和接触陶瓷艺术，尤其是年青一代。例如，设立体验式的教育活动，让参与者不仅能看到成品，还能了解其背后的文化故事和制作过程。这种深度的文化体验能够增强公众对陶瓷艺术的认同感和兴趣，从而形成一种文化的自我传播力。通过社交媒体和网络平台的广泛使用，可以让陶瓷文化的美感和价值触及更广泛的受众，增加其在全球文化市场中的被认可度和影响力。第四，加强国际合作也是推动传统陶瓷艺术与当代文化融合的有效途径。通过与其他国家和地区的文化交流，可以吸收和借鉴外来的艺术元素和创意思维，使本土陶瓷艺术更加丰富多彩。这种跨文化的交流不仅能够激发新的创意灵感，还可以提升陶瓷产品在国际市场上的竞争力。

（四）环境可持续性

随着全球范围内对环保意识的提升和绿色发展的推广，陶瓷产业也在寻求通过技术创新和生产方式的优化来减少对环境的负担，实现产业的可持续发展。

可持续性的实践涉及多个方面，包括原材料的选择、生产过程中的能源利用、废物管理以及最终产品的可回收性。在原材料选择方面，越来越多的陶瓷企业开始采用环保材料。传统的陶瓷生产往往会添加一些对环境有害的重金属和化学添加剂，这些物质在烧制过程中可能会产生有害的排放。为了解决这一问题，一些先进的陶瓷公司已经开始开发和使用低毒甚至无毒的釉料和颜色。例如，使用植物基或水基釉料代替传统的含铅釉料，这不仅减少了对工人健康的威胁，也降低了生产过程中有害物质的排放。

在陶瓷生产过程中，能源效率的提升是降低环境影响的另一个关键点。陶瓷生产是一个能耗较高的过程，尤其是在烧制阶段。为了提升能源利用效率，采用先进的烧结技术和节能型窑炉是必要的手段。这些技术能够在降低能耗的同时保持产品质量，如使用烧制周期短、温度分布均匀的窑炉可以显著减少能源消耗，并减少碳排放。一些企业还开始利用太阳能、风能等可再生能源来替代传统的化石燃料，这在减少整体碳足迹方面起到了积极作用。废物管理也是环境可持续性实践中的重要组成部分。在陶瓷生产中，废物主要来源于原材料的剪裁和成形以及不合格品。通过改进设计和生产流程，可以最大限度地减少废料的产生。例如，采用精确的计算机辅助设计和制造技术可以优化原材料的使用，减少剩余废料。此外，对生产过程中产生的废物进行回收和再利用是实现生态环境可持续发展的另一种方式。不合格的陶瓷产品可以破碎后作为原料重新回炉，或者用于其他工业产品如道路基础设施的建设中。产品的可回收性也是推动陶瓷产业环境可持续性的重要方向。开发可回收或可生物降解的陶瓷产品，可以在产品生命周期结束时减少对环境的影响。这包括使用可降解的陶瓷材料或者设计易于拆卸和回收的产品结构。通过这样的设计，即使产品最终被废弃，也能以更环保的方式处理，减少生态环境的负担。

（五）教育与推广

教育与推广在陶瓷文化产业的发展中起着至关重要的作用，它不仅有助于提升从业人员的专业技能，还能加深公众对陶瓷艺术的认识和兴趣，从而扩大陶瓷文化的影响力。

通过系统的课程培训，从业人员可以学习到最新的陶瓷制造技术、设计理念及市场趋势。例如，技术研讨会和工作坊可以教授先进的陶瓷打印技术或传统手工技艺，使工艺师能够掌握多种技能，适应市场的多样化需求。此外，这些培训还可以增强从业人员对陶瓷文化深厚的理解和尊重，这是推动文化传承的重要因素。通过组织展览和研讨会不仅可以展示陶瓷艺术的美学和技术成就，还能讲述其背后的文化故事和历史演变，让公众更加深入地理解陶瓷艺术的独特之处和文化意义。历史陶瓷展览可以展示不同朝代的陶瓷艺术演进，现代陶瓷艺术展则可以展现当代艺术家如何在继承传统的基础上进行创新。将陶瓷艺术纳入学校的艺术教育课程，可以从小培养学生对陶瓷艺术的兴趣和欣赏能力。学校可以组织学生参观陶瓷工厂和博物馆，进行陶瓷制作的亲身体验，这种直接的参与感不仅可以激发学生对陶瓷艺术的热爱，也培养了他们的创造力和审美观。利用数字媒体和在线平台进行教育与推广也是扩大影响力的重要渠道。在线教程、虚拟展览和互动研讨会可以覆盖更广泛的受众，尤其是在全球化和数字化日益显著的今天，这种方式能够跨越地理和时间的限制，让全球各地的人们都能接触并了解陶瓷文化。

二、陶瓷文化产业发展的主要任务

陶瓷文化产业发展的主要任务主要包括以下几个方面（图7–1）。

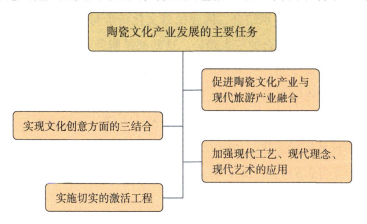

图7–1　陶瓷文化产业发展的主要任务

（一）促进陶瓷文化产业与现代旅游产业融合

只有实现陶瓷文化产业与旅游产业的深度融合、科学融合和全面融合，才会促成陶瓷文化产业和旅游产业经济生产方式转换的历史性契机，从而促进陶瓷文化产业的全面发展和可持续发展。

1. 深度融合

利用旅游业的发展机遇，巧妙地将中国陶瓷文化产业融入其中，实现其复兴。中国陶瓷不仅具有价格合理、实用性强和便于携带的特点，还展示了独特的民族和地方特色。随着旅游业规模的增长，陶瓷文化产业已成功开辟了更广阔的市场。在改革开放后的四十多年中，陶瓷迅速吸引了国内外商人的关注，并成功打入了国内外市场，成为旅游商品市场的翘楚。通过发展中国陶瓷文化产业来推动现代旅游产业的飞跃。陶瓷工艺文化源远流长，始于中原大地，并与各地区的民俗风情相融合。这种代代相传的陶瓷工艺不仅增添了一份飘逸和神秘，还形成了中国独特的民俗文化现象，成为陶瓷主要产地的民族文化的重要标志。得益于独特的地理位置、悠久的文化历史、壮丽的自然景观和浓厚的民族风情，陶瓷业的发展无疑为旅游业开辟了新的领域。通过中国陶瓷文化产业与旅游业的互动，促进经济和社会的飞跃发展。在陶瓷文化产业发达的城市，工艺文化的传承、保护和开发展现新的发展趋势。最为显著的是陶瓷家庭传承与社会传承结合、陶瓷民族文化传承与经济发展结合、传统文化与现代化设计结合的三大趋势。这些都是陶瓷业与旅游业互相融合、健康发展的基本成果。究其原因，其中关键是要适应现代游客的审美需求，在生产过程中突出陶瓷的纹理和图案，注重旅游产品的开发和创新。总体而言，中国陶瓷文化产业正是在旅游业发展的大背景下，不仅融入了丰富的民族传统文化，还吸收了现代旅游文化的精华，从而推动了陶瓷文化产业与旅游业的互动，促进了经济社会的跨越式发展。

2. 科学融合

通过科学的规划和政策指导，实现陶瓷文化与旅游业的密切结合。首先，将陶瓷文化特色融入中国旅游发展的战略规划中，采用国际视角和战略性思维来制定中国陶瓷文化产业的综合发展规划。其次，利用陶瓷文化的独特优势来提高中国旅游的品质。这需要明确品牌和个性的定位，不断深化中国陶瓷文化的内涵，使中国旅游产品具备明显的品牌个性。再次，陶瓷文化以其独特性成为新的旅游经济增长点。陶瓷文化的价值在于其独特性，增强这一特性的过程即创新的过程，旨在扩大其优秀元素的影响力。最后，利用陶瓷文化的理念来优化服务体系。中国旅游业的强化不仅是规模的扩大，更是服务品质和层次的提升，需要通过陶瓷文化的理念来不断改进旅游服务体系。通过形象提升和文化培养，实现陶瓷文化与中国旅游的协调发展。首先，通过各种陶瓷文化活动、宣传和促销策略，有效提升中国陶瓷的国际知名度和美誉度。其次，增强魅力效应。在政府的领导下，通过社会各部门的协作，提高陶瓷城市的知名度和美誉度，增强其在国内外的吸引力，吸引更多国内外游客。最后，释放陶瓷文化的潜力。陶瓷文化产业的相关从业者应该充分挖掘中国特有文化的潜力，唤起国人的归属感和自豪感，有效整合陶瓷文化资源，建立一个既能展示陶瓷文化潜力又能融合现代文明成果的体系。通过体制改革和机制创新，确保陶瓷文化与中国旅游的长期共荣。深化陶瓷文化产业的体制机制改革，加速其文化及经济的发展，清除阻碍陶瓷文化生产力发展的体制障碍。中国陶瓷文化产业的改革应遵循市场经济规律和社会主义精神文明建设的要求，通过创新体制和机制，聚焦产业化、市场化、社会化等关键问题，解决面向市场的经营性问题。公益性陶瓷文化事业应由政府主导，积极转变机制以增强活力；经营性陶瓷文化产业则应由市场主导，进行体制创新，充分利用市场机制增强发展动力。通过精英培养和宣传提升，增强陶瓷文化与中国旅游的合力效能。首先，培养能够领导陶瓷文化产业发展的关键人物。其次，打造一批陶瓷文化的精英力量。通过专业培训、实践经验和国际交流合作，培养具有国内外影响力的陶瓷人才。同时，通过事业、政策和情感吸引并留住人才。

3. 全面融合

通过多元化投资和市场主体的强化，加强陶瓷文化产业与中国旅游业之间的互动。实施陶瓷文化产业投资主体多样化政策，同时简化陶瓷文化旅游项目的市场准入条件，确保陶瓷企业和项目成为推动力量。明确陶瓷文化产业发展的重点和亮点，持续追求实效，依据市场经济规律及地方实际情况进行陶瓷文化产业的规划。推广具有特色的元素，并采用市场化操作，扩大融资渠道，激励社会力量参与，形成多元化投资机制，通过项目支持和企业群体共建陶瓷文化产业与中国旅游业的发展平台。转变政府职能，将陶瓷文化产业市场管理纳入规范化和法治化轨道，由直接管理向间接管理转变。调整资源配置，解决陶瓷产业中的资源浪费、重复建设及规划缺失问题，优化功能相似的陶瓷文化产业结构。实施错位竞争策略，企业可以利用自身比较优势，在合理分工与互补中寻求特色立足和错位竞争，调整陶瓷文化产业结构，实现差异化竞争。通过对外开放和环境优化，实现陶瓷文化产业与中国旅游业的最大效益。加强陶瓷文化产业的国际化，通过发展陶瓷文化旅游业扩大对外贸易，吸引更多游客和外商投资；通过旅游业的发展增强开放意识和氛围，增强中国的整体开放性；扩大陶瓷文化产品的出口，提升产品质量，开发适应国际市场需求的产品，提高国际竞争力。

（二）实现文化创意方面的三结合

1. 现代科技与传统技术相结合

陶瓷文化的卓越之处在于它不仅展现了陶瓷的精美与震撼人心的力量，也表达了浓厚的乡土情感，仿佛小溪般流淌。中国历经千年，积累了无数传统陶瓷图样，这些都是珍贵的非物质文化遗产，为现代科技研发新的陶瓷创意产品提供了丰富的历史和文化借鉴。目前，陶瓷文化产业的发展目标是在保持陶瓷传统淳朴的基础上，开发出符合现代审美和个性化需求的创新设计。这需要从业者将现代技术与传统陶瓷工艺充分结合，进行勇敢的创新实践。经验证明，传统陶瓷的现代化转型是基于祖先的智慧与日常生活中的持续创新。

2.传统文化与现代设计语言相结合

经历了千年的演变，陶瓷不再仅仅是工艺品，更是承载了深厚历史文化的中国传统符号。在中国传统文化中，"寓意"通常比"形象"更为重要。通过形式与内容的完美融合，中国传统文化的象征得以生动展现，这也是中国传统文化强劲生命力的来源。因此，在当今文化多样性的背景下，更应深刻理解并尊重这种历史沉淀，用现代设计语言重新诠释这种历史、民族和传统的深刻。

3.继承保护与发扬创新相结合

唯有了解和掌握发展规律，才能合理、科学地结合传统元素，通过现代设计手法传达陶瓷文化的深层意义。只有这样，传统的陶瓷文化元素才能在现代设计中以合理且多样的形式展现，从而有效地传承并弘扬中国陶瓷文化的精神。为了达到这一目标，不仅需要对陶瓷文化的传统规律有深刻的理解，还需要将陶瓷文化与旅游业有效结合，推动陶瓷的传承和创新。

（三）加强现代工艺、现代理念、现代艺术的应用

1.加大现代工艺在陶瓷中的应用

中国陶瓷采用多样化的制作技术，响应了人们对传统的依恋及对个性化的需求，创造出强烈的节奏感和独特的魅力。在中国陶瓷工艺的持续发展基础上，从业者还需更多地探索现代工艺技术在陶瓷产业中的实际应用。

2.加大现代理念在陶瓷中的应用

陶瓷艺术及其衍生品的国际化进程在很大程度上由现代创意和设计的国际化水平决定。陶瓷的现代化理念核心在于其多样化、区域化及本土化的处理，设计上则注重国际化，这是全球艺术产业竞争的高点。从保护和弘扬民族文化的角度看，现代流行工艺品之所以受欢迎，其背后自有其合理性。清新、自然的图案设计和深远的意境正是中国陶瓷的强项。对现代消费者而言，当前陶瓷品牌的主要功能是提供便捷的选择方式，简化购买决策流程。选择口碑好的现代陶瓷品牌对消费者来说，是一种省心、可靠且风险小的策略。在面对众多的陶瓷商品和服务提供者时，消费者很难通过比较产品本身和服务来做出精确的选择。因此，对现代消费者来说，只有那些符合现代传统、历史和民族特色的产品，才能真正得到接受、消费和流行。在当前的国内外市场上，品牌购买已成为主流，无论是快速消费品还是耐用品，消费者在购买时都十分注重品牌。因此，加强现代理念在陶瓷中的运用，意味着要不断增加产品的样式和引入先进的设计理念，以及改进陶瓷加工技术，使现代陶瓷设计在表现民族性、时尚性和个性化特征的同时，能够有效地结合传统工艺和先进染色技术。

3. 加大现代艺术在陶瓷中的应用

中国陶瓷历经岁月的沉淀，不仅继承了传统艺术的精华，还不断地进行艺术创新。其中，关键一环是将现代艺术元素更多地融入陶瓷产品中。为了让现代艺术与陶瓷的结合更加紧密，相关从业者需要让这些传承千年的传统工艺更好地符合现代人的审美需求。古人在遵循"天人合一"的哲学原则时，已经将自然的元素（如水、土、火、气）与人的创意巧妙结合，创造出制陶技术，使之达到了极致的艺术表现。对于现代陶瓷的花形与图案设计，为了满足现代消费者的心理和审美期待，相关从业者需从传统的具象表现方式向更加抽象和现代的设计风格转变，从一贯的传统模式转向更加灵活和现代的风格。把各种现代工艺美术技法融入中国陶瓷，把现代的中国艺术、世界艺术、民族艺术融入中国陶瓷，使中国陶瓷真正体现出现代与古典、质朴与华贵、剔透与朦胧的多种美感相交汇。通过加大现代艺术在陶瓷中的具体应用，可以创造出一种无形的声誉价值，这对陶瓷产品来说是比有形资产增值更大的力量源泉。[1]

① 贾格年. 现代化对土族传统文化资源的冲击 [J]. 商洛学院学报，2009，23(5)：37-39，92.

（四）实施切实的激活工程

1.激活陶瓷时尚创意的突破点

陶瓷创作的灵感往往源于各民族深厚的文化积淀。长期以来，中国的陶瓷企业依托其精湛的工艺，使得中国陶瓷不仅文化底蕴深厚，而且符合现代时尚潮流，满足了消费者的多样需求。通过广泛吸纳不同文化的优势、融合丰富的历史和民族资源，恰当地组合应用，与其他艺术形式协作，创造了具有高观赏价值和实用价值的陶瓷艺术精品。中国陶瓷文化产业正从"中国制造"向"中国创造"转型，提升科技与品牌的贡献率成为产业发展的核心。创意不仅是价值创新的关键，也是产业发展的动力。在知识经济时代，创意已经成为消费观念的一部分，标志着"创意时代"的到来，这种趋势在多元发展的现代生活中尤为明显。

2.激活陶瓷科技攻关的创新点

中国陶瓷文化产业目前面临的挑战是如何通过科技攻关，让陶瓷产品成为全球市场的新宠。当今社会的发展推动了陶瓷从传统市场向全球市场的拓展，同时促进了现代与传统陶瓷的共存。技术的持续提升和质量的改进是必要的，以更好地支持陶瓷的设计和生产，满足不断变化的客户需求。这要求从业者坚持科技创新，通过技术交流与科技进步，赋予陶瓷企业更多创新技法。在全球经济形势日益严峻的背景下，陶瓷企业需寻求合作并强化科技创新，以激活市场，注入新的发展动力。例如，陶瓷手表和电陶炉等创新产品便展示了科技的应用。总体上，需要发挥科技创新的支撑作用，结合市场与科技的双重驱动力，推动中国陶瓷通过"品牌引领、科技集聚、产业升级、经济跨越"的创新驱动发展路线前行。

3.激活陶瓷人才传承的立足点

陶瓷文化的传承与创新至关重要，而培养本土及本民族的陶瓷艺术人才是实现这一目标的重要途径。陶瓷作为珍贵的民族文化遗产，需要一批批专业人才的持续传承。通过系统地培养陶瓷艺术人才，可以确保陶瓷文化的有效传递和创新。陶瓷文化的人才培养是维持和刷新文化传承的核心。因此，陶瓷企业需要克服长期存在的发展瓶颈，具体策略包括缓解在引进产品造型师、图案设计师、服装工艺师、高级管理人员及外语外贸人才方面的困难。企业可以派遣技术人员到与陶瓷艺术和科技相关的高等学府深造，加强与这些院校的合作，将在职培训与人才引进相结合，并与艺术院校合作建立专门的陶瓷实习基地，为实践和理论知识的交流提供平台。

第二节　陶瓷文化产业发展的模式

　　陶瓷文化产业发展的主要模式包括核心模式、聚集模式、联动模式、辐射模式、创新驱动模式、文化体验模式等（图7-2），这几种模式各具特色，为陶瓷文化产业的持续繁荣和创新奠定了坚实的基础。这些模式的实施，不仅能够加强陶瓷文化产业的文化传承，还能在全球市场中有效地展示其独有的艺术价值和商业潜力。

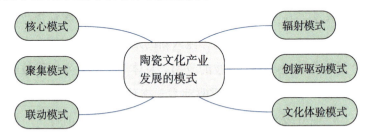

图7-2　陶瓷文化产业发展的模式

一、核心模式

　　中国的陶瓷艺术源远流长，品种繁多，每种陶瓷都源于深厚的文化渊源，展现不同地域的独特文化特征。长期以来，中国各民族在生产与生活中不断将喜爱的元素（如花卉、动物图案）融入陶瓷制品中，使得陶瓷绘画成为一门能够代代相传的古老艺术。在传承与创新的过程中，这门艺术不断发展，形成了鲜明的地方特色。陶瓷的绘制技法多样，随着地理环境和审美趣味的差异，表现出多种绘画风格。陶瓷绘画以其图案丰富而著称，内容涵盖自然景观和天文现象等，从平常生活到奇幻世界，体现出繁复而细腻的艺术风格；其大胆而灵活的配色，以红、黄、黑等富丽堂皇的色彩为主，表达了对美好生活的向往。中国陶瓷的风格多样，不仅保留了传统的质朴美，还吸纳了其他艺术形式的精髓，使其既具有民族特色又不乏现代感。

尽管陶瓷艺术在技术和美学上不断创新，其在文化产业发展中仍未能形成核心的主导作用。在一些少数民族地区，迄今为止尚未形成能够引领地方经济发展的陶瓷企业或文化艺术产业园区。尤其是广袤的西部地区，一些小规模的陶瓷厂面临巨大挑战。它们因规模较小、技术积累有限及组织结构不健全等问题，往往难以适应迅速变化的大市场环境，通常处于竞争的不利地位。这种情况常被描述为"小农户与大市场"的典型困境。为提升我国艺术陶瓷文化产业的组织程度，经验证明，以下几种模式效果显著：一是陶瓷龙头企业带动型，此模式利用大企业的资源优势，带动周边小企业共同发展；二是陶瓷中介组织联动型，通过建立行业协会或合作组织来促进信息共享和资源整合；三是陶瓷合作社一体化模式，这一模式鼓励生产者组建合作社，共享市场资源，提高议价能力。对于已在艺术陶瓷领域内建立声誉的陶瓷大师，实施"现代龙头企业＋陶瓷艺术家"模式，通过合作将个人艺术才能与企业资源结合，共同探索市场；对于资金雄厚、市场操作能力强的作坊主，可以选择中介组织联动型和合作社一体化模式加速发展；而对于市场较小、创新能力不足的作坊主，则更适合通过龙头企业带动型模式，利用大企业的资本、技术及市场信息等优势，拓宽自己的销售渠道，提升产品竞争力。

最终目标是通过上述努力，将具有潜力的陶瓷企业或产业园区打造成新常态下地方政府支持的区域经济发展新引擎。

二、聚集模式

陶瓷作为中国传统文化的重要载体，历来以其丰富多彩和精美绝伦的艺术特色而著称。然而，随着全球经济增速的放缓和互联网技术的飞速发展，传统的陶瓷市场已感受到了前所未有的寒意，市场竞争日趋激烈，尤其是在电商和移动互联网购物的冲击下，传统的"大店模式"已难以为继。过去，陶瓷文化产业在消费市场中有一个明显的特征，即消费者需求高度集中。传统的大型陶瓷品牌通过塑造高端的品牌形象和设置高价位，一度在市场中占据主导地位。这些品牌通过大店模式，成功地提升了陶瓷产品的附加值，也塑造了一流的消费体验。然而，随着市场环境的变化，这一消费趋势已经发生了根本性的转变。曾经能够在大城市轻松赚取丰厚利润的品牌，如今却成为市场调整中最为痛苦的群体。

现代陶瓷消费者的需求变得更加明确和细致，这使得市场被细分为多个具有特定需求的小众市场。随着消费者对陶瓷产品认知的提升，以及被各种新兴品牌不断教育和影响，传统的大店模式难以满足消费者的个性化需求。陶瓷文化产业的品牌单靠过去的营销模式难以在激烈的市场竞争中保持竞争优势。在这种情况下，聚集模式为陶瓷文化产业提供了一种新的发展方向。这种模式鼓励产业内的企业、研究机构、供应链合作伙伴在地理或虚拟空间上进行聚集，以促进资源共享、信息流通和协同创新。例如，景德镇作为陶瓷的传统聚集地，已经形成了完善的产业生态系统，包括从原材料供应到成品销售的完整链条。通过实体和网络平台的双重聚集，景德镇不仅保持了其作为"瓷都"的地位，还成功地将传统技艺与现代电子商务结合起来，开拓了新的销售渠道和市场。互联网和移动购物的普及也为陶瓷品牌提供了新的聚集平台。电子商务不仅使得产品价格更加透明，而且提供了更为多样化的销售渠道，使消费者能够直接从生产者手中购买到高质量的陶瓷产品。这种新型的交易方式使大品牌的高价体系受到挑战，也为中小陶瓷企业提供了公平竞争的机会。

因此，陶瓷文化产业的发展应更加注重聚集效应的培育和利用。无论是传统的地理聚集还是基于互联网的虚拟聚集，都应成为推动产业可持续发展的关键策略。通过聚集，可以更好地实现资源的优化配置，促进技术创新和文化传承，同时满足日益多元化的市场需求，为整个陶瓷文化产业注入新的活力和动力。

三、联动模式

在市场经济体制下，尊重知识和劳动的价值是实现资源有效配置的关键。特别是在我国，陶瓷文化产业在改革开放后迅速发展，产业内部的资源整合逐渐显现出其重要性。现代企业制度为陶瓷行业的转型提供了新的机遇，强调通过市场化手段整合各方面资源，保留陶瓷艺术家原有的风格和传统的同时，利用现有的销售渠道和资源。这种转变促使传统的陶瓷作坊逐渐演化成现代企业的车间和生产线，陶瓷艺术家则转变为创意组织和环节的一部分。这种产业结构的变化带来了新的经营模式和战略定位。

在陶瓷文化产业的发展过程中，可以观察到几种主要的业务模式。第一，注重提升区域性陶瓷品牌竞争力的企业。为了满足各种消费者的需求，许多企业在产品线有限的情况下，仍然努力拓展新产品，有的甚至达到上百种款式。这种策略虽然增加了成本，但在一定程度上也稳定了产品质量，降低了生产误差，因为长时间生产同一类产品有助于降低成本和维持产品的质量和色彩的一致性。第二，追求规模化效益的企业。这类企业通过扩大产能来降低产品成本，采用"低价竞争，薄利多销"的策略，实现规模化的销售。这种模式虽然可以扩大市场份额，但往往品牌附加值较低，企业大而不强，主要以模仿和跟进市场其他品牌为主。

第三，专注品牌化运营的企业。这些企业具有较强的市场营销和创新能力，销售额和利润逐年增长。它们通过多年的经营，在业界建立了一定的品牌价值和市场影响力。这类企业通常根据市场销售情况逐步扩大产能。第四，消化产能的竞争性企业。在市场竞争加剧和资源整合的背景下，专业购买并加工砖坯进行销售的"私抛厂"和专门生产砖坯但没有自主品牌的企业逐渐出现。这些企业面临市场营销能力不足、缺乏创新能力的挑战，因此开始为其他企业提供贴牌加工服务，或是通过低成本竞争的方式寻找市场空间。

陶瓷文化产业发展趋势要求企业采用联动模式，通过现代企业制度的改革，将陶瓷艺术家的创意力量与企业的生产销售力量进行有效整合。这种联动模式不仅是资源的简单叠加，而是通过吸收、合并、入股等多种市场化手段，实现资源的优化配置和高效利用。例如，一些企业专门生产某一类型的陶瓷部件，通过专业化和规模化的生产，实现成本和品质的双重优势。这些企业不仅满足自身品牌的发展需要，也为其他品牌提供定制化生产服务。通过这种模式，陶瓷文化产业能够在激烈的市场竞争中保持竞争力，实现可持续发展。

四、辐射模式

辐射模式可以细分为三种：龙头企业带动型模式、中介组织联动型模式以及合作社一体化模式。每种模式都有其独特的运作方式和内在逻辑，适用于不同的市场环境和产业要求。以下是这三种模式的详细介绍和分析。

（一）龙头企业带动型模式

龙头企业带动型模式在陶瓷文化产业中较为常见。在这一模式下，龙头企业处于核心地位，对整个产业链有着决定性的影响力。龙头企业通常具备较强的品牌影响力、资本实力和市场控制力，能够通过发出生产指令、控制质量标准、进行市场营销等一系列活动，对下游的小型陶瓷作坊产生直接影响。具体来说，龙头企业通过建立标准化的购销合同，将自身的利益与陶瓷作坊主的利益捆绑，形成"公司＋作坊主"、"公司＋基地＋作坊主"或"公司＋批发市场＋作坊主"等经营组织形式。这种模式的优势在于龙头企业可以快速实现规模经济，提升整个产业链的效率和响应速度。然而，它也可能导致作坊主的依赖性增强，创新能力受限。

（二）中介组织联动型模式

作为对龙头企业带动型模式的补充和改进，中介组织联动型模式应运而生。在这一模式中，中介组织扮演着桥梁和纽带的角色，连接龙头企业和众多分散的小规模陶瓷作坊。中介组织可以是行业协会、商会或其他形式的组织，它们通过集体谈判、统一标准、共享资源等方式，提升小规模作坊的议价能力和市场竞争力。这种模式的核心优势在于能够平衡龙头企业与小作坊之间的力量关系，帮助作坊主在保持独立性的同时，享受到集体合作带来的规模效益。此外，中介组织还可以提供技术支持、市场信息和法律援助等服务，增强整个产业的适应性和灵活性。

（三）合作社一体化模式

合作社一体化模式是基于高度自愿和内部成员利益一致的原则建立的，它强调的是垂直一体化的经营和管理。在这种模式下，合作社不仅是生产的主体，也承担着管理和决策的职责。合作社成员既是企业的股东，也是企业的管理者，按照规定的方案进行利润分配。这种模式的优势在于能够大幅度降低市场交易成本，将其转化为内部管理成本。通过内部的科学管理结构，合作社能有效替代产品交易市场，实现更高效的资源配置和利益分配。同时，劳动者对资本的支配权增强，资本的集聚和运用更加注重合作与共赢。然而，合作社模式需要成员之间有高度的信任和合作精神，一旦内部出现利益冲突，可能会影响整个组织的稳定性和发展。

五、创新驱动模式

创新驱动模式为陶瓷文化产业的持续发展提供了强大动力。通过不断的技术革新、管理改进、市场扩展以及文化创新，陶瓷文化产业不仅能够适应当前的市场需求，还能主动塑造市场，引领文化潮流。这种模式的实施，最终将促进陶瓷文化产业的全面升级和长远发展。

技术创新是陶瓷文化产业创新驱动模式的基石。随着新材料的发现与应用，陶瓷产品的质量和功能性有了显著提升。例如，通过纳米技术使瓷器表面具有自清洁功能，或者通过 3D 打印技术在瓷器制造中实现复杂形状的设计，这些技术不仅提高了生产效率，也极大地拓宽了陶瓷艺术的表现形式。此外，环保型高效的节能烧制技术也正在改变传统陶瓷生产的能源消耗格局，符合可持续发展的要求。

在管理层面，采用现代信息技术，可以优化资源配置，提升运营效率。此外，通过构建数据分析平台，陶瓷企业能够更精准地把握市场需求和消费者偏好，实现产品创新和市场营销的精准对接。例如，运用大数据和人工智能技术在产品设计初期融入消费者反馈，可以在产品开发阶段大幅度减少资源浪费，提高产品市场认可度。

市场创新在陶瓷文化产业中同样重要。随着消费者对生活品质的追求不断提高，陶瓷产品不再仅仅局限于传统的实用功能，更多地转向装饰性和艺术性的发展。通过创新的营销策略和销售模式，如在线销售平台、跨界合作、体验式营销等，陶瓷品牌能够更好地与消费者进行互动，提升品牌的知名度和影响力。例如，与时尚、家居、旅游等其他行业的联名产品，不仅可以开辟新的市场渠道，还能为传统陶瓷文化注入新的生命力。

在文化创新方面，陶瓷文化产业通过与现代艺术的结合，推动传统工艺的现代化转型。通过举办陶瓷艺术展览、工作坊、文化节等形式，加强公众对陶瓷文化的认识和体验。同时，这种文化的普及和提升也帮助传统技艺得到更好的传承和发展。更重要的是，通过举办这些文化活动，使陶瓷不仅仅是一种物质形态的艺术，更成为连接历史与现代、东方与西方的文化桥梁。

六、文化体验模式

文化体验模式是指通过提供沉浸式的文化体验活动，以增强消费者与文化产品的情感连接，进而推动文化产业的发展。在陶瓷文化产业中，这种模式通过让消费者亲身体验陶瓷制作的过程、了解陶瓷文化的历史背景、参与陶瓷艺术的互动展示等方式，来提升陶瓷产品的文化价值和市场吸引力。

陶瓷文化体验活动通常包括专题讲座、陶艺工作坊和文化交流会等形式，这些活动不仅有助于传承陶瓷技艺，还能激发公众对陶瓷艺术的兴趣。通过组织学校、社区等不同群体参与的教育活动，陶瓷艺术家和工匠能够直接向公众传授陶瓷制作的技巧及其文化意义，这样的互动增加了文化的传播力度和深度。随着体验经济的兴起，消费者越来越倾向于购买能够带来独特体验的产品。陶瓷文化产业可以通过开设体验店、设置互动展览等形式，让消费者在体验制作过程中感受到陶瓷艺术的魅力。例如，顾客可以在专业人员的指导下亲手制作一件陶瓷作品，这种体验往往能增加他们对产品的情感价值认同，从而提升产品的销售潜力。为了更深入地展现陶瓷文化，可以创造仿古陶瓷作坊或重现历史上著名的陶瓷工坊场景。在这些场景中，观众不仅能看到陶瓷的制作过程，还能通过虚拟现实（VR）等现代技术手段，穿越到古代陶瓷制作的黄金时期，体验从泥土到成品的每一个步骤。这种深度的文化体验可以极大地提升陶瓷文化的吸引力。

通过与现代艺术的结合，陶瓷体验模式可以突破传统界限，吸引更广泛的观众群。举办现代陶瓷艺术展览，特别是邀请现代艺术家与陶艺家合作，创作融合现代美学的陶瓷艺术品，可以吸引不同背景和兴趣的观众。此外，网络平台直播等活动可以让无法亲临现场的国内外艺术爱好者也能感受到现场的艺术氛围。

第三节　陶瓷文化产业发展的保障体系

为确保陶瓷文化产业的持续繁荣和发展，建立一个坚实的保障体系是必不可少的。这一体系涵盖了领导、政策、组织、融资、市场、人才、创业等多个关键方面。

一、领导体系

一个全面有效的领导体系是陶瓷文化产业发展的重要保障。通过政府的引导、政策的支持和项目的落地成长，可以确保陶瓷文化产业在全球竞争中保持活力和竞争力，实现持续健康发展。

领导体系的建立应当以政府为基础。政府不仅是政策的制定者和实施者，更是文化产业发展的策划者和推动者。在陶瓷文化产业中，政府的角色应当明确为提供方向、策略和资源配置的中心。这一点，可以通过明确各级政府职能定位来实现，以坚持社会主义先进文化前进方向为原则，确保陶瓷文化产业沿着正确的路径发展。政府还可以把激发陶瓷文化产业的创造力和文化影响力作为目标，进行统筹规划和政策引导。通过强化扶持和有效监管等服务工作，增强陶瓷文化产业发展的活力。例如，建立陶瓷文化产业部门企业联席会议制度，能够促进不同部门之间的信息交流和资源共享，从而形成跨区域、跨部门联动合作机制，这种机制能定期分析研究陶瓷文化产业的发展规划程度、项目建设进度和资金筹措情况，确保产业的持续健康发展。

政府可以通过灵活运用行政手段、法律手段和经济手段对陶瓷文化产业的发展进行调控，从实际出发，制定符合陶瓷文化产业发展的规划，加大实施优惠政策，推动产业的发展。政策的制定应关注培育陶瓷消费市场、服务陶瓷企业的发展需要，为陶瓷企业创造一个快捷、便利、和谐的创业投资环境。政策引导应从法律法规、投资指导目录、产业技术服务体系等多个方面入手，建立并完善企业、协会和市场的信息平台、技术服务平台和交易评估平台，不断提高陶瓷生产制作、管理和营销的技术水平。在项目的落地与成长方面，政府应重视对陶瓷文化产业发展的研究，加强对陶瓷文化产业规划的修订、调整和实施；强化对陶瓷文化产业项目的落实，按照一般经济规律与陶瓷文化产业发展规律，在策划项目、包装项目、推介项目上形成完整链条；建立陶瓷文化产业常备项目库，加快项目的落地建设，对条件成熟的项目应尽快启动，已经启动的项目应加快建设进度，正在酝酿的项目应全力以赴，确保项目建设对陶瓷文化产业发展的促动作用和带动效应。

二、政策体系

一个全面且有效的政策体系对于陶瓷文化产业的发展至关重要。通过细致而具体的政策设计和实施，可以为陶瓷文化产业提供稳固的发展环境，支持传统技艺的传承与创新，促进产业的可持续发展和国际竞争力。

政策体系的核心在于通过一系列政策措施，确保陶瓷文化产业的可持续发展。为实现这一目标，需要从以下几个方面着手构建和完善。第一，法律法规的建立和完善。法律法规是政策体系的基石，为了促进陶瓷文化产业的发展，需要制定一系列具有针对性的法律法规。这包括但不限于知识产权保护法规、文化遗产保护法、产业发展促进法等。通过这些法律法规的制定和实施，可以为陶瓷企业的正常运营和产品的创新提供法律保障，同时对盗版和仿制行为进行有效的制裁，保护传统工艺不受侵害。第二，投资和财政支持政策。陶瓷文化产业的发展需要大量的资金投入，特别是在技术研发和市场开拓方面。政府可以通过财政补贴、税收优惠、特别基金等方式为陶瓷企业和陶瓷项目提供政策或资金支持。这些政策不仅可以减轻企业的财务负担，还可以激励企业投入更多资源进行文化创新和技术改进。例如，对于那些致力于传统工艺创新或出口市场开拓的陶瓷企业，可以提供额外的财政优惠和支持。第三，产业技术发展和创新政策。陶瓷文化产业的未来竞争力在很大程度上依赖技术的革新和产品的多样化。政策体系中应包含鼓励技术创新和技术转移的具体措施。政府可以设立专项资金支持陶瓷企业对技术的研究与开发，鼓励企业建立陶瓷科技研发中心，促进科研成果的产业化。同时，通过构建与高等院校、科研机构的合作框架，引导科研资源和高端人才向陶瓷文化产业集聚，加速技术创新和应用。第四，市场准入和监管政策。市场准入政策能够确保市场的公平竞争和健康发展。对陶瓷文化产业而言，合理的市场准入政策可以防止市场的过度饱和与无序竞争，保护中小企业的生存发展空间。通过有效的市场监管，确保产品质量和服务质量符合国家标准，消费者权益得到保护，从而提升整个行业的信誉和竞争力。第五，国际合作与出口政策。陶瓷文化产业作为中国传统文化的重要组成部分，具有极高的国际传播价值。政策体系应鼓励和支持陶瓷产品的国际化，通过建立国际合作机制，促进陶瓷文化的国际交流与合作。此外，还可以通过简化出口程序、提供国际市场开拓资助等措施，帮助企业拓展海外市场，从而将中国陶瓷文化推向世界舞台。

三、组织体系

组织体系涵盖了从政府部门到私营企业的多方协同工作，包括政策的实施、监督，以及企业的运营和市场的调控。这种全面的组织结构不仅促进了陶瓷文化产业的规范管理，也为陶瓷文化产业的可持续发展奠定了坚实的基础。

组织体系的核心在于实现高效的跨部门和跨区域协作。为此，文化、财政等政府部门应当牵头，统一思想，提高对陶瓷文化产业重要性的认识，并将其列入部门的重要议事日程中。通过认真组织实施陶瓷文化产业项目，并加强监督检查，确保各项政策措施得到有效执行。

在确立陶瓷文化产业为国家产业发展和经济结构调整的支柱型产业的过程中，还需要注重对改革的顶层设计，确保陶瓷企业投入持续、运营条件得到改善、人才稳定，以及产业发展有可持续性。加速陶瓷文化产业的发展是提高中国整体经济素质、扩大就业、促进全面协调可持续发展的重要手段。

此外，还可以组建一批跨地域跨门类的大型陶瓷集团，这些集团应当建立完善的资产管理体制，专注于产业的深度整合和创新，整合物流、营销和网络资源，形成有效的陶瓷文化产业改革模式。这种模式不仅有助于提升企业的市场竞争力，还能在全球范围内提升中国陶瓷文化的影响力。同时，行业协会在管理、协调、组织和监督方面应发挥更大作用，通过建立和扶持文化行业协会组织，逐步打破行业垄断和地区分割，建立统一、开放、竞争、有序的市场体系。为陶瓷文化产业的发展营造良好的外部环境也至关重要，应强化对陶瓷市场的宏观调控和监督管理，促进文化市场健康有序发展。同时，充分挖掘陶瓷的文化内涵和商业价值，通过举办陶瓷主题的大型文化节庆会展，积极引导群众进行文化消费，提高文化消费水平，不断扩大陶瓷文化市场需求。

四、融资体系

陶瓷文化产业在发展过程中，资金是推动其持续创新和扩大市场的重要因素。融资体系作为保障体系中的一环，它的健全与否直接影响到陶瓷文化产业的稳定性和竞争力。因此，构建一个稳定有效的融资体系是促进陶瓷文化产业可持续发展的关键，具体如下。

（一）拓宽陶瓷文化产业投融资市场体系

随着经济全球化的加深，陶瓷文化产业也需应对日益变化的市场需求和经济环境，其融资体系的多样化和广泛性显得尤为重要。为了适应这一趋势，构建一个多元化的投融资市场体系尤为关键。

首先，制定和执行科学高效的投资政策可以激励更多的社会资本和民间投资的加入，如优化政策环境、设立陶瓷文化产业基金等，以及促进投资公司的成立和发展。其次，资本市场的作用也非常关键。然而，对于许多陶瓷企业而言，如何有效地利用资本市场是一个大问题。所以，清晰和优化相关政策非常重要，可以降低企业上市和融资的门槛，提供必要的市场教育和咨询服务。最后，增强陶瓷企业的投资主体地位和投资决策权也非常关键，这有助于企业更自主地进行资本运作和资源配置，提升整个行业的动态响应能力和市场竞争力。为了进一步活跃市场，还应进一步加大民间资本的参与度。民间资本的灵活性和效率可以为陶瓷文化产业带来新的发展机遇，而税收优惠、财政补贴等方式，可以激励民间投资者投资陶瓷文化产业。同时，加大对外资的引进力度，借鉴国际先进的管理经验和资本运作模式，也是推动陶瓷文化产业发展的有效途径。

（二）建立陶瓷工艺多元化的投融资服务体系

中小型陶瓷企业在陶瓷文化产业中占据着基础而重要的位置。这些企业的资本积累和筹资能力通常较弱，这在一定程度上限制了它们的发展和市场响应速度。为解决这些问题，建立一个多元化的投融资服务体系显得尤为重要，应加大对这些中小型企业的支持力度，在财政资金上给予帮助，在政策上提供更大的自主权和便利条件。加速投融资平台的建设是支持中小型陶瓷企业的另一项重要措施。这些平台能够提供从贷款到投资的一系列服务，帮助企业解决资金短缺的问题，提高其市场适应性和竞争力。此外，可以设立特定的贷款保证和风险补偿机制，降低银行和其他金融机构的放贷风险，从而促进这些机构向中小型陶瓷企业提供更多的贷款。同时，应鼓励和支持社会资本的广泛参与，通过公私合营、股权投资等多种形式，动员社会各界对陶瓷文化产业的投资。

（三）培养一批具有知名品牌和知识产权的企业

一个好的企业品牌不仅影响消费者的购买决策，而且可以显著提升产品的市场价值。为此，提高现有品牌的活力至关重要。企业可以通过品牌授权和专卖等合作方式来扩大市场影响力，这不仅能增强品牌的市场竞争力，还能显著提升品牌的附加值。对于"中国陶瓷"这一具有文化标识的品牌，加强知识产权保护和无形资产质押方式的研究尤为重要。这包括建立完善的知识产权保护机制和高效的质押流程，以便企业能利用自身的无形资产获得银行贷款或吸引投资。此外，建立投资风险评估和分摊机制，不仅可以降低投资者的风险，还可以促进更多资本向陶瓷文化产业流动。为了支持这一策略，建议政府和行业协会共同推动文化产业融资担保中介机构和知识产权专利评估机构的建设。这些机构可以为陶瓷企业提供更专业的财务和法律服务，帮助它们更好地利用品牌和知识产权进行市场扩展和资本运作。

（四）用好用活国家及省区市文化产业专项基金

为了进一步推动产业的发展，应充分利用和活化国家及省区市的文化产业专项基金。这些基金主要用于支持新产品和新技术的研发，是推动陶瓷文化产业创新和升级的重要工具。制定和实施有力的文化产业扶持政策，可以确保这些基金能够高效地投向需要的领域。特别是对那些有潜力的陶瓷企业，可以提供贴息贷款和奖励措施，帮助这些企业扩大规模和提升市场竞争力，解决它们在资金、设计和创新方面的具体问题。这不仅包括直接的财政资金支持，也包括为这些企业和组织提供市场信息、技术咨询、人才培训等全方位的支持。通过这些综合措施，可以有效地解决陶瓷文化产业在发展过程中面临的资金和技术难题，为产业的全面和协调发展提供坚实的政策和技术保障。

五、市场体系

为了进一步提升陶瓷文化产业的市场竞争力和国际影响力，需要从加强营销推广、市场管理、国际贸易以及市场拓展四个方面系统地构建和完善市场体系。

第一，营销推广方面。利用多媒体渠道强化陶瓷文化的宣传与推广是提升品牌知名度的关键策略。通过制作系列纪录片，如"探寻陶瓷艺术之走进中国"和"陶瓷之谜"以及其他电视剧和特色栏目，可以有效扩大中国陶瓷文化的影响力和辐射面。这些作品应当采用递进式和波浪式的宣传方式，逐步深入人心，增强公众对陶瓷文化的认知和兴趣。还应加强国际市场的文化交流和展示活动，由相关部门牵头，定期在国内外举办陶瓷展览，展示中国陶瓷的独特魅力，从而提升整个行业的品牌形象。第二，市场管理方面。为了维护市场秩序和保证产品质量，加强陶瓷市场的内部管理和行业自律至关重要。相关部门应引导陶瓷企业成立行业协会，制定统一的行业规范，确保产品的质量和价格的透明公正。这不仅有助于规范市场价格，还能保护消费者的权益，提升行业整体的信誉和竞争力。第三，国际贸易方面。除了增强国内消费者对陶瓷环保和手工艺品特点的认知，还需通过多种平台，如在线电商平台和国际旅游介绍等，向国际市场推广中国陶瓷。还可以根据不同国家消费者的习惯和偏好，推出具有国际吸引力的定制化陶瓷产品，真正使中国陶瓷品牌走向世界。第四，市场拓展方面。陶瓷行业应进一步利用东部地区的品牌效应，带动中小型企业的成长和技术创新。还要建立起以大中城市为中心，辐射西部地区甚至周边国家的营销网络，这将有助于品牌的推广和市场的快速拓展。更进一步地，通过建立出口加工基地和促进跨国贸易，特别是在边境省区，可以有效地推动陶瓷产品在国际市场上的销售，提升国内市场的消费潜力。

六、人才体系

面对经济全球化的挑战和市场的竞争，构建一个多元化、高效能的人才保障体系显得尤为重要。构建陶瓷文化产业人才保障体系需要从以下几个方面着手（图7-3）。

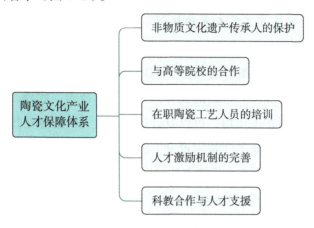

图7-3 陶瓷文化产业人才保障体系

（一）非物质文化遗产传承人的保护

非物质文化遗产的保护和传承是确保陶瓷文化产业可持续发展的关键。传统陶瓷技艺不仅是文化的传承，也是技术和艺术的综合体现。因此，相关政策应着重保障这些技艺的传承人，为他们提供生活和生产上的支持，保证他们能够专注技艺的传承与创新。例如，政府可以设立专项基金，支持传统陶瓷工艺的现代化改造，为传承人提供稳定的经济保障和高标准的工作环境。此外，鼓励年青一代通过学校教育和社会实践活动，向传承人学习，是确保技艺传承的有效途径。

（二）与高等院校的合作

与高等院校合作，共建实践教学基地，可以为学生提供宝贵的实践机会，同时促进学术交流和技术合作，从而推动创新思维和创意设计的发展。这种合作模式有助于培养具备现代设计理念和传统工艺技能的复合型人才。政府在此过程中扮演着桥梁的角色，通过政策支持和资金投入，促进产学研用的紧密结合，加快理论成果的转化应用。例如，可以设立专项基金支持这些合作项目，确保资源的有效配置和利用。此外，通过定期举办陶瓷设计大赛、研讨会等活动，增强学术界与产业界的互动，激发学生和教师的创新潜力。

（三）在职陶瓷工艺人员的培训

持续的在职培训是提升陶瓷从业人员技能和创新能力的有效策略。组织工艺人员外出考察学习，参与国内外的技术交流会，不仅可以拓宽他们的视野，还可以引进新的设计理念和工艺技术。此外，定期举办工艺技术培训和创新工作坊，可以有效提升工艺人员的专业技能和创新能力。这种培训不仅应关注技术提升，还应涵盖市场营销、品牌建设等多方面知识，以适应陶瓷文化产业的综合发展需求。

（四）人才激励机制的完善

在陶瓷文化产业中，建立有效的人才激励机制是吸引和留住关键人才的重要策略。对于那些在陶瓷艺术和技术领域表现突出的人才，采取奖励措施至关重要。通过赋予股权和期权等激励方式，可以使这些人才分享产业成长的成果，同时增强他们对企业和产业的归属感和忠诚度。此外，发挥知名人士的影响力，通过举办陶瓷文化节、展览等文化推广活动，可以极大地提升行业的知名度和吸引力。这不仅有利于吸引更多的创意和管理人才，还能提升公众对陶瓷文化的认知和兴趣，进一步促进陶瓷文化产业的整体发展和传播。

（五）科教合作与人才支援

加强东西部地区在陶瓷文化产业领域的人才和技术交流是推动地区经济均衡发展的有效手段。例如，通过技术转让、人才培训、科研支持等方式，加速技术和知识在地区间的流动和共享。鼓励东部地区的科研机构和企业向西部地区提供支持，帮助西部地区提升陶瓷产业的技术水平和市场竞争力。这种合作不仅限于技术层面，还包括管理经验和市场开拓的分享。通过建立跨区域的培训和实习基地，使西部地区的陶瓷人才有机会到东部地区的先进企业和研究机构学习和交流，从而提升个人能力和地区产业的整体发展水平。同时，这样的合作还能促进文化的多元交流和融合，增强全国范围内的文化认同，促进产业协同发展。

七、创业体系

创业体系的完善不仅能促进就业，还能激发社会创新活力，增强产业的综合竞争力。以下是对陶瓷文化产业创业体系的几点具体建议。

第一，政府推动大众陶瓷创业的新常态。政府可以将陶瓷文化产业的创业就业工作置于优先发展的战略地位，通过建立目标化管理机制，确保各项创业支持措施的实施和效果。第二，通过政策扶持激发大众创业的积极性。为了更好地激发大众的创业积极性，制定和实施一系列有针对性的扶持政策。第三，通过产业引领释放陶瓷创业新动力。陶瓷产业应发挥其资源比较优势，坚持质量和特色双赢策略。

第四节　陶瓷文化产业发展的具体策略

在经济全球化与技术进步的推动下，陶瓷文化产业发展正站在新的十字路口。为了抓住时代赋予的机遇并有效应对挑战，必须制定和执行一系列切实可行的策略。这些策略将集中体现在五个关键方向：坚持五大发展原则、唤醒"三自"发展意识、推行四大发展理念、实施三大跨越式发展战略以及应用三大现代化策略。这一系列策略将指导陶瓷文化产业在保持传统魅力的同时，实现现代化转型，进而提升国际竞争力。

一、坚持五大发展原则

在全球市场和国内产业环境不断变化的背景下，陶瓷文化产业需积极寻求创新发展战略，以适应经济和文化的新趋势。陶瓷文化产业重点应放在节能、创新、产业升级及品牌创建上，坚持以下五大发展原则，从而增强产品的市场价值和提升品牌知名度（图7-4）。

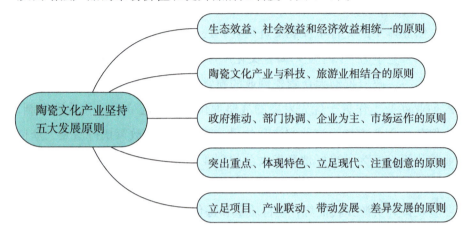

图 7-4　陶瓷文化产业坚持五大发展原则

（一）生态效益、社会效益和经济效益相统一的原则

陶瓷文化产业作为一个历史悠久的行业，不仅在文化上具有深远的影响，也是人们利用自然资源的重要方式。在陶瓷的制作过程中，从泥土的采集到成品的烧制，每一步都与自然资源密切相关。因此，陶瓷不仅是工艺品，更是文化和自然环境相结合的产物。随着环保意识的增强和可持续发展需求的提升，陶瓷文化产业的发展必须采取科学方法，实现生态效益、社会效益和经济效益的统一。

第一，陶瓷文化产业的生态效益主要体现在环保和资源可持续利用上。传统陶瓷生产中存在的高能耗和污染问题亟须解决。企业应采用更为环保的生产技术和材料，如采用低温烧制技术、使用可再生材料制作陶瓷，以及废水和废气的循环处理系统，减少对环境的影响。第二，社会效益的提升需通过促进文化传承和创新来实现。陶瓷不仅是商品，更承载着丰富的民族文化和艺术价值。通过开展陶瓷文化的展览、教育和国际交流活动，可以增强公众对陶瓷文化的认知和欣赏，提升陶瓷文化的社会影响力。第三，经济效益的增加是陶瓷文化产业可持续发展的动力。提高陶瓷产品的附加值，开发多功能、高品质的陶瓷新产品，可以满足市场多样化的需求。同时，通过品牌建设和市场营销创新，可以扩大陶瓷产品的市场份额，提高经济效益。

（二）陶瓷文化产业与科技、旅游业相结合的原则

在技术迅速发展和消费模式不断升级的当今社会，陶瓷产业也面临着前所未有的挑战和机遇。技术的进步不仅可以解决传统陶瓷生产中的环保问题，还能提高生产效率和产品质量，使陶瓷产业更好地适应现代市场的需求。科技的融入使陶瓷制作过程更为精准和高效，如通过数字化设计和制造技术，可以实现复杂图案和形状的精确制作，同时大幅度减少原材料的浪费。此外，现代化的生产设备可以减少能源消耗和减少生产过程中的污染，符合绿色生产的要求。

将陶瓷文化产业与旅游业相结合，是开拓陶瓷市场的一个有效途径。陶瓷的文化和艺术价值使其成为旅游产品的重要组成部分。各地可以依托本地的陶瓷文化资源，发展陶瓷主题的旅游活动，如陶瓷工作坊、陶艺体验和陶瓷文化节等，吸引游客参与和体验，从而带动地方经济和陶瓷文化产业的共同发展。通过与国内外的文化交流合作，陶瓷文化产业可以借助国际平台展示中国陶瓷的独特魅力，提升国际影响力。与此同时，通过引进国外先进的陶瓷制作技术和管理经验，可以进一步提升我国陶瓷文化产业的整体水平和竞争力。

（三）政府推动、部门协调、企业为主、市场运作的原则

陶瓷文化产业作为文化与经济结合的产业，其发展仅仅依赖市场力量是不够的，同样需要政府的引导和推动。政府的角色主要体现在制定政策、提供指导和资助支持等方面，帮助陶瓷产业把握发展方向和调整产业结构。部门之间的协调也是推动陶瓷产业发展的关键因素之一。各相关部门应协同合作，共同解决产业发展中的问题，如环境保护、资源利用和市场监管等。通过建立和完善跨部门协调机制，可以有效整合资源，提高政策的执行效率。

在这一体系中，企业是实际操作的主体，负责产品的研发、生产和销售。企业需要不断创新，提升产品质量和技术水平，以适应国内外市场的需求。同时，企业需要主动探索市场，通过参与竞争来发展自身，政府和相关部门可以提供必要的支持和服务。市场机制的有效运作是保证陶瓷产业健康发展的基础。市场不仅可以优化资源配置，还能激发企业的活力，提高产业的整体竞争力。陶瓷企业应以市场需求为导向，通过市场调研和分析，合理规划生产和销售策略，以实现产品的多样化和个性化，满足消费者的需求。

（四）突出重点、体现特色、立足现代、注重创意的原则

陶瓷文化产业的发展需要明确重点和方向。产业发展应突出重点，聚焦核心技术和关键环节，以实现技术突破和产业升级。例如，重点发展高技术陶瓷和艺术陶瓷，提升产品的科技含量和艺术价值。陶瓷产业还应充分体现地方特色，挖掘和利用地方文化资源，将地方文化融入陶瓷产品的设计和制作中。通过这种方式，不仅可以保护和传承地方文化，还能提升产品的文化价值和市场竞争力。陶瓷产业的发展还需立足现代化，引入现代设计理念和生产技术，提高产品的现代感和市场适应性。通过现代营销手段和电子商务平台，可以扩大市场影响力，吸引更多的年轻消费者。创意是陶瓷产业发展的重要驱动力。产业发展应注重创意和创新，不断开发新的产品和市场。通过持续的创新活动，可以不断提升陶瓷产品的附加值和品牌影响力，增强产业的核心竞争力。

（五）立足项目、产业联动、带动发展、差异发展的原则

陶瓷文化产业的发展应立足于具体项目，通过项目实施带动整个产业的发展。这些项目不仅包括陶瓷制作本身，还包括与陶瓷相关的设计、展览、旅游等。通过这些项目的实施，可以促进陶瓷文化产业与其他产业的联动，实现资源共享和优势互补。陶瓷文化产业的发展还应注重差异化，形成各具特色的发展模式。不同地区的陶瓷文化产业应根据自身的资源优势和市场定位，选择适合自己的发展路径。通过差异化发展，可以避免行业同质化竞争，提升产业的整体效益和竞争力。通过旅游、创意和文化产业的快速发展，陶瓷文化产业可以实现跨界发展，带动相关产业链的共同成长。这种产业联动不仅可以提升陶瓷产业的影响力和经济效益，还可以为旅游和文化产业的发展提供新的增长点。

二、唤醒"三自"发展意识

对陶瓷文化的自觉、自信、自强不仅是文化传承的需要，更是全面提升国家软实力和文化影响力的关键。陶瓷文化产业的发展应围绕"三自"意识，即自觉意识、自信意识、自强意识来展开，每个方面都是推动产业发展和文化传承的重要支撑。

（一）自觉意识

中国陶瓷文化的自觉体现为一种对民族文明进步的追求和向往，它是推动文化繁荣发展的思想基础和精神力量。陶瓷文化的发展不仅是经济活动的一部分，更是民族文化自觉的重要表现。历史和现实已经证明，一个民族的觉醒首先是对自身文化的觉醒，其发展动力在很大程度上来源于对本民族文化的自觉理解和应用。对于中国这样一个有着悠久陶瓷历史的国家而言，民族文化的自觉尤为重要。这种自觉不仅是文化自豪感的体现，更是不断向前发展的动力源泉。在全球文化交流日益频繁的今天，中国陶瓷文化的发展和振兴，依赖对这一文化遗产深刻的自觉和理解。这种文化自觉将引导产业以更加开放和包容的姿态，吸收外来优秀文化，同时强化本土文化的独特性和全球影响力。

（二）自信意识

中国陶瓷文化的深厚底蕴赋予了每一位从业者以自信。陶瓷作为中华文化的重要组成部分，其每一个制作过程和风格都深深扎根于中国丰富的历史和文化土壤中。这种自信来源于对中国陶瓷文化千百年来的传承和发展的认同，以及对这门艺术无限的热爱和尊重。自信还体现在对陶瓷产品质量和艺术价值的信心上。中国的陶瓷匠人通过不断的创新和精益求精，已经把中国陶瓷推向了世界舞台。为了进一步提升中国陶瓷的国际地位，从业者需要通过反思和前瞻，发掘陶瓷文化的独特优势，增强在国际市场上的竞争力。

（三）自强意识

自强是中国陶瓷文化自觉和自信的必然结果，意味着在全球化的竞争中实现自我提升和突破。自强体现为立足本土实际，依靠全民族的努力，展现独特的文化特色和创新能力。中国各地的陶瓷产业应根据各自的文化特色和市场需求，制定符合当地实际的发展策略，既保留传统的精华，又开拓创新的路径。自强还体现在积极面向现代化、面向世界的发展态度上。通过加强与国际的文化和经济交流，中国陶瓷可以更好地融入世界市场，同时提升自身的文化软实力和市场竞争力。这种自强不息的精神将促使中国陶瓷文化产业在全球文化经济格局中占据更为重要的位置。

三、推行四大发展理念

在当今时代背景下，中国陶瓷文化产业正处于改革发展的关键和攻坚阶段。为此，陶瓷文化产业必须深入贯彻和实施创新发展、协调发展、绿色发展和开放发展的四大发展理念（图7-5）。这些理念将成为推动陶瓷文化产业现代化进程的战略基石，指导产业向着更高质量和更可持续的方向发展。

图7-5　陶瓷文化产业推行四大发展理念

（一）创新发展理念

在陶瓷文化产业的发展中，创新是推动行业前进的首要动力。这种创新不局限于技术层面，而是应该被视为一个包含多重内涵的广泛概念，涉及文化、管理、市场及技术等各个方面。从宏观层面看，创新应成为陶瓷文化产业全局发展的核心。这要求将创新精神深植于行业的每一个角落，包括政策制定、企业运营及市场策略等。只有形成全面的创新体系，才能确保陶瓷文化产业的持续竞争力和吸引力。在微观层面，陶瓷企业和文化机构应积极寻求突破传统模式的机会，探索新的设计理念、新的生产工艺及新的商业模式。同时，创新应体现在推动陶瓷艺术与现代科技的结合上，如利用数字技术提升陶瓷艺术的表现力和市场竞争力。陶瓷文化产业的创新还包括对现有发展模式的改革，如通过引入更加灵活和开放的体制机制，以促进创意的产生和实施。这些创新的实施不仅能提升陶瓷产品的市场竞争力，还能增强整个产业的活力和创造力。

（二）协调发展理念

协调发展理念强调的是行业内外部各元素之间的和谐与统一，包括产业链各环节的有效对接以及地区之间的优势互补。在实施协调发展策略时，应注重部门之间的协作和资源的共享，使得政策制定和资源配置能够更加高效。例如，政府可以通过优化地区产业布局和加强基础设施建设，为陶瓷文化产业的发展提供坚实的支撑。协调发展还应关注产业内部的平衡，确保传统陶瓷技艺与现代设计、生产技术之间的有效融合。这种内部协调不仅能够促进技术和艺术的创新，还能加强陶瓷产品在国内外市场的竞争力。

（三）绿色发展理念

绿色发展已成为当代所有行业的必然选择，陶瓷文化产业也不例外。对陶瓷文化产业而言，绿色发展意味着在确保经济效益的同时，最大限度地减少对环境的影响，实现资源的可持续利用。为实现这一目标，陶瓷产业需要在生产过程中采用环保材料和技术，如使用可循环原料和节能的烧制技术。此外，行业还应推广废弃物的回收利用和清洁能源的使用，减少生产过程中的废气、废水和固体废物排放。绿色发展还应涉及产品设计与包装的环保化，尽量减少使用一次性包装材料，推广可降解或可回收的材料。

（四）开放发展理念

在全球化日益加深的今天，开放发展对于陶瓷文化产业尤为关键。开放不仅是指市场的开放，更包括文化、技术和信息的交流与共享。通过加强与国际市场的联系，陶瓷文化产业可以更广泛地吸收外部优势资源，提升自身的创新能力和市场竞争力。实施开放发展策略，陶瓷文化产业应积极参与国际展会、文化交流活动和跨国合作项目。通过这些平台，不仅可以展示中国陶瓷的独特魅力，还能学习借鉴国际先进的设计理念和管理经验。同时，开放意味着要积极引进先进技术和高端人才，以促进产业的技术革新和品牌建设。

四、实施三大跨越式发展战略

面对技术、资本和劳动力的制约，业界需要坚定不移地执行三大发展战略，通过内部优化和外部引进的方式全面推动陶瓷文化产业的现代化进程。

（一）园区带动、产业聚集战略

为了克服当前的发展瓶颈，陶瓷文化产业可以重点发展陶瓷文化创意产业园区，利用园区的集聚效应和龙头企业的带动作用，加速产业的集群发展。这种模式不仅可以提高行业的整体效率，还能通过规模经济降低成本，增强陶瓷产品在国内外市场上的竞争力。

园区的建设应聚焦创新和高标准，通过提供优质服务和基础设施吸引更多企业入驻。此外，园区应成为技术和信息交流的平台，鼓励企业间的合作和知识共享，从而促进整个产业的技术进步和创新能力提升。政府应为园区提供必要的支持，包括财政补贴、税收优惠和土地政策上的便利，同时加强对园区内企业的服务和管理，确保园区健康和可持续发展。

（二）品牌塑造、内培外引战略

品牌是陶瓷文化产业发展的关键。一个强有力的品牌不仅能够提升产品的市场认知度，还能增强消费者的信任和忠诚度。因此，陶瓷企业必须通过内部培育和外部引进的策略来构建和强化自身的品牌影响力。在内部，企业应不断提升产品质量和服务水平，通过创新设计和技术改进来满足市场需求。同时，企业应加强品牌文化的建设，通过故事化的营销策略讲好陶瓷的文化故事，提升品牌的文化附加值。在外部，企业应通过参与国际展览、合作和交流，学习国际先进的品牌建设经验，同时借助外部专家和咨询机构的力量，提升品牌的国际形象和市场竞争力。

（三）人才培养、两个市场战略

陶瓷文化产业的发展离不开人才的支持。现阶段，行业内部人才结构较单一，专业人才缺乏，尤其是管理、设计和市场营销方面的人才较少。因此，产业需要实施系统的人才培养计划，通过校企合作、职业培训和引进国际人才等方式，提升行业人才的整体水平和创新能力。陶瓷文化产业应积极开拓国内外两大市场。在国内市场，通过多渠道营销和品牌推广活动，扩大市场覆盖面和消费人群。在国际市场，利用电子商务平台和国际合作项目，推广中国陶瓷文化，探索海外市场，提升全球影响力。此外，企业应关注国际市场的动态和趋势，适时调整策略，以更好地应对国际竞争和市场风险。

五、应用三大现代化策略

在经济全球化和信息化迅速发展的当代，陶瓷文化产业面临前所未有的机遇与挑战。为了保持竞争力并实现持续发展，陶瓷文化产业必须深入应用三大现代化策略：增强现代思维的应用、加大现代陶艺的应用以及加大现代载体的应用。这些策略不仅能帮助陶瓷文化产业适应现代市场的需求，还能推动其在全球文化经济中的地位提升。

（一）增强现代思维的应用

现代思维是陶瓷文化产业发展的基石。它不仅是逻辑思维的延伸，更是基于现代实践发展而来的。传统陶瓷文化产品虽然历史悠久，但对于现代消费者来说，融入现代元素的传统陶瓷、现代式的历史陶瓷、现代式的民族陶瓷，更容易被广泛接受、消费和流行。因此，必须在陶瓷文化产品中大力应用现代理念，不断更新陶瓷的加工程序，引进先进的设计观念，使陶瓷在现代设计中展现民族性、时尚性和个性化特征。实现传统陶瓷工艺与现代技术的结合，打造真正的现代文化产品。现代化理念设计的关键在于国际化，其中多极化、区域化与本土化等问题是全球陶瓷文化产业衍生品竞争发展急需解决的重点。

现代化创意与设计的国际化程度在一定程度上决定了陶瓷文化产业的国际化格局。现代思维的综合性体现在两个方面。一方面，现代陶瓷文化思维在陶瓷文化创意产业中起主导作用。在经济文化一体化的当代，当时尚、前卫、立体的陶瓷文化产业思维开始主导消费者的思想时，他们会从陶瓷与陶瓷的联系，陶瓷与其他相关部分的联系，以及陶瓷内部各部分、各要素之间的联系来把握新的陶瓷文化产品，形成综合性思维方式的基础。反之，如果思维出发点仅为一个点、一个面、一个角度，那么人们只能分别地、单向地认识事物的各方面，而不是综合性、全面性、立体性地认识事物。这种思维方式更多的是分析性的陶瓷文化产业思维方式。另一方面，现代陶瓷思维的综合是系统的综合。传统陶瓷文化产业思维仅以事物的"属性"为对象，通常是机械的综合，总是用习惯思维将复杂的有机体分解为各个简单的属性与要素，并用简单相加的方式描述有机体的功能和属性。而现代的陶瓷文化产业思维是一种综合性的现代思维，既不同于古代的直观综合思维，也不同于近代的机械综合思维，其最基本的特征是自觉的、全新的、主动的创造性思维，探索陶瓷文化产业发展的思维是不同于传统产业的创造性思维。

创造思维的核心是创新，这是陶瓷文化产业发展中开创新理论、新原理、新方法、新设想的根本所在。现代思维在陶瓷文化产业中的应用是新时代的必然要求。具体来说，其原因有以下三点。

　　第一，现代陶瓷思维是在科学原则指导下具有创造性的思维。人们在现代陶瓷思维中，常以某种理论、观点、方法为指南，规范自己的思维及导向，指导对新领域、新问题的探索。特别是在进入现代社会后，随着科学认识的发展，人们在各个学科、领域中形成了陶瓷学科、陶瓷领域的科学理论体系，使现代理论思维取代经验思维，成为主导。第二，现代陶瓷思维的创造性表现在对各种创造原理和方法的自觉运用。21世纪以来，创造思维研究受到重视，并在陶瓷文化产业的发展中得到应用。现代陶瓷思维的创造性不仅依赖灵感和顿悟，更要自觉掌握和运用陶瓷创造的原理和方法，开发自我的陶瓷创造潜能。目前，陶瓷文化产业发展中逐步产生创造学和创造力的研究，有助于克服阻碍陶瓷文化产业思维创造的消极因素，开发陶瓷文化产业的创造力。第三，现代陶瓷思维具有自觉怀疑和批判意识。现代陶瓷思维不仅是简单重复前人的陶瓷结论，也不是简单模仿前人的陶瓷制作方法，而是以怀疑和批判的意识不断打破常规，突破现有的陶瓷文化认识范围，开拓新的陶瓷文化认识领域。陶瓷文化产业的创造思维需要用现代的眼光审视前人的成果，这种怀疑和批判精神构成了现代陶瓷思维创造性的基础。在以上现代陶瓷思维方式的三个特征中，"唯物辩证法"是共同的核心和基础，它们之间不是孤立的，而是相互作用和联系的。

　　中国陶瓷文化产品有着清新美丽的图案和妙不可言的意境。从发扬和保护中国传统文化的角度讲，应当继续保护和传承好陶瓷文化。然而，关键在于如何科学地传承，最好的办法是让陶瓷适应市场、顺应市场、引导市场。加大现代思维在陶瓷文化产业中的应用，使千年陶瓷文化在现代思维中焕发新生，通过与现代文化创意企业的合作，或引进投资商开发"陶瓷文化产品"项目，能够让传统陶瓷在现代社会焕发活力，实现"古为今用"。现代陶瓷文化产业的发展策略必须以现代思维为基础，通过创新驱动、文化与旅游融合、人才培养与传承、品牌建设与国际化、政策支持与环境优化等多方面的措施，推动陶瓷文化产业的全面发展，实现陶瓷文化产品的现代化、国际化和多样化。这不仅能提升陶瓷文化产品的市场竞争力和影响力，还能为陶瓷文化产业的可持续发展提供有力保障。

（二）加大现代陶艺的应用

现代陶艺作为一种源于中国传统陶瓷文化的艺术形式，正在全球范围内崛起，并借助工业化力量迅速发展，取得了显著的进展。现代陶艺以现代艺术为核心，通过创新和艺术表现，为陶瓷文化产业注入了新的生命力和艺术魅力。

优秀的陶艺作品不仅应具备赏心悦目的视觉效果，还应能引发观者的深思和共鸣。近年来，中国陶艺界涌现了许多让人赞不绝口的作品，这些作品不仅思想内涵深刻、主题鲜明，而且展现了独特的艺术语言、丰富的视觉表现力和对未来美好世界的想象。中国现代陶艺赋予了现代人一种富有时代气息的审美境界，是传统陶瓷艺术创作的发展和延伸。在形式上，中国现代陶艺在装饰性、材质、色彩和肌理上取得了重要突破，开创了一种清新的唯美结构模式。现代陶艺充分体现了艺术家的个性，对中国传统陶瓷文化的现代化发展起到了积极的推动作用。通过发展，中国现代陶艺逐渐趋向成熟，呈现出多样化的风格和形式。

虽然中国传统陶艺对世界陶艺发展作出了卓越贡献，但不能停滞不前。传统陶艺的线条、色泽、装饰和雕刻等精华内容是需要继续传承和发扬的。然而，由于长期以来专注于陶瓷的实用价值，一些陶瓷艺术工作者的思维和想象力受到限制，陶艺的真正产业价值尚未完全实现，停留在实用领域，难以取得实质性突破，与西方陶艺发达国家相比仍存在较大差距。未来，中国现代陶艺创作需要注重突破精神和前卫实验精神，吸收现代文化艺术的新思想和新观念，走与现代科技相结合的道路；推动创意创新，通过引进和培养艺术家，鼓励他们进行前卫实验，打破传统界限，创作出具有现代感的陶艺作品；发展陶瓷艺术教育，开设现代陶艺课程，培养具有创新精神和现代艺术观念的陶瓷艺术人才；利用现代传媒和网络平台，推广现代陶艺作品，提升公众对现代陶艺的认识和兴趣；加强与国际陶艺界的交流与合作，吸收先进经验，提升中国现代陶艺的国际影响力。通过这些措施，中国现代陶艺将焕发新的活力，为陶瓷文化产业的发展注入新的动力，推动陶瓷文化产业迈向新的高度。

（三）加大现代载体的应用

当前，多样化和网络化的市场正在冲击传统消费市场，推动各行业的消费升级。消费者的需求已逐渐从生存型消费转变为体验型消费，从物质型消费转向服务型消费。新的消费形态悄然形成，消费者越来越注重产品品质、情感体验以及定制化服务。对于陶瓷文化产业来说，消费者的需求已经不满足于产品的样式和使用功能，而是上升到了品牌体验和专业定制化服务的层面。与其他传统产业一样，中国陶瓷文化产业也面临着严峻的考验。许多陶瓷经销产品虽然售出，但应收账款回收不及时，甚至产生债务纠纷，给企业运营带来巨大压力，成为陶瓷文化产业发展的瓶颈问题。此外，陶瓷生产过剩，流通环节复杂，导致生产成本居高不下。国际经济下滑、国内陶瓷行业内部结构调整、新兴互联网产业不断侵蚀传统企业的市场，都给传统陶瓷行业带来了巨大压力。

电子商务平台和网上交易平台的出现，迎合了企业的发展需求，打破了陶瓷文化产业交易中的"卖出货却收不回款"的困境，通过先付款再发货的模式，加速了陶瓷企业的资金周转，提升了销售业绩，降低了销售成本，增强了盈利能力。2015年，国家提出"互联网+"行动计划，将互联网成果深入应用到社会经济的各个领域，提升实体经济的创造力和生产力。传统陶瓷行业的发展趋势和潮流必然要拥抱互联网，通过"互联网+"实现陶瓷文化产业的飞跃。

在传统陶瓷文化企业的生产和销售中，劳动力成本是最大的支出。

如何解决日益上升的劳动力成本问题，是陶瓷企业关注的重点。解决这个问题的关键在于提升单位人员的工作效率和营销数据分析能力，利用现代化企业管理方式对员工和销售进行标准化管理、数据分析和资源整合，为企业带来新的活力。加大现代载体在陶瓷中的应用，为社会经济创新发展注入活力，拥抱互联网，发展互联网的实体经济，不应仅仅停留在响应政府号召的口号上，而应深入应用在企业管理和发展过程中。长期以来，中国一直是陶瓷生产大国，无论是日用陶瓷、艺术陈设陶瓷，还是建筑陶瓷、卫生陶瓷，生产规模多年稳居世界第一。陶瓷文化产业的发展保持稳定的势头和广阔的市场前景。但随着市场竞争的日益激烈，陶瓷文化产业在营销模式上面临转型的挑战。专业陶瓷网站的出现，是传统陶瓷文化产业与互联网携手发展的成功案例，也是未来发展的重要趋势。

随着社会的飞速发展和互联网的迅猛崛起，各行各业的前进步伐发生了改变。依托互联网兴起的电子商务在各行各业的发展历程中显得越来越重要。可以预见，中国陶瓷文化产业的电商之路将在未来走得越来越稳健，必将为整个陶瓷文化产业的发展创造一个崭新的格局。通过这些措施，中国现代陶艺将焕发出新的活力，为陶瓷文化产业的发展注入新的动力，推动陶瓷文化产业迈向新的高度。

第八章　陶瓷文化产业的未来发展

第一节　陶瓷文化产业的发展趋势

陶瓷文化产业在经济全球化和科技快速发展的背景下，正迎来前所未有的变革与机遇。传统的生产方式和市场模式已无法满足现代消费者日益增长的个性化需求，陶瓷文化产业必须适应新的市场环境，积极探索创新发展路径。

一、生产发展趋势

陶瓷文化产业正经历一场深刻的变革，推动这一变革的主要动力是智能制造、绿色环保和数字化设计等新兴技术的应用。这些技术不仅提升了生产效率和产品质量，还大大降低了资源消耗和环境污染，为陶瓷文化产业的可持续发展奠定了技术基础。

（一）智能制造与自动化

智能制造在陶瓷文化产业的应用日益广泛，它通过引入物联网、大数据和人工智能等技术，极大地提升了生产过程的自动化水平。智能制造系统能够实时监控生产流程，从原材料的准备到产品的最终出厂，每一个环节都能实现高效管理。智能传感器和自动化设备的使用，使得生产线能够自我诊断和调整，减少了人为干预和操作失误，显著提高了生产效率和产品的一致性。

智能制造系统可以通过实时数据分析，优化窑炉的温度控制，提高烧成过程的稳定性和产品的质量。机器人在釉料喷涂和装窑等环节的应用，减小了劳动强度，降低了人工成本，同时提高了操作的精准度和一致性。这些智能化设备不仅提升了生产效率，还延长了陶瓷产品的使用寿命，降低了维护成本。

（二）绿色环保与可持续生产

绿色环保已成为陶瓷行业发展的重要方向，传统陶瓷生产过程中的高能耗和高污染问题引起了广泛关注。为此，陶瓷企业开始采用各种环保技术和工艺，致力于实现节能减排和清洁生产。

首先是环保材料的使用，陶瓷生产中引入了许多可再生和可降解的材料，如替代传统高耗能原料的天然矿物和工业废弃物。这些新材料不仅减少了资源的消耗，还降低了生产成本。其次，废水、废气和固体废弃物的处理技术得到广泛应用，通过先进的过滤和回收系统，生产过程中产生的污染物得到了有效控制和再利用。例如，现代陶瓷工厂普遍采用了废水循环利用系统，将生产过程中产生的废水进行处理后重新用于生产，既减少了废水排放，又节约了水资源。节能技术的应用也是绿色生产的重要环节。高效节能窑炉和热能回收系统的使用，大幅降低了陶瓷生产的能耗。通过优化燃烧技术和采用先进的隔热材料，新型窑炉能够在减少燃料消耗的同时，提高热能利用效率。这不仅减少了二氧化碳排放，还降低了生产成本，进而推动了陶瓷行业向低碳经济的转型。

（三）数字化设计与3D打印

数字化设计和3D打印技术的应用正在改变陶瓷产品的设计和制造方式。数字化设计通过计算机辅助设计（CAD）软件，使得设计师能够更加精确和快速地进行产品设计和修改。这种设计方式不仅提高了设计效率，还能在设计阶段进行虚拟仿真和测试，减少了试错成本。

3D打印技术的引入为陶瓷产品的个性化定制和复杂结构的实现提供了可能。传统的陶瓷成型工艺受到模具和工艺的限制，而3D打印技术能够通过逐层堆积材料的方式，直接制造出复杂的几何形状和结构。无论是艺术陶瓷还是工业陶瓷，3D打印都展示出强大的应用潜力。例如，利用3D打印技术，可以轻松做出复杂的中空结构和细腻的装饰图案，这在传统工艺中是难以实现的。3D打印还能够实现小批量、多品种的生产模式，满足市场对个性化和定制化陶瓷产品的需求。这种生产模式不仅降低了库存压力，还能够快速响应市场变化，提高了企业的竞争力。

（四）生产线自动化与智能工厂

陶瓷生产线的自动化和智能工厂的建设，是未来陶瓷行业发展的重要趋势。自动化生产线通过机械臂、自动搬运设备和智能控制系统，实现了生产过程的高度自动化。智能工厂则通过大数据和人工智能技术，对生产过程进行全面监控和优化管理。

在智能工厂中，所有生产设备和系统都通过物联网连接在一起，形成一个有机的整体。智能传感器实时监测生产设备的运行状态和生产参数，系统根据实时数据进行分析和调整，确保生产过程的高效和稳定。智能工厂不仅能够提高生产效率，还能够实现生产过程的柔性化和定制化，满足市场对多样化和个性化产品的需求。例如，通过智能仓储和物流系统，陶瓷企业能够实现原材料和产品的自动化存储和运输，提高了仓储和物流的效率。智能生产管理系统能够根据订单需求，自动调整生产计划和生产流程，实现快速响应和灵活生产。

（五）新材料与创新工艺

新材料和创新工艺的应用为陶瓷产品的功能化和多样化提供了新的可能。传统陶瓷材料主要以天然矿物为主，现代陶瓷材料则通过加入各种功能性添加剂和改性剂，赋予了陶瓷产品更多的性能和用途。例如，通过引入纳米材料和功能性涂层，可以显著提升陶瓷产品的强度、耐磨性和抗菌性能。这些新材料不仅提高了陶瓷产品的使用寿命，还拓宽了其应用范围。在建筑、医疗和电子等领域，功能性陶瓷材料展示出广阔的应用前景。创新工艺的应用也在不断推动陶瓷生产技术的进步。例如，通过超高温烧成和快速烧成技术，可以显著缩短陶瓷产品的生产周期，提高生产效率。激光切割和雕刻技术的应用，使得陶瓷产品能够实现更高的精度和更复杂的装饰效果。这些新工艺不仅提升了产品的质量和外观，还丰富了陶瓷产品的种类和功能。

二、市场发展趋势

陶瓷行业的市场发展趋势主要体现在多样化、品牌化、国际化、多渠道销售、个性化定制等方面。这些趋势不仅反映了消费者需求的变化和市场环境的演变，也为陶瓷企业的未来发展指明了方向。陶瓷企业需要积极适应市场变化，抓住发展机遇，通过创新和变革，不断提升自身的市场竞争力。消费者对陶瓷产品的需求已经不再局限于传统的餐具和建筑材料，而是扩展到多样化的应用领域。日用陶瓷、艺术陶瓷、功能性陶瓷和高科技陶瓷等各类产品逐渐涌现，满足了不同层次、不同群体的多样化需求。日用陶瓷方面，随着生活水平的提高和审美观念的变化，消费者对陶瓷产品的设计、色彩和功能提出了更高要求。艺术陶瓷则通过独特的设计和精湛的工艺，成为家居装饰和收藏的热门选择。功能性陶瓷在医疗、电子和环保等领域的应用日益广泛，有巨大的市场潜力。高科技陶瓷在航天、军事和工业制造中的应用，推动了陶瓷行业向高附加值和高技术含量方向发展。

随着市场竞争的加剧，品牌成为企业获取市场认可和消费者信赖的重要因素。陶瓷企业纷纷加大品牌建设投入，通过提升产品质量、创新设计、优化服务和开展品牌营销等方式，塑造和传播品牌形象。品牌不仅是产品质量的保证，更是企业文化和价值的体现。通过品牌建设，陶瓷企业可以增强市场竞争力，提高产品附加值，扩大市场份额。品牌化还推动了陶瓷产品的高端化和精品化发展，满足了消费者对高品质和个性化产品的需求。品牌陶瓷产品在国际市场上的表现尤为突出，成为中国陶瓷走向世界的名片。

国际化是陶瓷市场发展的另一大趋势。随着经济全球化的深入，国际市场对陶瓷产品的需求不断增长。中国作为陶瓷生产大国，在全球陶瓷贸易中占据重要地位。为了应对国际市场的需求变化和竞争压力，陶瓷企业加快了国际化步伐，通过出口贸易、海外投资和跨国合作等方式，积极开拓海外市场。国际化不仅带来了市场份额的扩大，也促进了技术交流和管理经验的提升。陶瓷企业通过参与国际展览和贸易博览会，加强与国际客户和合作伙伴的联系，提高产品的国际知名度和影响力。全球化的发展还推动了陶瓷企业的产品标准化和品质提升，适应不同国家和地区的市场需求和法规要求。

多渠道销售模式成为陶瓷市场发展的新趋势。传统的线下销售渠道，如专卖店、商场和展会等仍然是陶瓷产品销售的重要途径。然而，随着互联网和电子商务的迅猛发展，线上销售渠道迅速崛起，成为陶瓷产品销售的新增长点。电子商务平台的兴起，不仅为陶瓷企业提供了更加便捷和高效的销售途径，也为消费者提供了更多的选择和更好的购物体验。通过线上与线下融合，陶瓷企业能够实现全渠道营销，扩大销售覆盖面，提升销售业绩。数字化营销工具，如社交媒体和大数据分析等，进一步增强了陶瓷企业的市场推广能力和客户管理水平。

个性化定制服务在陶瓷市场中受到越来越多的关注。为了满足消费者的个性化需求，陶瓷企业开始提供定制化服务。通过数字化设计和智能制造技术，陶瓷企业可以根据客户的要求，快速设计和生产出符合个性化需求的产品。定制化服务不仅提升了消费者的满意度和忠诚度，也为陶瓷企业带来了新的利润增长点和市场机会。个性化定制在高端市场和礼品市场中备受欢迎，成为陶瓷企业提升品牌价值和市场竞争力的重要手段。

三、内容发展趋势

陶瓷行业的内容发展趋势主要体现在设计创新、文化内涵提升、艺术表现形式多样化、跨界合作与多元创作、功能性陶瓷开发等方面。这些趋势不仅丰富了陶瓷产品的内容和表现形式，也提升了陶瓷产品的文化价值和市场竞争力。

现代陶瓷设计在传承传统工艺的基础上，广泛吸纳现代艺术元素，使陶瓷产品在形态、色彩和图案上更加多样化和个性化。设计师通过大胆的创意和创新的表现手法，赋予陶瓷产品新的生命力。传统的花鸟、山水等图案与现代的几何、抽象元素相结合，使陶瓷产品在视觉效果上更加丰富和多样。通过现代科技手段，设计师能够实现更加精细和复杂的图案制作，提升产品的艺术价值和市场竞争力。文化内涵的提升是陶瓷内容发展的重要趋势。陶瓷产品不仅是实用器物，更是文化载体，承载着丰富的历史和文化信息。现代陶瓷产品通过对传统文化元素的挖掘和再创造，赋予产品深厚的文化底蕴和独特的艺术魅力。文化内涵的植入，使陶瓷产品不仅满足了消费者的使用需求，更满足了他们的精神需求。在国内外市场上，文化内涵丰富的陶瓷产品都具有较高的认可度和附加值。现代陶瓷艺术不断探索新的表现形式和艺术语言，拓展了陶瓷创作的广度和深度。陶瓷艺术家通过各种创新手法，突破传统陶瓷的限制，创造出许多富有时代感和艺术感的作品。这些作品不仅具有观赏价值，更具有收藏价值和投资价值。陶瓷艺术展览和博览会的举办，为陶瓷艺术家提供了展示和交流的平台，推动了陶瓷艺术的繁荣和发展。现代陶瓷艺术在国际舞台上的亮相，不仅展示了陶瓷艺术的多样性和创新性，也提升了陶瓷文化的国际影响力。跨界合作和多元创作是陶瓷艺术发展的重要方向，陶瓷与其他艺术形式的融合，使陶瓷产品的表现力更加丰富。陶瓷艺术家与绘画、雕塑、装置艺术等领域的艺术家合作，创造出许多跨界的艺术作品。这些作品不仅丰富了陶瓷艺术的表现形式，也拓宽了陶瓷产品的应用范围。跨界合作不仅提升了陶瓷产品的艺术价值，也促进了不同艺术形式之间的交流与融合。多元创作使得陶瓷产品能够更好地适应市场需求，满足不同消费者的审美和使用需求。功能性陶瓷的开发是内容发展的另一个重要趋势。现代科技的发展赋予了陶瓷产品更多的功能和用途。功能性陶瓷不仅具有传统陶瓷的美观和实用性，更具有特殊的功能，如抗菌、耐高温等。这些功能性陶瓷在医疗、电子、环保等领域展现广阔的应用前景。通过功能性陶瓷的开发，陶瓷行业不仅提升了产品的附加值，也拓宽了市场空间。功能性陶瓷的发展不仅是技术的进步，也是内容创新的重要体现。

四、业务发展趋势

陶瓷行业的业务发展趋势主要体现在业务模式创新、市场策略优化、服务体系完善、国际化发展等方面。这些趋势不仅提升了陶瓷企业的市场竞争力和可持续发展能力，也为陶瓷文化产业的繁荣和发展提供了坚实的保障。

（一）业务模式创新

当前陶瓷企业正在探索和实施新的业务模式，以适应不断变化的市场环境和消费者需求。传统的生产制造模式正逐渐向以服务为导向的模式转变。现代消费者对产品的需求不仅局限于质量和功能，更重视个性化和定制化服务。为了满足这一需求，陶瓷企业正在积极推出定制化、个性化和增值服务，通过这些创新服务模式，提升客户满意度和忠诚度。

陶瓷文化体验店是一种创新的业务模式，它将陶瓷产品的展示、销售和文化体验相结合，为消费者提供一个沉浸式的购物体验。消费者不仅可以在陶瓷文化体验店购买陶瓷产品，还可以亲身体验陶瓷制作的过程，了解陶瓷文化的历史和技艺。这种体验式消费模式，不仅提升了陶瓷产品的附加值，还增强了消费者对品牌的认同感和忠诚度。陶瓷艺术工作坊也是一种新的业务模式，通过提供陶瓷制作的体验课程和工作坊活动，吸引消费者参与。消费者可以在专业陶艺师的指导下，亲手制作陶瓷作品，体验陶瓷制作的乐趣。这样的活动不仅增加了消费者的参与感和体验感，还为陶瓷企业带来了新的收入来源。陶瓷艺术工作坊还可以作为品牌推广的平台，通过互动和体验，增强消费者对品牌的认知和好感。陶瓷文化旅游则是将陶瓷文化与旅游产业相结合，打造集生产、展示、体验于一体的陶瓷文化旅游项目。游客可以参观陶瓷生产工厂、博物馆和展览馆，了解陶瓷的制作工艺和历史文化，参与陶瓷制作体验活动，亲手制作陶瓷作品。陶瓷文化旅游不仅提升了陶瓷产品的附加值，还带动了地方经济的发展，形成了良好的经济效益和社会效益。

（二）市场策略优化

随着市场竞争的加剧和消费者需求的多样化，陶瓷企业需要精准定位目标市场，制定差异化的市场策略。通过市场细分，陶瓷企业可以更好地了解不同消费群体的需求，推出具有针对性的产品和服务。例如，针对高端市场，可以推出高档的艺术陶瓷；针对大众市场，可以推出实用性强、价格适中的日用陶瓷。

品牌建设和推广是市场策略的重要组成部分。通过打造强有力的品牌形象，陶瓷企业可以提升产品的附加值和市场认知度。品牌不仅代表产品的质量和功能，更传递企业的文化和价值观。通过品牌建设，陶瓷企业可以与消费者建立情感连接，增强品牌忠诚度和市场竞争力。社交媒体和数字营销的兴起，为陶瓷企业提供了新的市场推广渠道。通过社交媒体平台，陶瓷企业可以进行品牌宣传和产品推广，与消费者进行互动，了解他们的需求和反馈。利用社交媒体的精准营销特点，可以根据消费者的兴趣和行为，推送个性化的广告内容，提高广告的效果和转化率。互动营销也是吸引和维护客户的重要手段。通过线上与线下的互动活动，陶瓷企业可以增强与消费者的互动和联系，提升品牌的活跃度和影响力。例如，陶瓷企业可以通过线上直播展示陶瓷制作过程，邀请消费者参与互动问答和抽奖活动，增强消费者的参与感和体验感，提升品牌的知名度和美誉度。

（三）服务体系完善

现代消费者不仅注重产品的质量和功能，更关注购买过程中的服务体验。陶瓷企业需要建立和完善售前、售中和售后的全方位服务体系，为消费者提供专业的咨询、定制化服务和售后支持。

售前服务包括提供专业的产品咨询和购买建议，帮助消费者选择最合适的产品。通过建立专业的客服团队，陶瓷企业可以及时解答消费者的疑问，提供个性化的服务方案，提升消费者的购买体验。售中服务包括提供便捷的购物流程和多样化的支付方式，确保消费者在购买过程中享受到顺畅和愉快的体验。售后服务是提升消费者满意度和忠诚度的关键。陶瓷企业需要建立完善的售后服务体系，为消费者提供及时的维修和更换服务，解决消费者在使用过程中遇到的问题。通过消费者关系管理系统，陶瓷企业可以实现消费者信息的精细化管理，记录消费者的购买历史和服务需求，提供个性化的服务方案，增强消费者满意度和忠诚度。完善的服务体系不仅提升了消费者体验，也为陶瓷企业带来了更多的市场机会和业务增长点。通过提供优质的服务，陶瓷企业可以赢得消费者的信任和口碑，形成良好的市场口碑和品牌形象，吸引更多的新客户和回头客，提升市场占有率和业务增长。

（四）国际化发展

随着经济全球化的深入，国际市场对高品质陶瓷产品的需求不断增长。陶瓷企业需要积极开拓海外市场，通过出口贸易、海外投资和跨国合作等方式，实现国际化业务布局。

参与国际展览和贸易博览会，是提升产品国际知名度和抢占更多市场份额的重要途径。通过参加国际展览和贸易博览会，陶瓷企业可以展示最新的产品和技术，吸引全球买家和合作伙伴的关注。展会期间，企业可以与国际客户进行面对面的交流和洽谈，了解国际市场的最新动态和需求，获取宝贵的市场信息。国际展览和博览会不仅是展示产品的平台，也是了解市场和建立合作关系的重要渠道。海外投资和跨国合作是实现国际化发展的重要方式。通过在海外设立生产基地和销售网络，陶瓷企业可以直接进入当地市场，提升市场响应速度和竞争力。跨国合作不仅可以借鉴国际先进的技术和管理经验，还可以共享市场资源和渠道，提升企业的综合竞争力。

国际化发展不仅带来了市场份额的扩大，也促进了技术交流和管理经验的提升。通过与国际知名陶瓷企业、设计师和科研机构的合作，我国的陶瓷企业可以提升自身的技术水平和创新能力，开发出具有国际竞争力的产品。国际化发展还促进了陶瓷文化的传播与交流，提升了中国陶瓷在国际文化市场的影响力。

第二节　陶瓷文化产业的前景展望

随着经济全球化的不断深入和人们对文化消费需求的不断提升，陶瓷文化产业展现出广阔的发展前景。陶瓷企业需要积极应对市场变化，抓住发展机遇，通过创新和变革，不断提升自身的竞争力和可持续发展能力，为陶瓷文化产业的繁荣和发展贡献力量。

一、文化传承与创新融合

文化传承与创新融合是陶瓷文化产业发展的重要方向。通过传承传统技艺，结合现代设计理念和科技手段，创造出具有时代特色和文化内涵的陶瓷作品，陶瓷文化产业将焕发出新的生命力。

中国陶瓷经过数千年的积淀，形成了多种工艺流派和技法，这些技艺不仅是文化遗产的重要组成部分，也是现代陶瓷创作的重要资源。保护和传承这些传统技艺，对于保持陶瓷文化的独特性和延续性具有重要意义。各地的非物质文化遗产保护项目和传承人制度，为传统陶瓷技艺的保护和传承提供了制度保障。通过技艺传承人带徒授艺、技艺展示、技艺比赛等形式，传统陶瓷技艺得以在现代社会中传承和发扬光大。然而，仅仅停留在传统技艺的保护和传承上，还不足以满足现代社会对陶瓷文化的需求。现代社会的多元化发展和人们审美观念的变化，要求陶瓷文化产业在传承传统的基础上进行创新融合。创新融合不仅是对传统技艺的补充和完善，也是陶瓷文化产业可持续发展的必由之路。

创新融合首先体现在设计理念的现代化上。现代设计理念注重简约、实用和美观，强调功能与艺术的结合。在陶瓷设计中，传统的花鸟、山水、人物等图案与现代的几何、抽象元素相结合，使陶瓷产品在视觉效果上更加丰富多彩。现代设计理念的引入，使陶瓷产品在保持传统文化底蕴的同时，更具时代感和市场竞争力。现代科技的进步，为陶瓷的设计、生产和装饰提供了新的可能。数字化设计、3D打印技术、智能制造等科技手段的引入，使陶瓷产品的设计和制作更加高效和精准。数字化设计可以通过计算机辅助设计（CAD）软件，进行复杂图案和结构的设计，提高设计效率和精度。3D打印技术可以直接将数字设计转化为实体产品，实现复杂结构和精细装饰的制作。智能制造技术的应用，使陶瓷生产过程实现自动化和智能化，提高生产效率和产品质量。科技手段的应用，不仅提升了陶瓷产品的艺术价值和市场竞争力，还推动了陶瓷文化产业的现代化和国际化发展。文化创意产业的发展，使得传统陶瓷文化与现代创意产业相结合，创造出更加丰富多彩的陶瓷产品。通过将传统的陶瓷技艺与现代的创意设计相结合，开发出具有独特文化内涵和艺术价值的文创产品，满足了消费者对文化产品的需求。文化创意的融入，不仅提升了陶瓷产品的附加值，还推动了陶瓷文化的传播和弘扬。例如，近年来兴起的陶瓷艺术家工作室，通过艺术家的创意设计和手工制作，创造出独具特色的陶瓷艺术品，得到了市场的广泛认可。

二、国际合作与交流

国际合作不仅为陶瓷企业开拓了更广阔的市场空间，也为提升品牌的国际影响力、促进技术交流和文化传播提供了重要平台。通过参与国际展览、文化交流活动和跨国合作项目，陶瓷企业能够扩大国际市场份额，提升品牌的国际知名度和美誉度，实现资源共享和优势互补，推动陶瓷文化产业的进一步发展。

（一）参与国际展览和博览会

通过参与各类国际展览，陶瓷企业可以直接与全球买家、经销商和合作伙伴建立联系，拓宽国际市场渠道。例如，意大利博洛尼亚陶瓷卫浴展、法兰克福国际消费品博览会等国际知名展会，吸引了全球众多陶瓷企业的参与。这些展会不仅是展示产品和技术的平台，更是行业交流与合作的重要场所。在这些国际展览中，陶瓷企业可以展示最新的产品、技术和设计，吸引国际买家的目光。展会期间，通过面对面的交流和洽谈，陶瓷企业可以了解全球市场的最新动态和需求，获取宝贵的市场信息。此外，参与国际展览还可以增强企业的品牌影响力和市场知名度。通过在展会上展示具有创新性和高附加值的产品，陶瓷企业可以树立品牌形象，提升国际市场的认知度和美誉度。

中国陶瓷企业通过参加博览会，不仅能够展示传统陶瓷的精湛工艺，还可以展示现代陶瓷的创新设计和多功能应用，吸引了大量国际买家和合作伙伴。这些展会为中国陶瓷企业进入国际市场、扩大市场份额提供了重要的契机。国际展会还为陶瓷企业提供了一个与国际同行交流和学习的平台，通过与世界各地陶瓷企业的互动，了解最新的技术和市场趋势，不断提升自身的竞争力。

（二）文化交流活动

通过参与国际文化交流活动，如陶瓷艺术展览、文化交流论坛和研讨会等，陶瓷企业和陶瓷艺术家可以向世界展示中国陶瓷的独特魅力和文化内涵。这不仅提升了中国陶瓷在国际文化市场的影响力，也促进了不同文化之间的相互理解和融合。在这些文化交流活动中，陶瓷企业和陶瓷艺术家可以展示具有独特艺术风格和文化底蕴的陶瓷作品，让各国游客了解中国陶瓷的历史价值和文化价值。例如，故宫博物院与世界多国的博物馆和艺术机构合作，在国外举办了多次陶瓷文化展览，通过展示故宫珍藏的历代陶瓷精品，吸引了大量游客前去参观，提升了中国陶瓷的国际知名度。文化交流活动还包括参加国际陶瓷艺术论坛和研讨会，与国际陶瓷艺术家和学者进行深入交流和探讨。这些活动不仅为陶瓷企业提供了展示平台，也为陶瓷艺术家提供了创作灵感。通过文化交流，陶瓷企业和陶瓷艺术家可以了解国际陶瓷艺术的发展趋势，学习先进的创作理念和技艺，不断提升自身的艺术水平和创作能力。

（三）跨国合作项目

通过与国际知名陶瓷企业、设计师和科研机构的合作，陶瓷企业可以借鉴先进的技术和管理经验，提升自身的竞争力。跨国合作不仅推动了技术创新和产品升级，也促进了陶瓷文化的传播与交流。

在跨国合作项目中，陶瓷企业可以与国际伙伴共同研发新技术、新材料和新产品，提高产品的附加值和市场竞争力。例如，中国一些大型陶瓷企业与日本、欧洲等国家和地区的陶瓷企业开展技术合作，共同开发高性能陶瓷材料和功能性陶瓷产品，提升产品的技术含量和应用范围。这些合作项目不仅促进了技术创新，也为企业带来了新的市场机会和发展空间。跨国合作项目还包括与国际设计师和艺术家的合作，通过引入国际先进的设计理念和艺术风格，提升陶瓷产品的设计水平和艺术价值。例如，中国陶瓷企业与国际知名设计师合作，推出了一系列具有国际化风格的高端陶瓷产品，受到了国际市场的欢迎和认可。这些合作项目提升了产品的市场竞争力，增强了企业的品牌形象和国际影响力。通过跨国合作项目，陶瓷企业还可以参与国际科研合作，与全球顶尖的科研机构共同开展陶瓷材料和工艺的研究，推动技术进步和产业升级。例如，一些中国陶瓷企业与欧洲顶尖的材料研究机构合作，开展高性能陶瓷材料的研究和开发，取得了一系列重要成果，提升了企业的技术水平和市场竞争力。

跨国合作项目不仅为陶瓷企业提供了技术交流和管理经验共享的平台，也促进了陶瓷文化的国际传播和交流。通过与国际伙伴的合作，陶瓷企业可以将中国陶瓷文化传播到全球，让更多的人了解和喜爱中国陶瓷，提升中国陶瓷在国际文化市场的影响力。

三、文旅融合与产业升级

通过将陶瓷文化与旅游产业相结合，打造集生产、展示、体验于一体的陶瓷文化园区和旅游项目，不仅可以提升陶瓷产品的附加值，还能吸引更多的游客，带动地方经济的发展。文旅融合的核心在于通过创新的文化旅游项目，充分挖掘陶瓷文化的魅力，使其成为旅游的重要内容和特色，从而实现陶瓷文化产业和旅游产业的双赢。

陶瓷文化园区是文旅融合的重要载体。在这样的园区内，游客不仅可以参观陶瓷生产的全过程，还可以参与陶瓷制作的体验活动，亲身感受陶瓷工艺的独特魅力。园区内设有陶瓷博物馆、陶瓷工艺展示区、陶瓷制作体验区和陶瓷产品销售区，通过一站式的体验，让游客全面了解陶瓷文化和历史。这样的园区不仅提升了陶瓷产品的附加值，还增加了游客的互动性和参与感，增强了游客对陶瓷文化的认同感和购买意愿。通过开展各种形式的展览、体验活动和文化演出，陶瓷文化旅游项目可以不断丰富游客的旅游体验。例如，定期举办陶瓷艺术展览和大师作品展，可以展示不同风格和流派的陶瓷艺术作品，吸引陶瓷爱好者和收藏家前来参观。陶瓷制作体验活动让游客亲身参与陶瓷制作过程，从拉坯、上釉到烧制，体验传统陶瓷工艺的魅力。陶瓷文化演出则通过戏剧、舞蹈和音乐等形式，生动演绎陶瓷文化的历史和故事，增强游客的文化体验感。

文旅融合不仅提升了陶瓷文化产业的经济效益，还推动了文化的传播和传承。通过旅游项目的推广，陶瓷文化得以广泛传播，吸引了更多的人了解和喜爱陶瓷艺术。特别是在国际旅游市场上，通过文旅融合项目的推广，可以向全球游客展示中国陶瓷文化的独特魅力，提升中国陶瓷文化的国际影响力。文旅融合项目也为传统陶瓷技艺的传承提供了新的平台和渠道。通过体验活动和教育项目，培养了一批又一批对陶瓷文化感兴趣的年轻人，为陶瓷技艺的传承和发展注入了新的活力。陶瓷文化与旅游产业的结合，还带动了地方经济的发展。通过发展陶瓷文化旅游，吸引大量游客前来观光和消费，带动了当地的餐饮、住宿、交通等相关产业的发展，实现了良好的经济效益。

四、科技赋能与市场创新

现代科技的引入，不仅提升了生产效率和产品质量，还推动了陶瓷产品的功能化和多样化，为市场创新提供了新的可能。通过智能制造、数字化设计和大数据分析等先进技术，陶瓷企业在生产过程中实现了自动化和智能化，开创了新的商业模式和市场策略，提升了市场竞争力和创新能力。

（一）智能制造与自动化

通过引入物联网、人工智能和自动化控制等技术，陶瓷企业可以实现生产过程的全面自动化和智能化。智能制造系统可以实时监控和控制生产流程，从原材料的准备到产品的最终出厂，每一个环节都能实现高效管理。智能传感器和自动化设备的使用，使得生产线能够自我诊断和调整，减少了因人为干预而产生的操作失误，显著地提高了生产效率和产品的优良率。智能窑炉是智能制造的一个典型应用，通过传感器实时监测温度和湿度，并根据数据自动调整加热和冷却参数，确保烧制过程的稳定性和产品质量。这种智能控制系统不仅能够提高产品的合格率，还能减少能源消耗，降低生产成本。机器人在釉料喷涂和装窑等环节的应用，减小了劳动强度，降低了人工成本，提高了操作的精准度和一致性。例如，智能喷涂机器人能够根据产品的形状和大小自动调整喷涂角度和喷涂量，确保每件产品的釉层均匀一致，提升了产品的质量和外观。智能制造系统还可以通过数据采集和分析，优化生产工艺和流程，提高生产效率。通过实时监控生产设备的运行状态和生产数据，系统可以及时发现和解决生产中的问题，减少设备故障和停机时间，提高生产线的稳定性和生产效率。智能制造系统还可以通过大数据分析，预测和优化生产流程，合理安排生产计划，提升生产管理的科学性和效率。

（二）数字化设计与 3D 打印

数字化设计和 3D 打印技术的应用，正在彻底改变陶瓷产品的设计和制造方式。数字化设计通过计算机辅助设计（CAD）软件，使设计师能够更加精确和快速地进行产品设计和修改。这种设计方式不仅提高了设计效率，还能在设计阶段进行虚拟仿真和测试，减少了试错成本。3D 打印技术的引入，为陶瓷产品的个性化定制和复杂结构的实现提供了可能。传统的陶瓷成型工艺受到模具和工艺的限制，而 3D 打印技术能够通过逐层堆积材料的方式，直接制造出复杂的几何形状和结构。无论是艺术陶瓷还是工业陶瓷，3D 打印技术都展示了强大的应用潜力。例如，在艺术陶瓷领域，设计师可以通过 3D 打印技术，创造出精细复杂的装饰图案和结构，实现传统工艺难以达到的艺术效果。在工业陶瓷领域，3D 打印技术可以用于制造高精度的机械零部件和功能性陶瓷产品，提升产品的性能和应用范围。

利用 3D 打印技术可以轻松做出复杂的中空结构和细腻的装饰图案，这在传统工艺中是难以实现的。此外，3D 打印技术还能够实现小批量、多品种的生产模式，满足市场对个性化和定制化陶瓷产品的需求。这种生产模式不仅减少了库存压力，还能够快速响应市场变化，提高了企业的竞争力。例如，通过 3D 打印技术，陶瓷企业可以根据客户的需求，快速设计和制造出独特的个性化产品，提升客户的满意度和忠诚度。3D 打印技术还促进了陶瓷产品的研发和创新。通过快速原型制造，设计师和工程师可以在短时间内制作出产品原型，进行测试和评估，快速迭代和优化产品设计。这不仅缩短了产品开发周期，还降低了研发成本，提高了产品的市场竞争力。3D打印技术的发展，使得陶瓷企业能够更加灵活和高效地应对市场需求的变化，实现产品的快速更新和升级。

（三）大数据分析与市场洞察

大数据分析技术在陶瓷文化产业中的应用，为市场洞察和决策提供了强有力的支持。通过对市场数据和消费者行为数据的分析，陶瓷企业可以深入了解市场趋势和消费者偏好，优化产品设计和市场策略。大数据分析不仅可以帮助企业发现新的市场机会，还可以提高市场响应速度，提升市场竞争力。

通过对销售数据的分析，企业可以发现哪些产品在特定市场和季节更受欢迎，从而调整生产计划和营销策略。消费者的反馈数据和社交媒体数据分析，可以帮助企业了解消费者对产品的评价和需求变化，进行产品改进和创新。大数据分析还可以优化供应链管理，降低库存成本，提高供应链的响应速度和效率。

大数据分析在市场洞察方面的应用可以帮助企业精准定位目标市场和客户群体，制定有效的市场推广和营销策略。通过分析不同地区和不同消费群体的购买行为和偏好，陶瓷企业可以推出更加符合市场需求的产品，提升市场占有率。大数据分析还可以预测市场趋势和消费变化，帮助企业提前布局市场，抢占市场先机。例如，通过对社交媒体和电商平台的数据分析，企业可以了解消费者对不同产品的评价和反馈，及时调整产品设计和营销策略。大数据分析还可以帮助企业监测市场竞争态势，了解竞争对手的产品和策略，制定有针对性的竞争策略，提升市场竞争力。通过大数据分析，陶瓷企业还可以优化产品定价策略，根据市场需求和成本变化，制订科学合理的定价方案，提高产品的市场竞争力和利润率。

参考文献

［1］ 字开春，向勇，祁诗嫒.中国陶瓷文化与陶瓷文化产业 [M].昆明：云南大学出版社，2018.

［2］ 马行云.云南特色文化产业丛书：陶瓷卷 [M].昆明：云南人民出版社，2015.

［3］ 刘冰峰."景漂"与景德镇陶瓷文化产业生态圈研究 [M].北京：经济管理出版社，2023.

［4］ 李婧.景德镇陶瓷产业高质量发展的动力机制研究 [M].武汉：华中科技大学出版社，2022.

［5］ 北京未来新世纪教育科学发展中心.文明的载体和人性的容器：中国陶瓷文化 [M].呼和浩特：远方出版社，2004.

［6］ 杨根，韩玉文.窑火的魔力：中国陶瓷文化 [M].济南：济南出版社，2004.

［7］ 王海珺，姚皎娣.中国文化符号：陶瓷 [M].西安：陕西人民出版社，2021.

［8］ 许剑雄，胡鹏程，赵伟.景德镇陶瓷产业发展前沿对话：日用陶瓷的智能制造 [M].武汉：华中科技大学出版社，2023.

［9］ 章立东.陶瓷产业集群与区域经济高质量发展的耦合研究 [M].北京：经济管理出版社，2023.

［10］ 任杰.传统文化与陶瓷文化产业发展的研究 [J].佛山陶瓷，2023，33（6）：137–139.

［11］ 解慧婷，刘南圣，廖颖颖.浅论陶瓷文化产业发展的路径 [J].现代

营销（经营版），2020（2）：30.

［12］杨莹萍，张慧媛.文旅融合背景下景德镇陶瓷文化产业发展研究［J］.文化创新比较研究，2022，6（8）：127-131.

［13］张樱子.景德镇陶瓷文化产业和旅游产业融合发展模式的研究［J］.陶瓷，2021（8）：137-139.

［14］张益铭，史雅琳.中国陶瓷文化的国际化传播路径［J］.佛山陶瓷，2024，34（2）：114-116.

［15］吴燕玲.古陶瓷的文化、历史与收藏价值研究［J］.佛山陶瓷，2023，33（9）：151-153.

［16］蔡承序.中国陶瓷艺术的意境［J］.陶瓷科学与艺术，2023，57（4）：18-19.

［17］耿丽娟，岳友熙.中国陶瓷艺术中的传统文化意蕴［J］.山东陶瓷，2023，46（5）：15-21.

［18］李倩.中国陶瓷艺术装饰色彩特征［J］.鄂州大学学报，2022，29（6）：66-67.

［19］官小玲.浅谈中国陶瓷艺术的流变［J］.文学艺术周刊，2023（6）：52-54.

［20］牛书田，江金谛.中国陶瓷在欧洲的传播及意义再生产［J］.山东陶瓷，2023，46（6）：32-35.

［21］张益铭，史雅琳.中国陶瓷文化的国际化传播路径［J］.佛山陶瓷，2024，34（2）：114-116.

［22］唐黎标.中国陶瓷纹饰发展研究［J］.陶瓷，2020（2）：74-76.

［23］王青.中国陶瓷美学与西方陶瓷美学的跨文化影响［J］.陶瓷研究，2020，35（4）：12-14.

［24］邓海莲.域外文化对中国陶瓷的影响分析［J］.佛山陶瓷，2021，31（9）：47-52.

［25］王尧，王俊权.陶瓷文化产业创新发展：国家试验区建设的重要引

擎 [J]. 景德镇陶瓷，2021（3）：18–20.

［26］郭建晖，李海东.陶瓷文化产业视野下国际瓷都复兴研究 [J]. 江西社会科学，2022，42（4）：30–40，206.

［27］徐慧.大数据视角下的景德镇陶瓷文化产业发展 [J]. 艺术品鉴，2018（32）：13–14.

［28］唐玲，刘莹.创意理念、城市文化：推动景德镇陶瓷文化产业的发展 [J]. 牡丹，2018（29）：36–37.

［29］刘莹，唐玲.个性化定制：景德镇陶瓷文化产业创新发展模式研究 [J]. 艺术品鉴，2018（24）：16–17.

［30］周高.景德镇陶瓷文化产业低碳化发展策略 [J]. 特区经济，2015（11）：133–134.

［31］张孖.中国陶瓷艺术的传承与发展探索 [J]. 环球市场，2020（9）：216.

［32］汤志明.试论中国陶瓷艺术与文化创意产业的关系 [J]. 美与时代（上），2019（2）：27–29.

［33］练崇潮.中国陶瓷文化范式构建研究 [J]. 河南社会科学，2014，22（12）：92–95，124.

［34］杨李军，叶建新.当代中国陶瓷文化的国际化传播 [J]. 现代传播（中国传媒大学学报），2014，36（10）：149–150.

［35］贾聚鑫，孙晓明，戚彬.浅析中国陶瓷文化中的惜物价值观 [J]. 山东陶瓷，2022，45（2）：9–15.

［36］耿丽娟，岳友熙.中国陶瓷艺术中的传统文化意蕴 [J]. 山东陶瓷，2023，46（5）：15–21.

［37］胡勇军.陶瓷文化产业投融资体系内在结构规划 [J]. 景德镇高专学报，2014，29（4）：128–130.

［38］李燕.景德镇陶瓷文化产业"走出去"战略研究 [J]. 中外企业家，2016（10）：54–55.

［39］李杭.抢救"缸窑文化"加速陶瓷文化产业的北移 [J]. 现代营销（创
　　　富信息版），2014（2）：7.

［40］刘渊.创意设计对河北陶瓷文化产业化发展的思考 [J]. 现代商业，
　　　2011（7）：54.

［41］乔兰，王景，焦晶晶，等.关于陶瓷文化创意产业发展的研究分析 [J].
　　　陶瓷科学与艺术，2022，56（10）：4-5.

［42］方愉.陶瓷文化创意产业园设计研究 [J]. 科技风，2019（36）：
　　　233，235.

［43］苏娜娜，罗一鸣.数字时代下景德镇陶瓷文化创意产业的发展现状
　　　及前景 [J]. 陶瓷，2023（1）：191-193.

［44］张松涛.陶瓷文化创意产业人才培养模式初探 [J]. 大众文艺，2020
　　　（24）：169-170.

［45］刘琳琳.景德镇陶瓷文化创意旅游产业发展研究 [J]. 合作经济与科
　　　技，2020（15）：30-31.

［46］徐珊.试论陶瓷艺术在文化创意产业中的发展 [J]. 轻纺工业与技术，
　　　2020，49（12）：132-133.

［47］曹阳.陶瓷茶具中内蕴的中国传统文化解读 [J]. 福建茶叶，2018，
　　　40（7）：152.

［48］江素英.中国文化元素在艺术陶瓷创作中的运用 [J]. 陶瓷研究，
　　　2018，33（2）：71-73.

［49］李娜.陶瓷艺术装饰与中国传统文化 [J]. 牡丹，2022（18）：117-
　　　119.

［50］李宪生.论陶瓷艺术装饰与中国传统文化 [J]. 美与时代（城市版），
　　　2015（8）：110-111.

［51］詹嘉.欧洲吸收中国古陶瓷文化的历史考察 [J]. 南京艺术学院学报
　　　（美术与设计版），2000（2）：40-43.

［52］龚栖."一带一路"视域下中国陶瓷书写的文化自信 [J]. 美与时代

（下），2019（5）：52–54.

［53］谢建青.浅谈中国民族文化陶瓷史［J］.黑龙江史志，2013（11）：
133.

［54］鲁从建，万平.浅谈元朝陶瓷文化对中国陶瓷发展的影响［J］.陶瓷
研究，2012，27（3）：69–71.

［55］熊寥.中国陶瓷艺术与西方文化［J］.陶瓷研究，1989（3）：6–10.

［56］冯绍健.浅论陶瓷艺术与中国传统文化［J］.景德镇高专学报，
2012，27（3）：80–81.

［57］程超.论陶瓷艺术装饰与中国传统文化［J］.艺术大观，2020（12）：
107–108.

［58］汤泓.中国文化元素在陶瓷创作中的运用［J］.艺术大观，2022（14）：
127–129.

［59］桂睿."云"产业视角下景德镇陶瓷文化衍生品的创新发展研究［J］.
文化产业，2021（10）：163–164.

［60］雷鸿波，赵义.高校教学与陶瓷文化创意产业的创作与营销［J］.科
技资讯，2019，17（4）：234，236.

［61］汤志明.试论中国陶瓷艺术与文化创意产业的关系［J］.美与时代
（上），2019（2）：27–29.

［62］向晶晶，李侃.岳州窑陶瓷文化创意产业发展的历史机遇与实现路
径［J］.岳阳职业技术学院学报，2021，36（4）：40–43，64.

［63］罗玲鑫.浅析陶瓷在中国食器文化中的应用与研究［J］.明日风尚，
2021（10）：71–72.

［64］喻宏，卢乔，李海林.论中国传统节日文化与礼品陶瓷［J］.陶瓷研究，
2009，24（2）：71–72.

［65］苏银顺.浅析陶瓷艺术装饰与中国传统文化［J］.艺术大观，2019
（12）：43.

［66］吴昊宇.论中国当代陶瓷艺术文化身份的特征与建构［J］.艺术探索，

2014，28（2）：67-68.

［67］黄金谷.从系谱学视角看中国传统陶瓷的文化创造 [J]. 兰台世界，
2012（3）：72-73.

［68］张超.中国酒文化对陶瓷酒具设计的影响 [J]. 陶瓷研究，2012，30
（1）：110-111.

［69］陈娟，李诗满.浅谈中国陶瓷发展史 [J]. 景德镇陶瓷，2014（1）：
35-36.

［70］徐南.试论陶瓷艺术展览活动对中国陶瓷发展的影响 [J]. 江苏陶瓷，
2015，48（6）：8-12.

附录：张海龙部分原创作品

附录图1　粉彩　荷香　四条屏

附录图 2　粉彩　花开富贵

附录图 3　粉彩　国色天香

附录图 4　粉彩　山乡春色

附录图 5　粉彩　品若梅花香在骨

附录图 6　粉彩　觅

附录图 7　粉彩　锦绣前程

附录图 8　粉彩　江南春早

附录图 9　粉彩　吉祥如意

附录图 10　粉彩　花鸟小品

附录图 11　粉彩　硕果

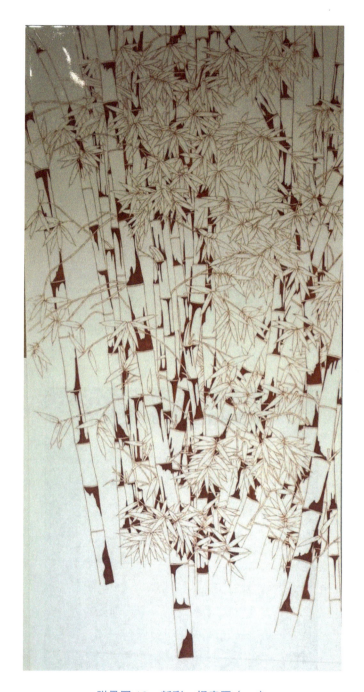

附录图 12 新彩 报春图（一）

附录图 13　新彩　报春图（二）

附录图 14　新彩　鸿运当头

附录图 15　墨彩描金　连连高升

附录图 16　综合装饰　瓷板画　满园春色